方言变异与变化

——溧水街上话的调查研究

（修订本）

郭骏 著

商务印书馆
The Commercial Press
创于1897

图书在版编目(CIP)数据

方言变异与变化:溧水街上话的调查研究/郭骏著.——
修订本.——北京:商务印书馆,2023
ISBN 978 - 7 - 100 - 23256 - 2

Ⅰ.①方… Ⅱ.①郭… Ⅲ.①江淮方言—方言研
究—溧水 Ⅳ.①H172.4

中国国家版本馆 CIP 数据核字(2023)第 237535 号

方言变异与变化
——溧水街上话的调查研究
(修订本)
郭骏 著

商 务 印 书 馆 出 版
(北京王府井大街 36 号 邮政编码 100710)
商 务 印 书 馆 发 行
北京捷迅佳彩印刷有限公司印刷
ISBN 978 - 7 - 100 - 23256 - 2

2023 年 12 月第 1 版　　　　开本 710×1000 1/16
2023 年 12 月北京第 1 次印刷　　印张 15½
定价:75.00 元

修订说明

　　我国的城市语言学研究已成为中国社会语言学的重要特色和新的研究方向，城市方言变异与变化研究则是其核心内容之一。拙著《方言变异与变化：溧水街上话的调查研究》2009年出版后，城市语言研究又有了较快发展，研究论题不断增加，研究视角不断拓宽，研究领域不断扩大，研究成果不断涌现。同时，个人对城市方言也有些新的研究和新的思考。本人觉得已经到了需要对拙著做全面修订的时候了。

　　此次修订工作主要有三项：章节的拆分与合并、内容的增加与删减、标题的修改与更换。修订内容超过原书篇幅的百分之三十。原书共有八章，修订后仍保持为八章。现按照章节顺序对修订情况做简要说明。

　　第一章：部分内容来自原书第一章，标题更换为"城市语言调查与城市方言变异研究"，分为两节。第一节"城市语言调查"、第二节"城市方言变异研究"。第一节为增加的内容；第二节主要为原书第一节的内容，也增加了部分内容。

　　第二章：部分内容来自原书第二章，标题更换为"社会语言学调查"，分为四节。第一节为原书第二章第一节；第二节和第三节为原书第一章的第二节和第三节，标题分别更换为"样本选择""理论与方法"，同时增加了部分内容。原书第二章的第二节和第三节合并为第四节，标题更换为"材料编制与调查说明"。

　　第三章：为原书第三章，标题更换为"变异语言学分析：语言变项与语言变式"。

　　第四章：合并了原书第四章和第五章，标题改为"变异语言学分析：变异特征与社会因素"，分为两节。第一节为原书第四章，标题更换为"变异特征分析"；第二节为原书第五章，标题更换为"社会因素分析"。

　　第五章：为原书第六章，标题更换为"变异语言学分析：制约机制与演变模式"，分为两节。第一节为原书第六章第一二节，标题改为"制约机制分析"，第二节为原书第三节。第一节"（二）词汇系统制约机制分析"部分，修订时对"汉语方言词汇的分类"中相关内容进行了补充，同时增加了"词汇类型与语音变异的相关性分析"部分。

　　第六章：为原书第七章，标题更换为"过渡语类型探析"，仍分为四节。原书第一节、第二节和第三节未做修改。原书第四节"方言与普通话之间过渡语类型的构建"分为两部分，即"'绍兴市城区普通话'案例分析"与"方言与普通话之间过渡语类型的构建"，修订时增加了第三部分"方言与普通话之间双言四层级分布体系的构建"。

　　第七章：为新增加的，标题为"社会语言学价值"，分为三节。第一节"方言变异视角下的社会语言学价值"，第二节"方普关系视角下的社会语言学价值"，第三节"研究方法视角下的社会语言学价值"。

　　第八章：为新增加的，标题为"城市方言研究的新视角"，分为两节。第一节"城市方言面临的新挑战"，第二节"城市方言研究的新视角"。原书第八章删除。

　　此外，对书中所有数据逐一核查，对计算错误和不够精准的数据进行修改；对表述欠准确或提法欠妥当的语句做了修改。

　　感谢恩师徐大明教授和郭熙教授的教导！感谢家人们的支持！感谢南京晓庄学院和商务印书馆为本书的修订和出版给予的帮助！感谢编辑徐丽芳老师的辛勤付出！

郭骏

二〇二二年十一月二十六日于南京苏建寓所

原版序言

徐大明

郭骏的《方言变异与变化：溧水街上话的调查研究》是在他的博士学位论文基础上进一步完善的一项研究成果。作为他博士学位论文的指导教师，在阅读这部书稿时，发现确实比原来的博士学位论文扩展和提高了很多。但是，博士学位论文的主要创新点仍然构成本书的主体；将方言学方法与社会语言学方法结合，在语言变异理论指导下研究汉语方言中的变异现象，仍然是该项研究的特色。与此同时，在博士学位论文研究中由于时间所限未能展开的方言发展趋势的内容现在比较全面地展开了。

关于汉语方言的发展趋势，在接受"向普通话过渡"的假设的同时，进一步提出了区分"地方普通话"和"普通地方话"两类"过渡变体"的假设。通过溧水街上话的调查研究，郭骏试图提供一个"普通地方话"的典型。在这一方面，我认为达到了他的研究目的。溧水街上话的调查和分析为我们展示了一个新视角："方言向普通话靠拢"不再停留在抽象的比喻，而体现在具体的词汇和语音的组合和聚合关系上，体现在具体的讲话人的态度和行为上了。

作为一项语言变异的研究，郭骏的调查研究也有重要的特色。郭骏充分利用了他在方言学方面的研究基础；在采用"变项研究"方法的同时，他保持了语言结构系统的视角；结果是他能够总结出"系统内部调整"的方言变化机制。这一个创新点至少有两方面的意义：一方面它体现了语言结构系统的稳定性和可变性的平衡；另一方面它指出了方言受标准语影响不同于一般语言接触现象的特殊之处。

语言的变异性是语言的一个基本特性。但是，直到20世纪60年代才逐渐形成了一个专门针对语言变异的语言学研究领域。语言变异的研究的主要特征是社区调查和定量分析，这在溧水研究中得到体现。郭骏将变异研究方法与方言调查的读词表方法和方言学的音节和音位系统理论结合，把一字两读和多读现象归纳为一系列的语音变项，通过对不同社会背景的发音人的异读形式的频率分析呈现出一个社区语言使用的动态模式。

在大部分语言变异的研究中，研究者或者将重点放在揭示语言变异和变化的社会动力方面，或者将重点放在语言结构系统和时间维度上所呈现出来的语言变化轨迹方面。前者偏重语言的社会功能和社会制约的解释，后者注重语言变化的历史和趋势的探讨。这在国际上和国内的研究中都是比较普遍的情况。

郭骏的研究既注重了社区也注重了社区所使用的语言变体，可以说体现了他对已有研究模式的掌握；然而他又增加了一个新的研究视角：方言与标准语的关系。他通过语言结构系统的变异和变化的分析，探讨语音和词汇的整体面貌与社区的语言状况和语言态度的关系。溧水街上话怎样在保持其原有声调和声母、韵母的情况下"靠拢"普通话，而这又意味着什么？郭骏恰到好处地将这些事实与"过渡变体"理论联系了起来，既避免了过度推论，又为今后更深层次地探讨奠定了基础。

变异研究中，音系变异的研究成果最为丰硕，在汉语的研究中也是这样。但总的看来，音段音素的研究比较多，超音段语言变异比较少。郭骏的研究包括了声调的内容，可以说是一个进步。更可贵的是，它结合汉语音节系统理论，进行了比较全面的声韵调的变异研究。

语言变异研究的重点一般集中在变异的制约条件上——其中既有语言内部制约条件，也有社会制约条件，因为语言变异的产生一方面来自语言结构系统内部的压力，另一方面来自语言外部的影响。外部的原因，有的与说话人的社会身份有关，有的与使用语言的场合有关。溧水研究中由于采用读词表的方法，不能直接研究场合语体的制约作用，但是郭骏也适当调查了谈话对象对变式选择的影响，可以算作一个补救。在说话人的社会身份方面，调查比较充分，研究了年龄、性别、社会阶层和语言态度的制约作用，因此可以发现哪些变项是"进行中的变化"。

溧水街上话的研究是一项社会语言学的研究。社会语言学家认为语言是一个动态的系统，这个系统从来都没有停止过演变。因此，社会语言学的一个重要任务就是解释语言系统是怎样在全社会的交际不间断的前提下演变的。研究发现，语言的历时变化就产生并体现在语言的共时变异之中。因此，通过对语言变异的观察和分析，可以发现一些"进行中的变化"。这些"进行中的变化"是一些"语言变项"，但它们的特殊之处是它们正在扩展其社会分布；也就是说，有关变异特征正在社会中扩散。如果某些变异现象只出现在特定的社会群体，我们还不能确定它是一项变化。变化启动的标志是变异从原来的社会范畴"溢出"。溧水街上话研究为此提供了很好的例子，读者们可以到书中去寻找。

郭骏发现的溧水"街上话"的一些语音变异反映了半个世纪期间几代人之间的一个发展趋势。他所采用的是"显象时间"的研究手段。显象时间研究基于这样的假设：现在的四十岁的人群的语言表现代表了二十年前二十岁人群的情况，因此比较现在四十岁群体和二十岁群体的话语相当于比较二十年前和现在两个时间段的二十岁人群的语言。现在的四十岁年龄层的人群与二十岁年龄层的人群之间使用某些语言变项的差别可以显示二十年来语言变化的进程。郭骏的研究涉及的不仅是两个，而是连续几个年龄组，因此能够获得有用的结果。

社会语言学把从不同时间中获取语料的研究叫作"真实时间"的研究，这往往就意味着对以前调查过的社区进行重新调查。随着社会语言学的不断发展，人们对真实时间的研究越来越重视，当一些早期的调查离现在有一定的时间距离时就具备了再调查必要性。真实时间的研究使我们可以验证早期调查所提出的关于语言变化的假设，发现变化的进展情况。现在显象时间研究的结果发表了，我们期望郭骏继续这项研究，希望看到溧水街上话的进一步研究，其中将包括真实时间的研究结果：本书中的预报哪些实现了，哪些没有，为什么；那将是一部令人期待的"续集"。

　　无论是否做这一"续集"，本书中所介绍的研究方法、研究程序和研究工具等内容都为复制、检验和验证提供了条件；任何人都可以到溑水，或其他言语社区去检查有关研究结果的可靠性以及"系统内部调整""普通地方话"等理论的适用性。还是让我们期待着"续集"，并且期待更多的青年学者投入到语言变异的研究中来吧！

目 录

第一章 城市语言调查与城市方言变异研究

第一节 城市语言调查

一、城市语言调查的产生与发展

城市就其本质而言，是在一定地域内集中的经济实体、社会实体、物质实体的有机统一体（陈敏之，1983：1）。城市化一般指由经济工业化、人口城市化、社会生活方式城市化所引起的人口不断聚集，城市不断扩大，城乡差别不断缩小的一种发展过程（邹农俭，2007：7）。早在2000年，诺贝尔经济学家斯蒂格利茨曾预言："影响21世纪人类发展的两件大事是美国的高科技和中国的城市化。"（姚华松，2012：2）快速发展的城市化也正是当今中国社会最为突出的变化。

有关统计资料显示，新中国早期的城市化程度一直很低，直到20世纪90年代才进入城市化加速发展时期。1949年仅为10.7%，1958为16.25%，1978年为17.92%，1980年为19.4%，1998年为30.42%，2008年为45.68%，2009年已达47%，2011年首次突破50%（参见徐大明、王玲，2010：135；牛文元，2012：4—7；李宇明，2012a：371）。以南京为例，其常住人口城市化率进入21世纪后一直保持着快速增长，从2005年的76.24%、2010年78.50%、2015年83.18%到2020年上升至86.80%①，2012年主城中心六区（即玄武、白下、秦

---

① 数据来自南京市统计局官网公布的"南京市统计年鉴（2021年度）"中"表3-6 2000年以来常住人口、城镇化率和城镇登记失业率"。

淮、建邺、鼓楼、下关）已完全城市化（姬桂玲，2013：64）。

大量乡村人口向城市流动是城市化进程的一个重要特征。就中国的城市化而言，"流动人口的涌现成为中国现代化和城市化进程中的重要事件，流动人口既是城市现代化和城市化的重要基础，也是市场化重要的推动力量"（姚华松，2012）。

中国各大城市流动人口的存在，既推动了中国的城市化、工业化和现代化，又在城市中形成了前所未有的语言接触环境与条件。语言与社会是共变的，大量来自不同地区、具有不同方言背景的人进入城市，无疑会增加城市语言使用状况的复杂性，无疑会产生语言沟通等诸方面的问题，也为语言变化提供了更多的社会动力。"观察城市化进程中的语言演变情况、发现新的言语社区和新的语言变体的形成过程是现代语言学尤其是社会语言学的一个重要任务。"（徐大明、王玲，2010：135）"城市语言调查"就适时地产生和发展起来了。

依据现有资料，中国城市语言最早引起学者关注并开展调查是在20世纪70年代。荷兰社会语言学家范德博（Marinus van den Berg）对我国台湾地区部分城市的语言使用与语言态度进行了调查，发现了城市化带来的语言特征。范德博作为城市语言调查的先驱者，其研究成果和所使用的调查方法成为城市语言调查的典范（转引自徐大明、王玲，2010：136）。20世纪90年代中后期，中国学者开始了新兴工业城市与新兴工业区语言使用状况调查，主要有内蒙古新兴工业城市包头的语言状况调查（参见徐大明等，1997）、中国新兴工业区的语言状况调查（杨晋毅等，1997；杨晋毅，1997、1999）。这些比较典型的城市语言调查研究为随后全面开展的中国城市语言调查研究奠定了基础。

2003年6月南京大学成立社会语言学实验室，同时召开"首届城市语言调查专题报告会"。这是"城市语言调查"这一新的研究方向起始的标志。2004年6月南京大学举办"第二届城市语言调查专题报告会"。这两届专题报告会具有开创性意义，体现了一个有组织、有体系、可持续发展的研究方向的开始（徐大明、王玲，2010：136）。从2005年6月召开的第三届报告会开始更名为"城市语言调查国际学术研讨会"，向国内外公开征稿，办成了一个国际性的语言学会议[①]。此次会议成为城市语言研究国际化发展的转折点。2017年在澳门注册成立国际城市语言学会，强化组织保障，同时推动其国际化发展。截至2021年已召开十八届学术会议。其中在境外举办七届，在国内举办十一届。

城市语言研究议题由城市语言使用与研究方法的研究逐渐拓展至语言多样性与多语社区研究，由语言技术与语言生活、大数据时代的语言研究拓展至"一带一路"倡议下国家语言政策和语言战略研究，又由语言调查与语言服务拓展至城市语言景观、城市语言文明研究。研究论题不断增加，研究地域不断拓展，研究队伍不断壮大，研究成果不断丰富，城市语言调查研究业已成为中国社会语言学新的研究方向和新的研究热点，成为国际化语言研究新动向（徐大明、王玲，2010：134）。

城市语言研究在城市方言与普通话使用[②]、语言使用与语言态度[③]、语言结构与社会结构共变[④]、城市特殊族群与特别言语社区语言调查[⑤]、城市语言调查综合研究[⑥]、城市语言景观[⑦]、城市语言文明[⑧]等诸方面均取得较为丰硕的成果。既推动了城市语言研究走向深入，又丰富和发展了中国社会语言学研究的理论与实践。

---

① 见会议报道：《第三届"城市语言调查"学术研讨会》，《中国社会语言学》，2005年，第2期，第131页。

② 主要有：汪平（2003），付义荣（2004），徐大明、付义荣（2005），张璟玮、徐大明（2008），郭骏（2007、2008、2009b、2011、2018），付义荣、严振辉（2017）等。

③ 主要有：薛才德（2009），王伟超、许晓颖（2010），周薇（2011）等。

④ 主要有：齐沪扬、朱琴琴（2001），徐大明、高海洋（2004），郭骏（2005），王玲（2005），付义荣（2005、2008），徐大明、王玲（2010）等。

⑤ 主要有：夏历（2007a、2007b、2009a、2010、2012、2015、2018），夏历、力量（2007），夏历、谢俊英（2007），刘玉屏（2009a、2009b、2010a、2010b、2010c），谢俊英（2011a），毛力群（2009、2013），张斌华（2016），郭蕊、丁石庆（2007），邬美丽（2008），王远新（2011、2013），杨晋毅（1999），王玲、徐大明（2009），刘艳（2018、2020）等。

⑥ 主要有：徐大明、王玲（2010），王玲（2012b）等。

⑦ 主要有：张媛媛、张斌华（2016），张斌华、徐伟东（2017），孔珍（2018），张红军、吕明臣（2019），毛力群、朱赟昕（2020），王晓梅（2020），尚国文、周先武（2020），刘慧（2020）等。

⑧ 主要有：毛力群、孙怡玲（2011），张焕香、李卫红（2013），徐大明（2020），杨荣华、宋楚婷（2021）等。

城市语言调查所运用的理论与方法，徐大明、王玲（2010），王玲（2012b），董洪杰等（2011）等已有所论及。主要采用语言变异理论、言语互动理论、语言接触理论等，并将这些理论"提升到社区层面来讨论"，"放到城市社区的语言生活中去检验"（徐大明、王玲，2010：138）。主要采用抽样调查法、变语配对实验法以及传统的读词表法等。

二、城市语言调查取得的主要成就

回顾与总结20世纪70年代以来，尤其是进入21世纪以来中国城市语言调查所进行的研究、所取得的成果，提炼中国城市语言研究的学术创新，包括其理论创新与方法创新，不仅对推动中国城市语言研究向纵深发展有着十分重要的意义，而且对整个语言学的理论创新、理论自信都具有积极的推动作用，同时也对中国语言规划中"城市语言规划"的理论建设与规划实践具有重要的理论意义与现实价值。

（一）理论创新

中国城市语言调查突出的成就体现在理论创新上，表现为两方面：一是对已有理论进行检验、补充与完善；二是提出创新理论。

1. 原有理论的检验

城市语言调查是社会语言学新的研究方向和新的研究热点，其研究必然要"受社会语言学的基本理论和方法的规定和指导"（徐大明，2010：151），中国城市语言调查大都是在西方社会语言学理论指导下开展的。同时，经由西方城市语言研究而提炼出的理论和方法是否适合中国城市语言调查的实践，这同样需要有一个实践和检验的过程。因此，中国的城市语言调查一方面运用主要来自西方的社会语言学理论来开展；另一方面，中国的城市语言研究实践又检验着其理论。如果这些社会语言学理论在经过西方城市语言实践检验后再经过东方城市语言实践的检验，其理论价值则更大。中国正好遇上西方已经完成了的大规模城市化进程，为城市语言研究与社会语言学理论的检验提供了极好机会。

西方社会语言学中的"正在进行中的变化""背离与趋同""侪辈压力"等理论已经受住中国城市语言调查研究实践的检验。

2. 原有理论的完善

中国城市语言调查丰富了西方社会语言学有关理论的内涵。如"年龄级差"（age grading）是指同一代人在成长过程中在语言使用上所产生的变化。钱伯斯（Chambers）研究发现，加拿大儿童在英语习得过程中最后一个字母读音存在"zee/zed"变异，zee变项是一个典型的年龄级差的例子（1995：188—189）。

中国城市语言调查发现存在两种"年龄级差"。一种是城市学生在普通话与城市方言的习得过程中出现的"年龄级差"：青少年小时候以使用普通话为总体趋势且年轻人选择新式的概率最高；随着年龄增长而逐渐过渡到以使用城市方言为主并接近上一代。这是一种语言成长过程中的年龄级差，如孙晓先等（2007）有关上海市学生普通话和上海话使用情况的调查案例。另一种是家长（包括父母、祖父母）在与孩子交流时普通话与城市方言使用中出现的"年龄级差"：孩子年龄越小，家长与其说普通话的比率越高；随着孩子年龄的增长，家长与其说普通话的比率逐渐下降。这是一种语言交际过程中的年龄级差，一种语言选择上的年龄级差。如王立（2008）有关语言期望与中小学生的语言成长的调查案例。

两种"年龄级差"虽有差异，但无论是就孩子还是家长而言，都会重复着同样的变化历程，只是出现过程不同而已，一个是在语言成长过程中，一个是在语言交际过程中。

这两种"年龄级差"是客观存在的语言事实。中国的城市语言调查让我们发现了这两种语言事实的存在。这样既检验了"年龄级差"存在的客观性，同时也丰富了"年龄级差"的理论内涵。

3. 创新观点的提出

城市语言调查的学术创新大都表现为通过某个个案的研究提出具有创新价值的学术观点。如方言向普通话过渡的过渡语观点（郭骏，2008、2009b），人口构成差异与语言使用差异观点（俞玮奇，2011a），语言变异过程中出现的"污名化"（徐大明、高海洋，2004），语言态度与语言使用之间的非对等性（高莉琴、李丽华，2008；王玲，2010；付义荣，2012b；俞玮奇，2012b；郭骏，2013a），等等。

4. 创新理论的建立

中国城市语言调查理论创新的重要标志是提出"言语社区理论"（speech community theory）并随着城市语言研究的深入而不断加以完善和深化。言语社区理论与城市方言学的结合形成城市语言调查。

徐大明（2004）在《言语社区理论》一文中全面而系统地阐述了言语社区理论的内容、意义及其作用。鉴于早期"一个讲一种语言的人群"（即一种语言对应一个言语社区，一个言语社区对应一种语言）的"言语社区"（speech community）理念，为避免"语言"和"社区"概念之间的循环论证，必须坚持"社区第一性，语言第二性"的原则。一个言语社区由"人口""地域""互动""认同""设施"等五要素构成。

五要素的基本特征：地域是划定言语社区的首要因素，是时空性与超时空性的统一；人口是言语社区的另一重要因素，是稳定性和流动性的统一；设施在言语社区里是言语知识库，是显现性与隐秘性的统一；言语互动是言语社区的关键要素，是同一性与变异性的统一；认同是言语社区不可缺少的因素，是群体性与自我性的统一（周明强，2007：60—61）。人口和地域属于社会性要素，认同、互动和设施属于语言性要素（李现乐，2010：264）。

社区诸要素和语言要素具有相对性。这就使得言语社区必然是个相对的概念，确定言语社区的界限并无统一的规定和标准；保持有限的灵活性，或许正是言语社区概念的一大优点（付义荣，2006：161）。

言语社区在共时层面存在着"排斥""重叠""交叉""套嵌"四种演进模式，在历时层面存在着"分离""接触和融合""侵入""淹没"四种演进模式（陆书伟，2011：101）。

言语社区理论对城市农民工言语社区研究（夏历，2007a、2009b）、城市特别社区研究（王玲，2009a、2009b）、超女语言和白领群体招呼语研究（刘艳，2011）、大学生网络社区研究（吴先泽，2013）、巴马言语社区壮汉双语接触过程分析与巴马壮语濒危现象调查（邓彦，2012a、2012b）、英国华人言语社区的结构模式研究（杨荣华，2011）等都起着重要的理论指导作用。

徐大明曾预言：言语社区理论"一旦全面、成熟地发展起来，必然成为社会语言学的核心理论，而且会在普通语言学理论中取得重要的地位"（2004：18）。事实上，该理论已成为当代社会语言学的重要理论。

（二）方法创新

1. 方法设计上的创新

徐大明、付义荣（2005）参照拉波夫（1985）的"快速匿名调查法"（rapid and anonymous observation）设计了极具创新价值的"问路调查法"，避免受访者主观因素的影响，使调查程序形式化，具有可重复性和可验证性。

"问路调查法"的具体做法为：调查时调查人员以问路人的形象出现，用普通话向所遇行人询问如何去某个地方；调查人员结伴而行，一人问路，其他人在一旁观察，然后用调查表准确记录有关的调查内容。这种调查方法既不会对调查对象的行为产生干预性影响，又使调查者观察到的语言更大程度地反映了讲话人的习惯性自主语言，最大限度地保证了语言行为的自然状态和调查结果的客观性。但由于路上行人的个人信息难以准确获得，因此不便于对社会因素与语言使用的相关性做准确分析。鉴于此，研究者在"问路"调查的程序完成之后再增加一部分问卷调查，以克服对调查对象信息了解不足的缺点。吴翠芹（2008）、张妍（2017）调查普通话在上海、唐山等地的使用情况时成功地运用了此法。

2. 方法应用上的创新

（1）科学实验方法的应用。如社会心理实验方法——"配对语装（matched-guise technique）实验方法"的应用，既能揭示受访者隐性的语言态度，又能增加研究的科学性和有效性。配对语装实验方法是美国心理学家兰伯特（Lambert）等首创的社会心理实验方法。此方法"可以在某些程度上控制或改变影响语言变异的条件，对于研究语言态度、语言价值观和某些影响语言选择的社会心理特别合适"（陈松岑，1988：53）。其实质就是利用语言或方言的转换诱导出某个语言集团成员对另一集团及其成员所持的偏见或是带倾向性的看法（沙平，1988：23）。如戴妍、高一虹（1996）、陈立平（2011）、俞玮奇（2011b）等学者的研究。这种配对语装实验所得出的受访者隐性的语言态度恰恰是采用问卷调查方法难以调查到的。因此，如果能将问卷调查方法与配对语装实验方法相结合，则既能调查到受访者显性的语言态度，又能调查到受访者隐性的语言态度，一举两得。

（2）多种调查方法的综合使用。多种调查方法的综合使用可以相互验证，以确保城市语言研究的科学性。城市语言调查采用"问路调查法"从现场观察到日常生活中语言生活实态，再通过问卷调查获得受访者自己的主观判断来加以检查和验证。这样可以克服问卷调查的主观性，确保调查材料的准确性。有关人口流动与普通话普及的研究（张璟玮、徐大明，2008）采用"问路调查法"考察城市居民公共场合中的语言使用状况以克服问卷调查中被调查者自报答案的主观性偏差。

三、城市语言调查存在的主要问题

笔者（2013a）曾就城市语言调查存在的问题与不足，从如何选择调查对象、采用何种调查方法和如何分析调查材料等三方面进行过总结与反思。现做简要介绍。

（一）选择调查对象

1. 注意针对性

研究大中小学生的语言生活状况以大中小学生作为调查对象，其调查对象的选择具有针对性。研究城市语言整体使用状况和城市方言发展趋势而仅以大中小学生作为调查对象，其调查对象的选择则缺乏代表性。因为其语言使用状况不能代表整个城市的语言使用状况。若要科学全面地揭示城市语言综合使用状况，则必须科学抽选城市各类人员开展综合调查。

2. 注意多元性

城市居民成分的多元化带来城市居民语言使用与语言态度的多元化。不同的人口类别在城市语言生活诸方面均存在着差异性，而城市语言调查中大多数研究者常常忽视这种差异性的客观存在，因此，研究者在选择调查对象时应注意城市人口的多元性。如区分本地居民与外来移民、定居人口与非定居人口，同时也要关注区域间人口的不同构成。

（二）采用调查方法

鉴于城市语言调查"更加注重调查方式的科学性和客观性，语料搜集具有直接性、实时性和规模化的特点"（徐大明，2010：155），在样本的抽取上应十分注重随机性与代表性。但有些研究者忽视调查方式的科学性和客观性，自然也就影响到样本的代表性。少数研究者开展城市居民语言使用状况调查时，"其调查地点与调查对象的选取均未通过科学抽样，大多是就其便捷随意确定"（郭骏，2013a：36）。另外，"样本的社会特征分布不均衡"（郭骏，2013a：36）。

问卷调查法是城市语言调查中普遍使用的一种调查方法。其优势十分显著，快捷高效，所获数据极便于开展定量分析。但其不足也十分明显，由于调查带有较强的主观性，影响到数据的真实性和科学性。所以建议"既可采用适合城市语言状况调查的其他调查方法，也可采用其他调查方法来对问卷调查所获得的数据加以检验，或者综合运用多种调查方法"，"使之相互补充、相互印证、相得益彰"（郭骏，2013a：36、38）。

（三）分析调查材料

1. 避免主观性

如在分析年龄级差与方言濒危时，应避免主观推断。有学者依据学生在家中普通话使用率高、家长与孩子交流时普通话使用率高，就做出"学生已不讲城市方言""普通话将代替城市方言""城市方言岌岌可危"等主观推断。学生在家中普通话的使用率会随着年龄增长而逐渐下降，家长与孩子交流时普通话的使用率也会随着孩子的年龄增长而逐渐下降。对于学生而言，这是一种语言成长过程中的"年龄级差"；对于家长而言，这是一种语言交际过程中的"年龄级差"。这两者反映的恰恰是"本地方言正在得到有效传承的过程"，"况且城市方言是否濒危还需要进行综合研究，不能仅据此就做出如此重大的学术判断"（郭骏，2013a：33）。

2. 注意特殊性

如在分析年龄因素与变式选择时，应注意其特殊性。社会语言学变异理论指出，语言变异最主要的相关社会因素就是年龄（徐大明，2006b：150）。总体趋势是年轻人选择新式的概率最高（Chambers，2013）。我们在分析年龄因素与变式选择时，既要关注其总体趋势，也要关注其可能存在的特殊性，不能简单地将二者画上等号。因为"新式的选择除受年龄因素制约外还得受其他各种社会因素制约"（郭骏，2013a：33）。

3. 关注复杂性

如在分析语言态度与语言使用时，应注意其复杂性。社会语言学已有研究表明，语言态度制约着语言使用，甚至影响着语言的演变（刘虹，1993：101）。但语言态度与语言使用绝不是简单的对应关系，不能因为城市居民普通话认同度高就推断出普通话将会成为该城市通用语言，并且将代替城市方言。因为语言态度与语言使用之间存在着非常复杂的关系，主要表现为："语言态度本身就存在内部差异"，"语言态度也是可变的"，"高认同度不等于高使用度"；同时，"语言态度也并非是影响和制约语言使用的唯一因素"（郭骏，2013a：34）。

第二节　城市方言变异研究

20世纪80年代以来尤其是进入21世纪以来，汉语方言的发展变化变得更加迅速和深刻，各地方言的自我演变逐渐停止下来，而改为主要以普通话为方向的演变（曹志耘，2006：1—2）。这样方言变异与变化（dialectal variation and change）的问题实际上主要成了普通话与方言的关系问题。李宇明（2010）曾指出在当今中国社会语言生活中存在着普通话与方言之间的矛盾、母语与外语的矛盾、少数民族语言濒危三大问题，普通话与方言之间关系问题为其首要问题（6—7）。

一、普通话与方言关系问题的研究现状

普通话与方言的关系问题是我国政府有关部门和学者普遍关注的研究课题，也是影响和谐语言生活构建而急需科学看待和妥善处理的问题之一（"中国语言生活状况报告"课题组，2007；郭熙，2019）。1990年6月5日至9日，国家语委所属的语言文字应用研究所在北京主办了"普通话与方言问题学术讨论会"①。围绕着普通话对方言产生哪些影响、方言朝什么方向发展等问题，方言学界、语言学及应用语言学界的许多专家学者都曾展开过较为深入的研究，既有综合性的宏观研究，又有具体的个案研究，提出了许多颇有见地的观点，为此问题的研究做出了积极的贡献。

（一）宏观方面的研究

在宏观研究方面，陈章太曾就普通话与方言的关系问题做过深入地探讨，写了一系列的文章，主要有《论语言生活的双语制》（2005b）、《关于普通话与方言的几个问题》（1990）、《语文生活调查刍议》（1994）、《再论语言生活调查》（1999）等。

陈章太从宏观上分析了我国汉语语言生活发展的简要历程并指出目前我国汉语语言生活的基本状况。我国过去的汉语语言生活长期处于既复杂（民族共同语不太发达，汉语方言分歧严重）又单调（大部分使用汉语的人只使用一种方言）的状况。"辛亥革命"以后，汉语语言生活发生了较大的变化：由主要是单语制逐渐向双语制发展，即由使用一种地域方言发展到地域方言和民族共同语并存并用。1949年以后，党和政府积极推广民族共同语，加速汉语语言生活的现代化，终于形成了"地域方言与民族共同语并存并用，并且民族共同语起主导作用的双语制"的汉语语言生活实际状况。目前我国汉语语言生活

---

① 1990年6月语言文字应用研究所主办了"普通话与方言问题学术讨论会"，见《语文建设》，1990年，第4期。

的基本状况是：普通话作为民族共同语已广泛用于国家行政公务活动、学校教学活动、大众传播活动和文化艺术创作，成为起主导作用的工作用语、教学用语和宣传用语；并且在大部分大中城市和一部分农村地区已成为起一定作用的交际用语，"还有些地方，普通话已经成为人们日常普遍使用的家庭用语，在语言生活中基本上取代了原有的地域方言"。同时指出汉语方言发展的基本趋势是"小方言向大方言靠拢，地域方言向地点方言靠拢，乡村的方言向城镇的方言靠拢，城镇方言向大中城市或中心城市的方言靠拢，所有方言向民族共同语靠拢"。并从语言演变的内部规律分析普通话对各地域方言或次方言所产生的巨大影响："很多方言的自身系统发生了变化，逐渐向普通话靠拢"；在语音方面，"有的声母、韵母、声调呈现简化趋势，有的吸取普通话音韵系统中的某些成分，改变自身原有的某些成分，有的其音值向普通话靠近，有的干脆把普通话的某些读音搬进去，不少地方的方言，老年人和青年人之间出现或大或小的系统的差异，形成差别较大的新老两派方言，青年人的方言明显受普通话影响而发生较大变化"；在词汇方面，"大量吸收普通话词"，特别是青年人，许多方言词语被普通话词语所替代，"大大缩小了方言与普通话的词汇差异"；在语法方面，"有的吸收融合了普通话的语法形式，有的出现方言语法形式与普通话语法形式并用的现象"（2005b：48—51）。

曹志耘（2006）也著文论述进入21世纪以来汉语方言在其与普通话"并存分用"的模式下的发展变化情况：第一，整体势力进一步萎缩，逐渐让位于普通话；第二，强势方言在与普通话"并存分用"的模式下生存，二者将长期处于一种角力和竞争的关系之中，但从长远来看，强势方言的势力呈不断萎缩的趋势；第三，弱势方言迅速萎缩和衰亡，被强势方言覆盖，方言版图将被大面积整合成为若干种强势方言；第四，各地方言的自创性演变（自我演变）逐渐停止下来，而改为以普通话或强势方言为方向的演变。这种现象的出现与全球一体化的世界背景和全国化的背景是紧密相连的，全国化在语言上就体现在语言的一体化上，而我国语言一体化的主要表现是"普通话国语化"和"普通话普及化"（1—2）。

李宇明（2012a）在论述中国社会生活的时代特征时指出，从总体上看，古代语言生活是"单言单语"型的。虽然汉民族共同语的书面形式早已形成，但其口语主要是方言。虽然全国有"大体相似的读书音和官场音"，但在全民口语交际中运用不多。随着具有现代意义的语言统一运动的开展，确立了汉民族共同语，使"普通话在实践中和法律上都发展为国家通用语言，发挥着国语的职能"。培养出大量的双言双语者，并逐渐形成了双言社会和部分地区的双语社会。"就全国范围来看，普通话与汉语方言'共存共用'的局面已经形成。普通话是国家通用语言，主要用于教育、公务、新闻出版、大众服务等高层次、跨地区、跨民族、大范围的交际，汉语方言主要用于家庭、社区交际和乡土文化活动等方面。"（367—368）

（二）微观方面的研究

1. 综合性个案研究

在个案研究方面，鲍明炜（1980）曾就南京话向普通话的靠拢情况做过综合性个案研究。他分别考察了"n、l的分混""尖团音的分混""a、ai两韵的开齐问题""撮口韵的有无""ɒ韵的读法""e韵的读法""e、ai两韵的分混""鼻音韵尾的读法""其他一些字音"等九个方面，得出的总体结论是：从高本汉和赵元任在20世纪初对南京话所做的调查以来已约60年，"南京话发生了急剧的变化"，"不需要很久，老南京话将归于消失"；"经过几十年的发展，沿着向普通话靠拢的道路，在老南京话的基础上形成了新南京话，并且已经取得了支配地位"；新南京话"按照向普通话靠拢的要求，抛弃了方言性特强的一部分，如尖音并于团音，从i韵分出y韵，以ɑ韵取代ɒ韵，以及一些其他特殊的字音"；新南京话仍以旧南京话声韵调为其主要构成部分，如"n、l不分""an和aŋ、ən和əŋ、in和iŋ不分""仍保留入声调"等；这种新南京话"还不是普通话"，是"由老南京话到普通话的一种过渡形式"（241、244—245）。

程序（2006）曾就湖北鄱阳方言语音变异情况做过综合性个案研究。采用随机抽样的方法抽取45位受访者。分别考察了声母变异（n/l、f/h）、韵母变异（ɔ/o、i/y、yen/ion、ən/yən/yn/in、ən/yn/in、ɚ的卷舌程度、ən/əŋ）和声调变异状况。考察发现：部分变异项呈现出向普通话靠拢的倾向，也有部分变异项没有呈现出这种倾向；"基本上所有趋近普通话的变化，都未对音系格局造成改变；而与普通话趋远的变化，基本都对音系格局造成了改变，改变的大方向是简化"（110）。

2. 单项性个案研究

除综合性个案研究外，更多的是单项性个案研究。如王立（2004）曾单就老汉口话ŋ声母字读音变异情况进行调查研究。她运用社会语言学的研究方法对64个老汉口话ŋ声母字的读音进行考察，得出汉口话"[ɣ]音字的出现标志着普通话语音成分开始进入汉口话，汉口话向普通话靠拢的演变趋势由此显露出来"的结论（40、43）。

李荣刚（2011）曾对江苏省连云港市连云区连岛话中f/x、n/l由混读到分读进行过调查研究。连岛话原有方言f/x和n/l统发f和l。调查发现：出现了原语音系统中没有的x和n；x已普遍使用，n已有一定使用率（97—98）。

丁存越（2015）曾单就南京四城区南京话儿化音变异情况进行调查，开展实证研究。采用结构式访问法，调查了28个儿化词的使用情况。调查显示："南京方言儿化现象演变总趋势是读音从儿化转向非儿化"，"儿化保持率54.1%，变异率45.9%"（52）。

高玉娟（2018）就大连方言中最具特色的阴平调（312）变异情况开展调查，106名受试者的发音样本显示：阴平调的降调特征虽有保留，但普通话高平调的使用率越来越高，总体上已呈现出向普通话靠拢的发展趋势。

无论是宏观研究还是微观研究，都从不同的角度对方言与普通话的关系问题做了非常有益的实地调查和理论探讨工作，并形成一些共识：第一，地域方言与民族共同语并存共用、以民族共同语为主导是我国汉语语言生活实际，方言区存在着方言与普通话在不同场合出现的问题；第二，汉语方言的发展趋势是向普通话靠拢，从方言到普通话之间存在着一个过渡状态；第三，普通话对方言产生了巨大影响，使许多方言自身的系统发生了变化。

二、普通话与方言关系问题的研究存在的不足

我们必须看到这些研究还只是刚刚开始，所取得的成果还只是初步的，成果中还存在着许多缺陷，尤其是未能抓住语言系统这一关键问题来进行研究，缺乏实证性研究，缺乏新的研究方法。这样就使已有的研究与应有的研究之间还存在着较大的差距。这就需要改变研究的视角，需要采用新的研究方法，需要强化实证性研究。下面结合以上研究所存在的主要问题来谈几点个人的思考。

（一）缺乏个案研究

个案研究虽有，但为数不多。因此从宏观的角度来看，一些结论缺乏一个个具体的个案研究来支撑，还只是停留在一种主观判断上，缺乏实证数据的支持，因而显得较为空乏，可信度受到严重的影响。问题的实质在于缺乏实证性研究。这也正是中国社会语言学研究的薄弱之所在："微观社会语言学研究比较薄弱，成果较少，特别是对语言变异的深入调查研究与细致分析描写的成果更少"（陈章太，2001：38）。宏观研究所提出的汉语方言发展的基本趋势如"城镇方言向大中城市或中心城市的方言靠拢"、方言"逐渐让位于普通话"、"普通话国语化"等，普通话对方言的影响使声韵调"呈现简化趋势""吸取普通话音韵系统中的某些成分""改变自身原有的某些成分""干脆把普通话的某些读音搬进去"等观点需要一个个个案研究的实证数据来加以检验、加以证明。所以要弄清汉语方言的具体发展状况和普通话对方言的具体影响，必须开展大量的个案研究工作，取得大量的翔实的第一手研究数据，这样才能提出科学的整体论断。

（二）缺乏系统研究

从微观的角度来看，已有的个案研究看似已做过系统研究，其实并未真正从方言系统本身着手，只是从一个个具体的实例出发来分析方言向普通话靠拢的一些表象特征，未能抓住问题的实质，未能从系统内部的变化情况出发来揭示其深层的演变规律。因此所得出的结论往往局限于表面，只能做出一种模糊的主观判断：某方言在哪些方面向普通话靠拢，方言与普通话之间存在着一种中间状态。而方言声韵调简化、吸取普通话的某些成分、改变原有的某些成分、搬进普通话的某些读音等等，这些变化的实现必然要受到原有方言系统的制约，必须要通过原有系统的内部调整才能实现。同时，也只有研究清楚了内部调整的具体情况、调整的具体方式才有可能研究清楚声韵调简化、对普通话成分的吸收和对自身系统的改变等情况，即才能弄清演变的具体过程。因此研究方言向普通话靠拢如不研究方言系统的内部调整是如何进行的，即演变模式如何，是很难研究清楚方言与普通话之间是一个怎样的过渡状态。所以说"方言向标准普通话靠拢的演变模式"研究成为了"方言与标准普通话之间的过渡状态"研究的关键。

如王立（2004）所研究的汉口话ŋ声母字中出现的ɣ韵母，其实并非是普通话成分进入的，它是原有韵母系统中的一个韵母。记录老三镇〔相当于现在的"江岸、江汉、硚口（以上三区原属汉口镇）、汉阳、武昌五区"〕方言的《武汉方言词典》中就列有ɣ韵母，并在引论部分的"武汉方言单字音表之二"中就列有大量读ɣ韵母的字，如"北、拍、麦、默、得、特、热、遮、车、色、革、刻、额"等（朱建颂，1995：8）。这说明汉口话中ŋ声母丢失和ɣ音字的出现是汉口话向普通话靠拢的过程中系统内部调整的结果。

（三）缺乏适当的研究方法

以前的研究（包括宏观的和微观的）之所以未能深入揭示方言向普通话靠拢的演变规律，未能真正分析清楚方言与普通话之间的过渡状态，除未能抓住系统调整和缺乏实证性研究外，还与研究者所用的研究方法有关。方言向普通话靠拢是一个动态的过程，若只做静态的描写，则无法研究清楚动态的发展过程，这是静态描写的局限之所在。因此如果只用传统方言学的研究方法来对其做静态描写则难以揭示其演变规律。这就需要运用社会语言学研究变异的方法来进行研究，因为用社会语言学研究变异的方法可以揭示出方言向普通话靠拢的动态的变化过程，可以从系统外部研究相关社会因素对其影响，可以从系统内部研究其内部制约机制、分析其演变模式，从而找出语言演变的真正规律。

如对汉口话ŋ声母字读音变异的考察看似运用了社会语言学的研究方法，其实并未真正使用社会语言学研究语言变异的理论与方法来进行研究：第一，未弄清"语音变项（phonetic variable）"与"语音变式（phonetic variant）"的关系；第二，作者试图将ŋ声母变异与相关社会因素相结合来加以分析，但只分析了年龄这一个社会因素，不能说明全面；第三，不能证明该变异就是一种变化；第四，未能分析其具体的演变模式。

三、研究问题的提出

针对普通话与方言关系问题研究存在的不足，为使此问题的研究走向深入，我们认为需要从三个方面开展进一步的研究：一是开展个案研究工作，取得大量的翔实的第一手研究数据，真正弄清汉语方言的具体发展状况和普通话对方言的具体影响，这样才有可能提出整体性的科学的论断；二是从系统内部变化情况出发揭示方言向普通话靠拢的演变规律，而不是只分析一些表象特征；三是鉴于方言向普通话靠拢是一个动态的变化过程，需要运用社会语言学研究变异的方法，这样既可研究系统外部社会因素的影响情况，又可研究系统内部的制约机制、演变模式，可充分揭示出语言演变的真正规律。

前文所述普通话与方言关系问题就汉语方言而言，实际上就是汉语方言的变异与变化问题。而方言变异与变化则是社会语言学的语言变异与变化（linguistic variation and change，又作 language variation and change）研究中尚未进行过深入研究的一个领域。对该领域所进行的研究既有社会语言学的一般意义，又有特殊意义。就汉语方言来说其变异与变化问题就是方言向标准普通话靠拢的问题。对学术界就普通话对方言的影响问题的研究上所存在的根本缺陷，我们拟选择城镇方言——溧水街上话语音变异这个个案，运用社会语言学有关语言变异与变化的理论做深入细致地调查研究，着眼于变异的整体性，语言的系统性，方言变异与变化规律的揭示。本研究从个案研究的角度仅就普通话对方言的影响所做的探讨本身而言就具有很强的现实意义，同时通过研究所提出的演变模式不仅对普通话与方言关系问题的研究有着十分重要的价值（提供了新的研究视角和新的研究方法），而且对整个社会语言学变异研究的理论与实践也有着十分重要的意义（拓展了新的研究领域）。

第二章　社会语言学调查

第一节　街上话简介

一、溧水县城——在城镇

溧水县[①]位于江苏省西南部，南京市南郊，为南京市的一个郊县。县境北部与南京市江宁区、句容市交界，东部与溧阳市为邻，南部与高淳县毗连，西南与安徽省马鞍山市接壤。地处东经118°51′—119°14′，北纬31°23′—31°48′，南北长45.6公里，东西宽38.1公里，总面积1048平方公里（溧水县地方志编纂委员会，1990：45）。县城位于溧水县境中部偏北，东经119°01′，北纬31°39′，西北至南京60公里。依据《在城镇志》1985年的数据，全镇东西宽2.5公里，南北长2.7公里，总面积3.5平方公里（秘光祥，1990：17）。

在城镇的区域范围虽然不大，但历史悠久。西周、春秋时期属于吴国领域，到汉魏六朝时，这里受到建康（今南京）繁华的影响，形成初具规模的市井。到了隋朝已逐步发展成为一个较大的集镇。隋开皇十一年（公元591年）置溧水县后不久，即为县治所在地。唐、宋时称为"县城"或"溧水"，元代称"在城"。元元贞元年（公元1295年）至明洪武二年（公元1369年）间，县升为州，在城仍为州治所在地。明清沿袭，清乾隆间设"在城乡"。民国二十年（1931年）设"在城镇"，一直沿袭。它作为溧水县治所在地已有1400多年

---

①　2013年2月，经国务院、江苏省政府批复同意撤销溧水县、高淳县，设立南京市溧水区、高淳区。本研究开展调查的时间为2004年，故此次修订仍保留"溧水县""高淳县"之称。

历史（秘光祥，1990：17—18）。1994年原城郊乡并入在城镇（溧水县地方志编纂委员会，1996：1），2000年原东庐乡并入，同时更名为"永阳镇"（溧水县地方志编纂委员会，2001:27）。这样，现在的"永阳镇"包括城区（原"在城镇"）和原"城郊乡"、"东庐乡"两个乡。根据《溧水年鉴（1986—1995）》和《溧水年鉴（1996—2000）》提供的人口数据，推算城区（原"在城镇"）现有注册人口5万左右。鉴于本文所调查的只是永阳镇的城区（即原"在城镇"）方言，故对县城仍以"在城镇"称之。

二、在城镇方言

在方言地域分布上，溧水县处于江淮方言区与吴方言区交会处，跨两大方言区（郭骏，1990、1993）。依原有的行政区划，属吴语区的有11个乡镇，属江淮方言区的有5个乡镇，吴语区人口约占全县人口的72.2%，江淮方言区人口约占17.8%（郭骏，1995：70）。

在城方言有"老在城话"和"新在城话"之分（郭骏，2004：11—31、238—256）。老在城话为吴方言，新在城话为江淮方言。但老在城话现已基本消失，只是还保留在极少部分老年人口中，且一般在家庭中使用。

三、街上话

（一）街上话名称的由来

直到二十世纪五六十年代，新在城话仍一直只是在范围很小的城内使用，出了城门就不说了，故将它称为"街上话"，与农村各乡镇所说的话——"乡下话"相对。"街上话"与"乡下话"两名称在语言态度和语言使用情况的调查（郭骏，2007）中可以得到确认。这是在城镇居民依据城镇与乡村这种行政上的二元对立，将方言划分出城镇方言（街上话）与乡村方言（乡下话）城乡方言上的二元对立。这种对立彰显出在城话作为城镇方言的权威地位，意味着在城话不可能受到乡镇方言的影响（郭骏，2007：139）。

事实也正是如此：自20世纪70年代末80年代初以来，随着县城范围的逐渐扩大，街上话的使用范围正逐渐扩大，乡镇入城人员对其的认同和作为交际用语的选择，使其完全成为强势语，成为溧水当地通行的交际语言。有的居民甚至直接将其称为"溧水普通话"。

（二）街上话的形成

街上话是如何逐渐形成的，目前尚未有定论。应该说街上话的形成和发展与多种因素有关。大致与三种主要因素有关。第一，方言区域的因素，县城几乎处在江淮方言区与吴方言区交会处的最北端，与江淮方言接触的概率极高。第二，城镇地位的因素，县城是当地的政治、经济、文化、教育中心，又与大城市南京距离很近，共同语、江淮方言必然会对其方言产生影响。第三，人口迁移的因素，主要有两次，一次是太平天国，太平军三进溧水城；另一次是1937年日军飞机轰炸后，进入了一些操江淮方言的移民，大多来自江苏的苏北地区。另外，解放初期，有大量苏北干部进入。

李荣在第二届汉语方言学会年会的开幕式上曾谈到溧水方言与日军轰炸的事情。他指出"溧水方言不能以城关人为标准，日本人把城关人全炸死了，城关人都是后来的。"[①]李荣之所以说"溧水方言不能以城关人为标准"，是因为他不了解"城关人"所说的话要分"老在城话"与"新在城话"（即"街上话"）。街上话是后产生的，不能代表全县方言，而"老在城话"是原有的，能代表全县方言，所以我们在撰写《溧水县志·第二十九编方言》时选择了"老在城话"来作为全县方言的代表，而没有选择街上话（郭骏，1990）。另外，"日本人把城关人全炸死了，城关人都是后来的"之说与事实也不符。1937年11月19日中午12时左右日军9架飞机对县城进行了1个多小时的轮番轰炸，共有1200余人被炸死。而当时县城在册总人口为7800人，并且被炸死的人中有许多是各乡镇或外地进城办事、购物等的人员，所以县城人并没有全部被炸死（溧水县地方志编纂委员会，1990：492）；县城人也并非都是后来的，绝大部分仍是原有居民，而且街上话在抗战爆发之前就已

---

① 白岩记录整理：《李荣先生在方言学会第二届年会上谈话摘要》，全国汉语方言学会第13届年会暨汉语方言国际学术研讨会材料。

经形成了。据几位一直说此话的六十几岁的受访者称，街上话已产生一百多年了。

（三）街上话的语音系统

据我们20世纪80年代后期对街上话进行的传统方言学调查，其语音系统为：声母19个：p、p'、m、f、t、t'、l、ts、ts'、s、z、tɕ、tɕ'、ɕ、k、k'、ŋ、h、ø；韵母38个：ɿ、ʮ、a、ɛ、æ、ʊ、ɔ、əu、ei、aŋ、ən、oŋ、əʔ、aʔ、i、ia、iɛ、iʊ、iɔ、iɪ、iaŋ、in、ioŋ、iɪʔ、iaʔ、u、ua、uɛ、uæ、uei、uaŋ、uən、uəʔ、uaʔ、y、yɪ、yn、yəʔ；单字调5个：阴平〔˧˩〕32、阳平〔˥〕24、上声〔˨〕312、去声〔˥˥〕55、入声〔˨〕31（郭骏，2004：233—235）。

鉴于江淮方言的内部差异，方言学界根据"入声是否分阴阳""古仄声全浊声母字逢塞音和塞擦音今是否送气""书虚、篆倦是否同音"三项标准将江淮方言划分为洪巢片、泰如片和黄孝片三个片。洪巢片的语音特点是入声不分阴阳、古仄声全浊声母字逢塞音和塞擦音今读不送气音、"书虚"和"篆倦"不同音（侯精一，2002：36—37）。街上话的语音特征与洪巢片的语音特征相同，可划入江淮方言中的洪巢片。《汉语官话方言研究》中的"江淮官话分布图"，溧水就列在洪巢片（钱曾怡，2010：290）。

（四）街上话与老在城话语音系统的比较

依据老在城话与新在城话（即"街上话"）的调查材料，我们可将老在城话与街上话的语音系统分声韵调三部分做比较（见表2-1）。通过声韵调的比较可清楚地发现街上话植根于老在城话，是从老在城话中演变出来的。街上话将老在城话的浊声母清化，减少了声母和声调数，同时出现了新的韵母。具体变化情况：一是老在城话11个浊音声母，街上话消失7个（b'、ɾ、n、dz'、ȵ、ʑ、ɦ），保留4个（m、l、z、ŋ）；二是街上话出现aŋ、iaŋ、uaŋ、iɪʔ等4个新韵母：aŋ、uaŋ代替老在城话的ɔ̃、uɔ̃，老在城话的iɛ分为iɛ和iaŋ，iɪʔ代替老在城话的iəʔ；三是老在城话的阴去和阳去、阴入和阳入，街上话合并成去声和入声。老在城话与街上话虽然属于两种不同的方言，但两者之间依然存在着很大的联系，存在着许多共同点，尤其是在韵母方面。

表2-1 街上话与老在城话语音系统比较表

语音系统		老在城话	街上话
声母		p、pʻ、bʻ、m	p、pʻ、m
		f	f
		t、tʻ、ɾ、n、l	t、tʻ、l
		ts、tsʻ、dzʻ、s、z	ts、tsʻ、s、z
		tɕ、tɕʻ、ɳ、ɕ、ʑ	tɕ、tɕʻ、ɕ
		k、kʻ、ŋ、h、ɦ	k、kʻ、ŋ、h
		∅	∅
韵母		ʅ、ɿ、a、ɛ、æ、ʊ、ɔ、əu、ei、ɔ̃、ən、oŋ、ɔʔ、aʔ	ʅ、ɿ、a、ɛ、æ、ʊ、ɔ、əu、ei、aŋ、ən、oŋ、əʔ、aʔ
		i、ia、iɛ、iʊ、iɔ、iɿ、in、ioŋ、iəʔ、iaʔ	i、ia、iɛ、iʊ、iɔ、iɿ、iaŋ、in、ioŋ、iɿʔ、iaʔ
		u、ua、uɛ、uæ、uei、uɔ̃、uən、uəʔ、uaʔ	u、ua、uɛ、uæ、uei、uaŋ、uən、uəʔ、uaʔ
		y、yɿ、yn、yəʔ	y、yɿ、yn、yəʔ
声调		阴平（55）	阴平（32）
		阳平（34）	阳平（24）
		上声（42）	上声（312）
		阴去（423）	去声（55）
		阳去（31）	
		阴入（5）	入声（31）
		阳入（21）	

第二节　样本选择

一、语音变异现象的发现

（一）传统方言学调查中的发现

20世纪80年代，笔者为《在城镇志》（秘光祥，1990）写《方言》篇时对街上话的语音进行过系统的方言学调查，后为溧水县公安局写《在城方言字汇》①时又对字音做了核对。当时调查就发现溧水街上话存在着大量的一字两

---

① 收入季华权主编：《江苏方言总汇》，北京：中国文联出版公司，1998年版。

读或多读现象，而且成系统、有规律。就韵母而言几乎涵盖了16摄。同时还发现这种一字多读与说话人的年龄有关，不同年龄层次说不同的音，并且说话人自己也能清楚地意识到这种差异的客观存在。当时按传统方言学的研究方法将这些成批的字视为文白分读，并列入"同音字表"（郭骏，2004：238—256），详见表2-2。主要有以下几种情况：

1. 成系统地两读

前者为白读，后者为文读：（1）声母成系统地两读，如"哀、癌、矮、爱"等字的声母成系统地 ŋ/ø 两读；（2）韵母成系统地两读，如"良、两、亮"，"江、讲、酱"，"腔、墙、抢、呛"，"香、祥、想、象"和"秧、羊、养、样"等字韵母成系统地 iɛ/iaŋ 两读，又如"搬、半""潘、盘""馒、满"等字韵母成系统地 ʋ/æ 两读，再如"栾、暖、乱"等字韵母成系统地 ʋ/uæ 两读；（3）声母韵母成系统地两读，如"家、嫁"等字声母韵母 ka/tɕia 两读。

2. 成系统地三读

前者为白读，后两者为文读：如"淹、颜、眼"字 ŋæ^{32}/æ^{32}/iɿ^{32}、ŋæ^{24}/æ^{24}/iɿ^{24}、ŋæ^{312}/æ^{312}/iɿ^{312} 三读，前者为白读，后两者为文读；又如"咬"字 ŋɔ^{312}/ɔ^{312}/iɔ^{312} 三读，前者为白读，后两者为文读。

3. 个别字音两读

前者为白读，后者为文读：（1）声母两读，如"芮" suei^{55}/zuei^{55} 两读，前者为白读，后者为文读；（2）韵母两读，如"俗""横""朋"读作 səʔ^{31}/suəʔ^{31}、huɛn^{24}/hən^{24}、pʻoŋ^{24}/pʻən^{24}，前者为白读，后者为文读；（3）声韵母两读，如"车""热、日"读作 tɕʻiɿ^{32}/tsʻei^{32}、liɿʔ^{31}/zəʔ^{31}，前者为白读，后者为文读；（4）声调两读，如"跪"读作 kʻuei^{312}/kuei^{55}，前者为白读，后者为文读；（5）韵母声调两读，如"绿"读作 ləʔ^{31}/ly^{55}，前者为白读，后者为文读。

4. 个别字音三读

前者为白读，后两者为文读：（1）韵母三读，如"初"读作 tsʻəu^{32}/tsʻʅ^{32}/tsʻu^{32}，前者为白读，后两者为文读；（2）声韵母三读，如"硬"读作 ŋən^{55}/ən^{55}/in^{55}，前者为白读，后两者为文读。

表2-2　街上话"同音字表"中的一字多读

声母	一字多读
p	搬（pʊ³²/pæ³²）、半伴拌（pʊ⁵⁵/pæ⁵⁵），秘～书（pi⁵⁵/miɪʔ³¹）
p'	潘（p'ʊ³²/p'æ³²）、盘（p'ʊ²⁴/p'æ²⁴），朋（p'oŋ²⁴/p'ən²⁴）、逢（p'oŋ²⁴/foŋ²⁴）
m	瞒馒（mʊ²⁴/mæ²⁴）、鳗～蛇：鳗鱼（mʊ²⁴/mæ⁵⁵）、满（mʊ³¹²/mæ³¹²）、墁～地（mʊ⁵⁵/mæ⁵⁵），眉（mi²⁴/mei²⁴）、蚁（mi³¹²/i³¹²）
t	端（tʊ³²/tiʊ³²/tuæ³²）、短（tʊ³¹²/tiʊ³¹²/tuæ³¹²）、断锻段缎（tʊ⁵⁵/tiʊ⁵⁵/tuæ⁵⁵），幢（toŋ⁵⁵/tsuan⁵⁵），嗲（tiɪ³²/tia³¹²）
t'	团（t'ʊ²⁴/t'iʊ²⁴/t'uæ²⁴）、坛（t'ʊ²⁴/t'iʊ²⁴/t'æ²⁴）
l	栾（lʊ²⁴/luæ²⁴）、卵暖（lʊ³¹²/luæ³¹²）、乱（lʊ⁵⁵/luæ⁵⁵），绿（ləʔ³¹/ly⁵⁵），栏出～拦（laʔ³¹/læ²⁴），嬢～～：姑妈（liɛ³²/liaŋ³²）、良粮凉梁粱量用斗～（liɛ²⁴/liaŋ²⁴）、两俩伎魉（liɛ³¹²/liaŋ³¹²）、仰（liɛ³¹²/liaŋ³¹²/iaŋ³¹²）、亮谅辆量胆～跟酿（liɛ⁵⁵/liaŋ⁵⁵），砚（liɪ⁵⁵/iɪ⁵⁵），日热（liɪʔ³¹/zəʔ³¹），驴（lu²⁴/ly²⁴）、孟（lu²⁴/y²⁴）、吕（lu³¹²/ly³¹²）
ts	章彰樟蟑獐张（tsæ³²/tsaŋ³²）、长生～掌涨～价（tsæ³¹²/tsaŋ³¹²）、账帐胀丈仗杖障幛瘴涨～大（tsæ⁵⁵/tsaŋ⁵⁵），专砖（tsʊ³²/tɕyɪ³²/tsuæ³²）、钻～山洞（tsʊ³²/tɕiʊ³²/tsuæ³²）、转～送（tsʊ³¹²/tɕyɪ³¹²/tsuæ³¹²）、转～动（tsʊ⁵⁵/tɕyɪ⁵⁵/tsuæ⁵⁵），嘴（tsei³¹²/tsuei³¹²）、醉罪（tsei⁵⁵/tsuei⁵⁵），绝断～（tsuəʔ³¹/tɕyəʔ³¹）
ts'	昌鲳（ts'æ³²/ts'aŋ³²）、肠场一～雨常嫦尝偿长～短（ts'æ²⁴/ts'aŋ²⁴）、厂敞场～合（ts'æ³¹²/ts'aŋ³¹²）、畅唱倡（ts'æ⁵⁵/ts'aŋ⁵⁵）、穿（ts'ʊ³²/tɕ'yɪ³²/ts'uæ³²）、氽～汤（ts'ʊ³²/tɕ'iʊ³²/ts'uæ³²）、船椽（ts'ʊ²⁴/tɕ'yɪ²⁴/ts'uæ²⁴）、错措挫锉（ts'ʊ⁵⁵/ts'əu⁵⁵），初（ts'əu³²/ts'ʯ³²/ts'u³²）、崔催摧（ts'ei³²/ts'uei³²）、脆瘁翠萃粹（ts'ei⁵⁵/ts'uei⁵⁵），村（ts'ən³²/ts'uən³²）、存（ts'ən²⁴/ts'uən²⁴）、寸（ts'ən⁵⁵/ts'uən⁵⁵），踩（ts'ua³¹²/ts'uɛ³¹²/ts'ɛ³¹²），鼠（ts'uei³¹²/ts'ʯ³¹²/ts'u³¹²/su³¹²）
s	上尚绱～鞋子（sæ⁵⁵/saŋ⁵⁵），酸（sʊ³²/ɕiʊ³²/suæ³²）、算蒜（sʊ⁵⁵/ɕiʊ⁵⁵/suæ⁵⁵），岁碎（sei⁵⁵/suei⁵⁵），损笋榫（sən³¹²/suən³¹²），俗（səʔ³¹/suəʔ³¹），芮姓（suei⁵⁵/zuei⁵⁵）
z	让（zæ⁵⁵/zaŋ⁵⁵）
tɕ	江将～来姜浆僵疆缰（tɕiɛ³²/tɕiaŋ³²）、讲奖桨将（tɕiɛ³¹²/tɕiaŋ³¹²）、降酱匠将～领强偏～糨～糊绛（tɕiɛ⁵⁵/tɕiaŋ⁵⁵），传～记撰篆钻～石（tɕyɪ⁵⁵/tsuæ⁵⁵）
tɕ'	羌呛吃～了枪戗～风戕腔锖（tɕ'iɛ³²/tɕ'iaŋ³²）、强～大墙蔷樯（tɕ'iɛ²⁴/tɕ'iaŋ²⁴）、抢（tɕ'iɛ³¹²/tɕ'iaŋ³¹²）、呛辣椒～人戗够～跄（tɕ'iɛ⁵⁵/tɕ'iaŋ⁵⁵），车（tɕ'iɪ³²/ts'ei³²），膝（tɕ'iɪʔ³¹/ɕiɪʔ³¹），唇嘴～子（唇～膏：ts'uən²⁴）（tɕ'iɪ²⁴/tɕ'yn²⁴）、喘（tɕ'yɪ³¹²/ts'uæ³¹²）、串（tɕ'yɪ⁵⁵/ts'uæ⁵⁵），旬（tɕ'yn²⁴/ɕyn²⁴）

（续表）

声母	一字多读
ç	栖（çi³²/tçʻi³²），乡相～互厢湘箱香镶（çiɛ³²/çiaŋ³²）、详祥降投～（çiɛ²⁴/çiaŋ²⁴）、享响饷想（çiɛ³¹²/çiaŋ³¹²）、向相长～项～目象像橡（çiɛ⁵⁵/çiaŋ⁵⁵），煽（çir³²/sæ³²）、蛇（çir²⁴/sei²⁴）、扇（çir⁵⁵/sæ⁵⁵），寻～死（çin²⁴），薛（çirʔ³¹/çyəʔ³¹）、绝～种（çirʔ³¹/tçyəʔ³¹），寻～找（çyn²⁴）。
k	家（ka³²/tçia³²）、嫁（ka⁵⁵/tçia⁵⁵），街（kɛ³²/tçiɛ³²）、戒～烟（kɛ⁵⁵/tçiɛ⁵⁵）、间（kæ³²/tçir³²）、碱（kæ³¹²/tçʻir³¹²），哥歌锅过超过（ku³²/kəu³²）、果裹（ku³¹²/kəu³¹²）、过～去（ku⁵⁵/kəu⁵⁵），跤茭（kɔ³²/tçiɔ³²）、较～量窖觉睡～（kɔ⁵⁵/tçiɔ⁵⁵），今（kən³²/tçin³²），角牛～（kəʔ³¹）、角～度（kəʔ³¹/tçiɔ³¹²）
kʻ	铅（kʻæ³²/tçʻir³²）、嵌（kʻæ⁵⁵/tçʻir⁵⁵），棵颗稞窠科蝌（kʻu³²/kʻəu³²）、可坷（kʻu³¹²/kʻəu³¹²）、课（kʻu⁵⁵/kʻəu⁵⁵），敲（kʻɔ³²/tçʻiɔ³²），脆（kʻuei³¹²/kuei⁵⁵）
ŋ	揶（ŋa³²/ia³²）、牙芽（ŋa²⁴/ia²⁴）、轧垭（ŋa⁵⁵/ia⁵⁵），哀挨（ŋɛ³²/ɛ³²）、呆～板捱皑癌（ŋɛ²⁴/ɛ²⁴）、矮蔼（ŋɛ³¹²/ɛ³¹²）、艾爱暧隘碍（ŋɛ⁵⁵/ɛ⁵⁵），淹（ŋæ³²/æ³²/ir³²）、庵鹌鞍（ŋæ³²/æ³²）、按（ŋæ³²/æ³²），颜（ŋæ²⁴/æ²⁴/ir²⁴）、伢小～：小男孩（ŋæ²⁴/æ²⁴）、眼（ŋæ³¹²/æ³¹²/ir³¹²）、岸黯（ŋæ⁵⁵/æ⁵⁵），敖熬遨嗷鳌翱鏖（ŋɔ²⁴/ɔ²⁴）、袄（ŋɔ³¹²/ɔ³¹²）、咬（ŋɔ³¹²/ɔ³¹²/iɔ³¹²）、奥懊澳傲拗（ŋɔ⁵⁵/ɔ⁵⁵），区姓讴瓯殴鸥（欧～洲：只读ei³²）（ŋei³²/ei³²）、呕藕（ŋei³¹²/ei³¹²）、怄沤（ŋei⁵⁵/ei⁵⁵），肮（ŋaŋ³²/aŋ³²）、昂（ŋaŋ²⁴/aŋ²⁴），恩（ŋən³²/ən³²）、摁（ŋən⁵⁵/ən⁵⁵）、硬（ŋən⁵⁵/ən⁵⁵/in⁵⁵），恶厄呃扼杌鄂愕鳄颚额龌遏（ŋəʔ³¹/əʔ³¹）、压押（ŋaʔ³¹/aʔ³¹）、鸭（ŋaʔ³¹/aʔ³¹/iaʔ³¹）
h	虾（ha³²/çia³²）、咸（hæ²⁴/çir²⁴）、苋陷～下去（hæ⁵⁵/çir⁵⁵）、呵（hu³²/həu³²）、火伙河何荷和连词禾（hu²⁴/həu²⁴）、货祸贺和动词（hu⁵⁵/həu⁵⁵）、唤换（hu⁵⁵/huæ⁵⁵），横（huən²⁴/hən²⁴）
ø	踠（u³²/uæ³²）、安平～（u³²/ŋæ³²/æ³²）、窝蜗涡莴鹅（u³²/əu³²）、蛾峨俄讹～错：相差（u²⁴/əu²⁴）、我（u³¹²/əu³¹²）、暗（u⁵⁵/ŋæ⁵⁵/æ⁵⁵）、案（案～板u⁵⁵/案审～子æ⁵⁵）、饿（u⁵⁵/əu⁵⁵）、央泱殃秧鸯（iɛ³²/iaŋ³²）、扬杨疡羊佯洋烊糖～了、阳（iɛ²⁴/iaŋ²⁴）、养氧痒（iɛ³¹²/iaŋ³¹²）、样烊打～恙漾快（iɛ⁵⁵/iaŋ⁵⁵），染（ir³¹²/zæ³¹²）、液（irʔ³¹/irʔ³¹），约（iaʔ³¹/yəʔ³¹），凹坳（ua⁵⁵/ŋɔ⁵⁵/ɔ⁵⁵），挖（uaʔ³¹/ua³²），软阮（yr³¹²/zuæ³¹²）

注：①左栏按第一读中的声母排序（缺f声母），右栏按第一读中的韵母排序。

②"唇"在"嘴唇子"中tçʻir²⁴/tçʻyn²⁴两读，在"唇膏"中只读tsʻuən²⁴。

③"寻"在"寻死"中读çin²⁴，在"寻找"读çyn²⁴。

④"角"在"牛角"中只读kəʔ³¹，在"角度"中k ̍əʔ³¹/tçiɔ³¹²两读。

⑤"区姓讴瓯殴鸥"存有ŋei³²/ei³²两读，但"欧～洲"只读ei³²。

⑥"案"在"案板"中读u⁵⁵，在"审案子"中读æ⁵⁵。

以上街上话方言调查发现的一字两读或多读现象是属于不同群体之间的语言差异，显然是属于社会语言学所研究的语言变异现象（郭骏，2007：134），很有必要采用社会语言学研究语言变异的方法就其语音变异情况进行较为全面、较为深入的调查研究。因为研究语言变异并且联系社会因素来探讨语言变异发生的原因和规律，用统计的方法和概率的模式来加以描写，是社会语言学的重要研究内容之一。

（二）语言态度与语言使用情况调查中的发现

1. 调查情况说明

我们曾就在城镇居民的语言态度与语言使用情况做过一个简要调查（郭骏，2007）。鉴于语言态度是人们对某种语言或方言的评价，包括对其地位、功能以及发展前途的评价等内容（谢俊英，2006：21），所以我们就街上话名称确认、居民语言使用情况、在城话可懂度、在城话与其他话接近情况、在城话情感价值评价、在城话发展变化情况、家长对子女日常用语和教育用语选择等七方面开展调查。按照事先制定好的"在城镇居民语言态度与语言使用情况的简要调查问卷"［见附录三（一）］当面填写。问卷主要采用封闭式问题，在答案设计上采用多项选择式（只能选择一个选项）。

采用当面访问的方式，按照调查问卷的格式和要求记录被调查者的回答。这样调查的回答率和成功率比较高，同时也提高了调查结果的真实性。采用"定额抽样"，按1‰的比例抽取54人，作为当地不同街道、年龄、性别、职业、阶层居民的代表。祖籍虽不必全是本地，但须是县城长大，日常用语为在城话。

性别分布：女性25名（46.3%）、男性29名（53.7%）。年龄分布：11～71岁，跨度60余年。受教育程度分布：大学本科、大学专科、中专/高中、初中和小学等5个层次。职业分布：公务员、专业技术人员、企业管理人员、私营企业主、个体工商户、服务员、营业员、修理工、企业职工等。除学生外，共涉及经理人员阶层、私营企业主阶层、专业技术人员阶层、个体工商户阶层、商业服务业员工阶层、产业工人阶层等六个社会阶层（陆学艺，2002：

8—9）。同时还调查其父母的籍贯（分在城、乡镇和外地三种情况），因为父母的语言会对受访者的语言态度与语言使用情况产生一定的影响。

2. 调查数据分析

（1）街上话与乡下话名称确认。所有受访者都把自己所说的在城话称为"街上话"，把各乡镇人所说的话统称为"乡下话"。

（2）居民语言的使用情况。居民与本地人交谈主要使用在城话，与外地人或操普通话的人交谈主要使用普通话。居民除会说在城话外绝大多数都会说普通话，可见他们都是在城话与普通话的双语者。

（3）可懂度与接近度评判。居民对在城话可懂度的主观评判比较高，认为"完全听得懂"与"基本听得懂"的有47人（87.04%）。大多数人认为在城话与普通话较为接近，"反映出居民一种普遍的认同：普通话对在城话影响大、在城话在向普通话靠拢"（郭骏，2007：137）。

（4）情感价值评价。认为普通话比在城话更好听的有42人（77.78%），认为在城话比乡下话更好听的有46人（85.19%），认为在城话比南京话更好听的有41人（75.93%）。可见，溧水县城居民对在城话与普通话、乡下话和南京话的情感价值评价存在着认同差异：普通话＞在城话＞南京话＞乡下话。

（5）发展变化情况。有52人（96.30%）认为在城话正在发生变化，认为变化速度为"一般"和"较快"的有46人（85.19%）。可见，"对在城话正在发生变化存在着普遍认同，说明在城话正处于一个发展变化的过程中"（郭骏，2007：138）。

受访者对在城话正在发生的变化有四方面的主观印象：第一，从特色看，"随着普通话的普及与推广，在城话大多数已成为普通话的变音变腔，而那些老土话正趋于消亡""现在正宗的在城话已听不到"；第二，从家庭使用情况看，"在家也不时冒出几句普通话""人们在家都开始说普通话了"；第三，从使用者看，"小孩都已不说纯在城话""侄儿、侄女不讲在城话，讲普通话""自己说在城话，孙子辈说普通话""孙子辈对自己说的街上话觉得难听"；第四，从发展趋势看，"有向普通话转变的趋势""向普通话发展"（郭骏，2007：138）。

　　受访者举出6个发生语音变化的例子。存在两种变化情况：一是，过去与现在读音不同（前为过去读法，后为现在读法），如鸡（$ts\eta^{32} \rightarrow t\varsigma i^{32}$）、颜（$æ^{24} \rightarrow ir^{24}$）色、大（$t\varepsilon^{55} \rightarrow ta^{55}$）麦、你到哪里去（$k'i^{55}$）/去（$t\varsigma y^{55}$）哪里；二是，同一个字在不同词中读音不同，如家（$ka^{32}$）去/回家（$t\varsigma ia^{32}$），中觉（$k\mathfrak{o}^{55}$）/午觉（$t\varsigma i\mathfrak{o}^{55}$）。这发生语音变化的6例，涉及声母韵母替换1例（$ts\eta^{32} \rightarrow t\varsigma i^{32}$）、韵母替换2例（$æ^{24} \rightarrow ir^{24}$、$t\varepsilon^{55} \rightarrow ta^{55}$）、声母腭化3例（$ka^{32} \rightarrow t\varsigma ia^{32}$、$k'i^{55} \rightarrow t\varsigma y^{55}$、$k\mathfrak{o}^{55} \rightarrow t\varsigma i\mathfrak{o}^{55}$），未涉及声调变化。由此，也可大致看出"在城话现在的读音与普通话语音较为接近，与居民对在城话接近度的主观判断相吻合，隐约地呈现出向普通话靠拢的演变方向"（郭骏，2007：138）。

　　调查收集到新旧词语替换20例和社会时尚词语2例（帅哥、酷）。按照《汉语方言词语调查条目表》（2003：6—27）的分类，这20例新旧替换词语涉及13类。1）天文：落水、下水→下雨，2）地理：乡下→农村，3）时令、时间：昨格→昨天，4）植物：洋山芋→马铃薯，5）动物：开花子→猪肝，6）器具用品：簟子→凉席、洋机→缝纫机、洋油→煤油、箩窠→摇窝，7）亲属：家婆→婆婆外婆，8）身体：肚胱→肚子，9）日常生活：家去→回家、中觉→午觉，10）交际：对不起→谢谢，11）商业、交通：剃头→理发、裁缝店→服装店、老虎灶→茶水炉子、脚踏车→自行车，12）文体活动：玩把戏→玩杂技，13）形容词：沙亮→雪亮。我们通过受访者随口列举出的词语替换用例可以发现：1）在城话正在发生较大范围的新旧词语替换；2）原有方言词语退出，替换出现的新词语除极个别（婆婆外婆）外大都是普通话词语，从词汇发展角度看，在城话呈现出向普通话靠拢的演变方向。

　　调查收集到语法变化的例子仅有3例。涉及三方面：1）在城话中的疑问副词"阿"消失，如阿吃啦？→吃过啦？；2）量词"挂"与"辆"替换，如一挂车子→一辆车子；3）原本不能带宾语的"去"可以带宾语，如你到哪里去？→去哪里？。此3例也粗略地反映出方言语法特征消失而代之以普通话语法特征，在城话呈现出向普通话靠拢的演变方向。

（6）日常用语和教育用语的选择。调查数据显示，29人（53.70%）要求子女在家说普通话，24人（44.44%）要求子女在家说在城话，53人（98.15%）要求子女在学校说普通话。可见县城居民对子女日常用语和教育用语的态度：教育用语应用普通话，日常用语中也要用普通话。

综上可见，在城镇居民语言使用的总体格局是街上话与普通话并存分用；居民对街上话与普通话存在着双项认同，并且对普通话的认同高于街上话；居民认为街上话正发生着变化，与普通话存在着一定的接近度；家长对子女有着说普通话的要求。这些都说明街上话正处于一个不断发展变化的过程之中，即处在一个学习普通话、使用普通话并逐渐受普通话的影响而不断向普通话靠拢的发展过程中。这个发展的过程也正是陈建民、陈章太所提出的"方言向标准普通话过渡的中间状态"（陈建民、陈章太，1988：115）。这个中间状态究竟如何、街上话究竟采用何种模式向普通话靠拢，这是值得我们好好去调查研究的问题。由此可见，选择溧水街上话的语音变异作为研究的对象是合适的、有针对性的。

二、已有的研究

笔者在20世纪80年代后期曾用传统方言学的方法对街上话的语音、词汇和语法系统做过较为深入的调查，写成《在城方言简志》（郭骏，2004：233—262），后又用社会语言学的方法就街上话语音变异中的u元音开展过调查研究，写成《溧水"街上话"[u]元音变异分析》和"An Analysis of the (u)-Variation in the 'Town Speech' of Lishui"两文，分别在《中国社会语言学》（2005年，第1期）和《亚太传播学报》（*Journal of Asian Pacific Communication*）（2006年，第2期）上发表。笔者通过对u元音变异是一个"进行中的变化"（change in progress）的论证，分析出溧水街上话的动态特征，得出了四点结论：第一，u元音的变化是在语音和词汇系统的制约下进行的；第二，该变化是以改变语音系统内部韵母分布的方式来实现的；第三，该变化始终围绕着普通话u元音及其组成的韵母来进行，变化的方向是不断向标准普通话靠拢；第四，该变化大大改变了溧水街上话的语音面貌，表明街上话已经转变为"带有普通话色彩"的地方话（郭骏，2005：72）。

这些观点的提出，尤其是"带有普通话色彩的地方话"的提出得到了中国社会语言学界的响应和认可，南昌大学的胡松柏在"第三届城市语言调查学术研讨会"上所宣读的论文《上饶"铁路话"的形成与演变》[①]中对"带有普通话色彩的地方话"给予了充分肯定；曹志耘在《汉语方言：一体化还是多样性？》一文中也论及"带有普通话色彩的方言"问题（2006：2）。

三、研究的价值和意义

（一）城镇语言调查的价值和意义

社会语言学一向关注城市语言，对其进行调查和研究也是社会语言学从产生起就形成的研究传统，而且取得了丰硕的研究成果，如拉波夫（1966）在美国纽约（New York）关于英语和社会层次的研究，彼得·特鲁杰（Peter Trudgill，1972、1988）在英国诺里奇（Norwich）市关于语言与性别以及城市方言变化的研究，米尔罗伊（Milroy，1980）关于北爱尔兰贝尔法斯特（Belfast）市语言与社会网络的研究，徐大明在中国包头市昆都仑区对北方话鼻韵尾变异的研究（1992、1997、2001、2008、2012），等等。"在20世纪晚期一个高度城市化的社会里，城镇是研究语言变异的唯一途径，忽视城镇是不可理解的"（Ronald Wardhaugh，2000：134），因为"城市语言总是语言变化的中心"（Labov，2007：23），"城市里有更丰富的社会现象，有更纷繁的社会阶层，有更为多姿多彩的社会方言"（游汝杰，2004a：31—32）。

徐大明在《中国社会语言学的新发展》一文中专门论述了城市语言调查所要研究的内容、理论意义、现实价值以及需要研究的主要课题：（1）城市语言调查是中国社会语言学研究领域中的一个新方向，是"适应我国城市化发展进程的应用性社会语言学研究，也是将语言学研究引向针对现代社会的复杂

---

① 见会议报道：《第三届"城市语言调查"学术研讨会》，《中国社会语言学》，2005年，第2期，第131页。

多变的语言现实研究的重要途径";（2）其理论意义为"从对语言使用的直接、实时的规模性观察中了解语言作为一个开放性运动系统的性质和运作机制",其现实价值为"提供城市语言状况信息、对城市化过程中产生的语言问题进行描写与分析,将其作为制定有关政策和解决实际问题时的科学依据";（3）具体研究课题主要包括"城市方言与乡村方言、城市语言生活与乡村语言生活的类型性对比""城市言语社区的形成和发展机制""大、中、小城市语言形势及语言生活特征""城市化带来的公众语言交际问题""城市语言调查方法论方面的研究"等等（2006a：127）。

（二）在城镇方言调查的价值和意义

城市语言调查是社会语言学研究的传统,在全球一体化和语言一体化的宏观背景下开展城市语言调查又具有极高的意义和价值,结合前文对在城镇居民语言态度与语言使用情况的调查与分析,我们认为开展对街上话这个城镇方言的调查和研究既有着极其强烈的现实意义,也有着极其深刻的理论价值。

普通话作为通用语在吸收方言成分的同时,"更多地影响着方言的发展方向,使方言的使用逐渐向它靠拢"（施春宏,1999：10）。"从语言演变的内部规律观察,汉语普通话对各地地域方言或次方言产生了巨大的影响,很多方言的自身系统发生了变化,逐渐向普通话靠拢"（陈章太,2005b：50）。当然"各地方言向民族共同语靠拢是间接的,而且是具有自己的'特色'的","各个方言区最先减损方言特色而向民族共同语靠拢的是各级乡镇,这样在地理上就不一定连成一片,或者说不是均匀过渡的"（刘勋宁,2004：21）。陈建民、陈章太在《从我国语言实际出发研究社会语言学》一文中指出:"建国以来,人们只注意调查研究方言和标准普通话两端的情况,至于方言向标准普通话过渡的中间状态却很少研究","事实上中间状态是大量存在的";"各地过渡语究竟是个什么样子,它和标准普通话有哪些差异,怎样使它更好地向标准普通话过渡,这是值得我们很好调查研究的"（1988：115）。

在城镇所出现的街上话与普通话并存并用现象,必然存在一个相互影响的问题:普通话如何影响街上话,使之向普通话靠拢,街上话又如何减损方言特色而向普通话靠拢、呈现出何种状态、有何规律？这些问题都值得做较为深入的研究。同时街上话发生了哪些变异、呈现出哪些变异特征、变异后街上话的性质是否发生了变化、在普通话影响下的街上话与地方普通话的关系如何等问题均值得认真研究。

四、研究的主要问题

本研究选择街上话语音变异作为研究对象是基于这样几点考虑：（1）社会语言学对语音变异的研究所采用的理论和方法均比较成熟，使本研究有了有力的理论和方法支撑；（2）对街上话变异现象的发现也是从语音方面开始的；（3）在此之前曾对街上话u元音变异情况做过较为深入的分析和研究，提出过"带有普通话色彩的地方话"（简称"普通地方话"）的概念，为此次街上话语音变异的全面研究打下了一定的基础、积累了一定的经验；（4）限于时间和篇幅，暂时也不宜对语音、词汇和语法三方面做全面的方言变异研究。

本研究拟着力从方言变异所呈现出的主要特征、方言变异与社会因素的相关性、方言向普通话靠拢的演变模式、方言变异与变化对自身系统的影响和普通地方话等五个方面来开展。主要研究十个方面的内容：（1）语音变项的确定与语音变式的确认；（2）语言态度与语言使用的调查；（3）语音变异的主要特征分析；（4）语音变异与相关社会因素分析；（5）语音变异与内部制约机制分析；（6）语音变异对语音系统的影响；（7）方言演变方向分析；（8）方言与普通话接近度分析；（9）语音演变模式分析；（10）过渡语类型探究。

本研究拟在五个方面力争从理论与实践两个层面上有所突破、有所创新。（1）提出本研究的核心观点，即系统内部调整是方言向普通话靠拢的演变模式，这是对方言与普通话关系问题研究上的一种新观点；（2）划分出方言与普通话之间的另一过渡语类型——普通地方话，这是方言与普通话关系问题研究的一次突破；（3）将语音变式区分为"旧式、新式、过渡式"，这是社会语言学变异研究的一项创新内容；（4）将社会语言学与汉语方言学相结合，这是社会语言学研究上的一次新尝试;（5）接近度的量化研究，是方言与方言、方言与普通话之间的接近度与互懂度研究的一次新探索。

第三节 理论与方法

一、语言变异与变化理论

语言的变异性（variability）是语言的一个基本特性。著名的语言学家萨丕尔（Sapir）早就说过："谁都知道语言是可变的。即使是同一代、同一地、说一模一样的方言、在同一社会圈子里活动的两个人，他们的说话习惯也永远不会是雷同的。"（1985：132）在日常生活中人们也能感觉到语言存在着变异性：地区与地区语言存在不同，个人与个人的讲话也有差异，甚至同一个人在不同场合谈吐表现也不一样，包括语音、词汇和语法在内的一系列特征都不会完全一致，这种现象就叫作语言变异。可见，"语言变异是一种正常现象，而不是一种罕见的特殊现象"（徐大明，2006b：3）。

文莱奇（Weinreich）、拉波夫（Labov）、赫佐格（Herzog）1968年发表了题为《语言变化理论的经验基础》（"Empirical foundations for a theory of language change"）的文章，首次提出"语言变异"这一概念，论述了语言变异的性质和研究方法，建立了一套以语言变异为核心的语言演变理论模式，并提出语言变化的五大问题——制约、过渡、嵌入、评鉴与实现。大批社会语言学家以此理论模式为指导开展语言变异研究，使语言变异与变化研究逐渐成为一个新的语言学研究领域。有的语言学家认为它是社会语言学中的一个重要分支，有的则认为它就是社会语言学的核心内容，还有的觉得它可以与"社会语言学"等并列，作为语言学的数个研究领域之一。社会语言学家舒伊（Shuy）曾就"社会语言学"一词的含义做过一次调查，向世界各地的几百位学者分别征求答案，结果返还回来的意见几乎一致是：社会语言学首先是一门研究语言变异的学科。

美国社会语言学家拉波夫则是公认的语言变异与变化研究的创始人。其代表性成果是：硕士学位论文《麻省马萨葡萄园岛一个音变的社会历史》（"The Social History of a Sound Change on the Island of Martha's Vineyard，Massachusetts"）（1963）和博士学位论文《纽约市英语的社会分层》（"The Social Stratification of English in New York City"）（1966）。这两篇论文也被公认为语言变异与变化研究的开山之作（徐大明，2006b：7）。前者开创了采用"显象时间"（apparent time）方法开展"进行中的变化"研究，得出语言变化需要一定的社会动力的结论；后者既揭示出了西方大都市环境中语言的社会层化现象，又展示了语言变异的社会层化与语体系统的对应关系（徐大明，2006b：7）。

语言变异与变化是目前语言学界普遍认可的一种重要的语言现象，同时语言变异与变化的研究也已取得许多研究成果并达成一些理论共识。主要理论共识有：（1）任何体现为自然语言的语言系统都是一个"有序异质体"（orderly heterogeneous）（徐大明，2006b：10）；（2）对语言现象的解释不能只针对任意夹取的一些语言形式，而应该针对全部有关的语言事实，即"会计原则"（principle of accountability）；（3）进行中的语言变化研究是社会语言学的一个重大贡献，"改变了历史语言学对语言变化的研究只注重语言事实的考证和构拟而忽视普遍性语言变化机制的倾向"，"也打破了共时研究和历时研究的壁垒，开创了语言动态研究的新途径"（徐大明，2006b：11）。

（一）语言变体

英国语言学家赫德森（R. A. Hudson）在《社会语言学》一书第二章"语言变体"中提出一套包括总体陈述与具体陈述、语项、语言变体、语言集团等概念系统来描写语言的变异性，其核心概念是"语言变体"。赫德森指出，"如果把'语言'看作是包括世界上所有语言在内的一种现象，语言变体（或简称变体）一词可用于指语言的不同表现形式"，"使一种语言变体不同于另一种的东西就是语言变体所包含的语项"，所以"可以把语言变体定义为社会分布相似的一套语项"（1990：31）。

祝畹瑾对此做了具体阐释：语言变体指"由具备相同社会特征的人在相

同的社会环境中所普遍使用的某种语言表现形式"；语言变体"既可以指称语言（language）、方言（dialect）或语体（style），也可以指称单个的语音、语法或词汇项目"；"一个社会同时使用两种或两种以上的语言也可以理解为一种变体或是一种表现形式"（1992：19）。

语言变体概念的提出给社会语言学研究带来许多便利。首先，可以避免使用"语言""方言""地方话""土语"等缺乏准确定义的名称来标记具体的语言变体。其次，可以避免研究者受到非科学的流行观念的影响，以确保研究者的客观立场。再次，有助于研究的理论性和科学性（徐大明等，1997：78）。

（二）语言变项与语言变式

与"语言变体"相关的另一组概念就是"语言变项"（linguistic variable）与"语言变式"（linguistic variant）。

社会语言学家将一项一项的语言变异看作语言的结构单位。语言变项与音素、音位、语素等其他结构单位一样成为语言结构系统的有机组成部分（Chambers and Trudgill，2002：128）。

具体的语言变异就是一个个的语言变项。如果某一个语言单位有一些不同的表现形式，那么这一个抽象的语言单位就是一个语言变项；而那些不同的具体表现形式就是语言变式①。"语言变项"与"语言变式"是一组概念，一个"语言变项"由一组"语言变式"构成；两个以上的"语言变式"才能构成一个"语言变项"（徐大明，2006b：4）。

（三）语言变异的制约条件

社会语言学认为变异的产生不仅有来自语言结构系统内部的压力，也有来自语言外部的影响。外部的影响，有的与地域有关，有的与说话人的社会身份有关，有的与使用语言的场合有关。语言的社会变异包括年龄差异、性别差异和阶层差异等。

---

① 陈松岑将"变项（variable）"译成"变异"，将"变式（variant）"译成"变素"。见陈松岑：《语言变异研究》，广州：广东教育出版社，1999年，第48—49页。

1. 社会阶层与语言差异

在社会语言学的研究中，社会阶层一直以来都被当作一个重要的外部相关因素，因为人们对阶层差异造成的语言差异最为敏感，这方面的语言变异能标志不同社会身份的讲话人。同时它也是一个复杂的因素，因为到目前为止中西方学术界还没有一个统一的办法来度量社会阶层，即还未找到合适的办法把社会中的人按阶层划分开来。现在，一般用经济状况、教育程度、收入水平等指标来划分，或者用比较间接的指标来确定。纽约百货公司英语发音调查是闻名于世的一项社会语言学研究。拉波夫调查发现（r）变项有着明显的社会分层现象：比较高档的商店，其售货员发 -r 变式的频率要高于比较低档的商店。

2. 年龄与语言差异

当语言变异标示某一变化时，最相关社会因素就是年龄了。在最年长一代人的话语中，出现少量的某一变式；在中间一代人的话语中，该变式的出现频率有所增加；在最年轻的一代人中，这一变式的出现频率最高（Chambers，2013：306）。社会语言学家正好利用这种年龄上语言的共时差异来研究语言的历时变化。

3. 性别与语言差异

社会语言学家研究发现，男女差异不仅是先天生理原因造成的，更重要的还是社会性别所致。在语言规范上，男女也有不同的态度和表现：男子往往不守规范，言语显得较为粗俗；女子则言谈优雅，显得更为标准。在语言变化上，研究表明女性往往领先男性整整一代，也就是男子在语言创新上要落后于女子，显得比较保守。拉波夫早期对马萨葡萄园岛和纽约市的调查是社会语言学具有性别特征（gender-specific）的语言变异研究的起点，他最早将性别因素作为一个重要的社会语言学自变量来研究。

4. 语体与语言差异

"语体"，就是语言根据交际的场合不同而形成的不同形式，是标准语在功能上的类别。如"谈话语体""政论语体""科学语体""事务语体"等。它主要是一种社会约定，是某一社区内绝大部分成员所遵循的语言习惯。人们经常使用许多不同的方法来表达自己各种不同的意图，没有人总是用单一的模式说话。社会语言学在研究变异的时候发现了语体转移（style shifting）现象——在对同一位讲话人的同一次谈话中，由于话题转换等原因，话语中出现了一些定量性特征变化，如对某些变式的使用增加或减少，标示着讲话人对讲话场合性质的理解的改变。

（四）进行中的变化

社会语言学家认为语言是一个动态的系统，语言的变化就是一个动态系统的逐渐演变（徐大明等，1997：131）。而社会的变化提供了语言变化的条件，社会语言学的任务就是进一步解释语言系统是怎样在全社会的交际不间断的前提下逐渐演变的。社会语言学家通过对语言变异的研究，发现语言的历时变化就产生并体现在语言的共时变异之中。"进行中的变化"就是一个正在扩展其社会分布的语言变异（徐大明等，1997：136）。通过研究进行中的变化，社会语言学家可以直接观察变化的过程，从而了解语言变化的机制，这是研究已经完成的历史上的变化时无法做到的。

（五）显象时间与真实时间

语言变化的研究应该结合真实时间和显象时间两方面的语言材料。社会语言学把在共时变异中找出语言变化的研究，叫作"显象时间"（apparent time）的研究；把从不同时间中获取语料的研究，叫作"真实时间"（real time）的研究。

"显象时间"研究的是体现在几代人的言语特点上的语言变化趋势。显象时间研究基于这样的假设：现在四十岁的人群的话语代表了二十年前二十多岁人群的话语情况，因此比较现在四十岁群体和二十岁群体的话语相当于比较二十年前和现在两个时间段的二十多岁人群的话语。这样两组人群所存在的某些语言变项的差别则可以显示二十年来语言变化的进程。

本书所采用的就是显象时间研究，观察在城镇居民不同年龄组的语音变异情况以了解现在的语音变化进程，分析研究街上话语音变异所反映出的半个世纪期间几代人的语言发展趋势。

（六）语言变化的原因

语言学家曾经从语言结构和发音的角度对语言变化的原因做出过一些解释，例如同化、简化、保存语法功能、保持语义、系统的调整等。虽然语言内部和历史的原因，为语言结构中的变异形式提供了变化产生和发展的条件，但是一个变化的启动和发展总是需要一股相当强劲的社会动力。一个语言变化需要在言语社区中逐步推广，这个过程需要社会的动力（徐大明等，1997：136）。

二、语言变异与变化理论的运用

方言向标准普通话靠拢是一种"语言变化"，而"语言变化"现在已成为社会语言学的一个重要研究内容。社会语言学的语言变化理论指出，语言变化一定包括一个语言变异的阶段，也就是说语言是渐变的。而渐变就体现在变化基本完成之前存在着一个新旧形式并存被交替使用的阶段（徐大明等，1997：135）。但变异并不等于变化，要确定一个变异是否是一个"进行中的变化"，就要观察它的社会分布状况。进行中的变化一般都有一种不均匀的社会分布，而且这些不均匀的社会分布还应该形成一个统一的总趋势（徐大明等，1997：136）。

某一方言向标准普通话靠拢就是指某一方言的结构系统向普通话结构系统的逐渐演变。我们完全可以用社会语言学的语言变异理论就某一方言向标准普通话靠拢的演变模式做社会语言学的研究。通过对其变异阶段所呈现出的变异特征、与社会因素的关系等的分析，说明其不断演变的过程是一个正在进行中的变化，从而分析出其演变模式。

要用社会语言学的理论来研究方言向普通话靠拢的演变规律，就要观察其社会分布。而要研究清楚其社会分布则需要采用"抽取样本的方法"科学地确定个案研究的受访对象，确保研究的科学性，避免随意性；采用当面访问的方式系统收集变异语料，为对个案进行系统研究取得翔实可靠的第一手材料；采用定量统计分析的方法分析变异语料，使个案研究建立在实证数据支持的基础上，避免空乏，避免主观判断。同时还要采用汉语方言研究中常用的"描写法"和"对比法"对方言和普通话的语音系统进行描写和比较，展示方言向普通话靠拢的发展过程，揭示方言与方言、方言与普通话之间的联系与区分。

三、具体研究方法的运用

社会语言学是在人类语言学的基础上发展起来的当代新兴语言学学科。它继承了人类语言学研究方法的传统，结合人类语言的各种社会因素来描写语言。研究方法在社会语言学中占有十分重要的地位。

（一）定性研究与定量研究

定性研究与定量研究是社会语言学研究过程中均须采取的研究方法。定性研究侧重于对事物的本质、特征及其联系的描述和理解，是对所研究对象进行的"质"的分析；而定量研究则侧重于对事物的测量和计算，是对所研究对象进行的"量"的分析。一般来说，定性研究用文字来描述现象，定量研究用数字和量度来描述现象。

从研究的逻辑过程看，定性研究在本质上是一个归纳过程，由特殊归纳出一般；而定量研究则是一个演绎过程，由一般推广到个别。从研究的注重点看，定量研究往往强调客观事实，强调现象之间的相关性，强调变量之间的因果联系；而定性研究则更加注重现象与背景之间的关系，更加注重现象的变化过程。从理论与研究的关系看，定性研究并不强调在研究开始时所研究的问题有一种明确的理论基础，理论是在研究中逐渐发现和形成的，并不断地加以改变、放弃或修正；定量研究常常是用来进行理论检验的，所以一开始就倾向于以理论为基础。从研究方式看，定量研究强调研究程序的标准化、系统化和操作化，最常用的研究方式是实验、调查和内容分析；而定性研究则强调研究方式和研究手段上的灵活性和特殊性，最常用的研究方式是实地研究。从资料的收集方法和技术看，定量研究常用量表测量、问卷调查、结构式访问等方法来收集研究资料；定性研究则常用参与观察、无结构访问等方法来收集资料（风笑天，2001：12—13）。

在自然科学研究中，常常从自变项出发来看因变项，看两者之间有什么相关性。社会语言学家也采用类似的方法，看社会变项与语言变项之间是否存在相关性。由于社会语言学要研究语言变项和社会变项之间的关系，所以必须确定社会变项，这是定量研究中一个十分重要的问题。如年龄是一个社会变项，与语言变项之间关系非常密切，当语言变异标示某一变化时，其最主要的相关社会因素就是年龄；再如，社会阶层也是一个社会变项，在社会语言学的研究中，社会阶层一直以来都被当作一个重要的外部相关因素。

本研究采用定量研究与定性研究相结合的研究方法来对街上话的语音变异情况开展研究。既有归纳，也有演绎；既有现象之间的相关性分析，又有变化过程的揭示；既有理论的提出，又有理论的检验；既有调查，又有实地研究；既有问卷调查、数据统计，也偶有无结构访问。

（二）抽取样本的方法

一般来说，社会语言学的研究都是在特定的言语社区范围内进行的。如果不首先确定言语社区，也就无法确定研究对象总的范围。确定研究对象总的范围就是"界定总体"。"社会语言学既然要研究社会的语言差异，就必须要有足够数量的、不同类型的语言数据，并且还要考虑收集语言数据的社会环境"（桂诗春、宁春岩，1997：153）。在选定社会变项与语言变项之后，就要在所确定的范围内进行多人次抽样调查，通过科学抽样以确保样本抽取的随机性和代表性。这是社会语言学与传统方言学在调查、收集语料方面存在的一个很大的区别。所谓抽样调查就是按照一定的计算方法，从研究对象的总体中根据随机原则抽取部分单位作为研究的样本。通过所抽样本中的个案，以此部分单位的指标数值去推断相关总体的参数值。这种方法既能避免无法全面调查的困难，又能节省人力物力，达到认识总体的目的。

根据抽取对象的具体方式的不同，抽样可以分为各种不同的类型。从大的方面看，各种抽样都可以归为概率抽样和非概率抽样两大类。本研究主要采用了"非概率抽样"中的"判断抽样"、"定额抽样"和"雪球抽样"三种具体抽样方法。

1. 判断抽样（judgmental sampling）

又称"立意抽样"，是研究者根据研究目标和自己的主观分析来选择和确定研究对象的方法。即调查者根据对调查对象所做的判断，决定抽取样本的范围、数量和实施办法。这是社会语言学研究常用的方法。"这种抽样多用于总体规模小、所涉及的范围较窄，或时间、人力等条件有限而难以进行大规模抽样的情况"（风笑天，2001：120）。如陈松岑1984年在调查影响售货员使用礼貌词语的社会因素时就采用了判断抽样。按所有制的性质把商业分为国营、集体经营和个体经营三大类，并做出这样一个判断：不同的所有制会影响到企业员工的服务态度，其中也包括使用礼貌词语的情况。根据这一判断，先按照北京市商业网点的布局，选取了东城、西城、宣武、海淀各区的商业中心街道作为抽取样本的范围，再按三类不同的所有制在百货商店中抽样（1999：106—107）。

2. 定额抽样（quota sampling）

又称"配额抽样"。在抽样时，研究者要尽可能地依据那些可能影响研究变量的因素来对总体进行分层，并找出具有各种不同特征的成员在总体中所占的比例。然后依据这种划分以及各类成员的比例去选择对象，使样本中的成员在各种因素、各种特征方面的构成及其在样本中的比例都尽量接近总体（风笑天，2001：120）。例如，要调查某单位男女语言的差异，已知该单位男职工为1200人，女职工800人。若按百分之一的比例抽样，当取12名男职工，8名女职工作为具体的调查对象。

3. 雪球抽样（snowball sampling）

这是一种极为特殊的抽样方法。"当我们无法了解总体情况时，可以从总体中少数成员入手，对他们进行调查，向他们询问还知道哪些符合条件的人，再去找那些人并再询问他们知道的人"，"如同滚雪球一样"，"可以找到越来越多具有相同性质的群体成员"（风笑天，2001：122）。即以少数调查对象为出发点，像滚雪球一样越滚越多。这是米尔罗伊（Milroy）在调查英国贝尔法斯特市工人居住区的语音变异时采用的抽样方法。本次调查采用此方法。通过熟人介绍认识受访者，记录其语音变异，再利用熟悉的受访者去结识他们的熟人或朋友，记录他们的语音变异，直至完成整个调查（郭骏，2005：73）。

（三）收集语料的方法

语言材料是社会语言学研究的基础。由于社会语言学研究需要以自然状态下的语言材料为基础，所以开展调查工作的最主要目标就是要获得大量自然语料。而要达到这个目标就必须克服"观察者的矛盾"（observer's paradox），系统地观察讲话人在不被观察时讲话的情形（Labov，1972：61）。各种收集语料的方法都是围绕着这个目标发展起来的，而且目前还处在不断地完善之中。本研究所采用的收集语料的方法主要有以下两种。

1. 社会语言学访谈（sociolinguistic interview）

这是社会语言学所采用的最基本的调查方法，并能够收集到大量的语言变异方面的语料。这种方法主要采用调查人员与调查对象进行面对面谈话的方式，有个别交谈和集体交谈两种方式。谈话的关键在于如何诱导受访者说出调查人员所需要的话语，提供语言变体的原始材料（祝畹瑾，1992：57），然后用录音设备录下或用笔记下所谈的内容作为收集到的语料。

在访谈中，调查者可以采用"请讲话人朗读已经准备好的词对、词表、段落的方式来收集语料"（徐大明，2006b：25），但要注意念词表体、念语段体、留意说话体、随便说话体之间的语体差异（戴庆厦，2004：224—225）。

此法的优势在于：一方面朗读是一种较正式的语体，可以与一般性访谈的非正式语体形成对比；另一方面朗读调查者精心准备的材料，可以确保每一个说话人的语料中都包含着相同的变项。本研究调查语音变异语料时采用此法，请受访者朗读事先准备好的词表。

2. 问卷法

这是用书面形式进行社会语言学调查的一种方法，也是社会调查中常用的一种简便易行的方法。这种方法适用于大规模的摸底调查。问卷的内容主要是根据调查项目编写而成的一系列问题，此外还应该包括填表人的有关背景项目。问卷在设计时内容必须简明扼要，问题不宜太多，问卷不宜太长，通常以回答者能在20分钟以内完成为宜，最长不超过30分钟；把简单易答的问题放在前，把能引起受访者兴趣的问题放在前，把开放式问题放在后。本研究中关于在城镇居民语言态度与语言使用情况的调查采用此法。

（四）统计与分析语料的方法

定量统计分析是社会学研究方法，也是社会语言学常借用的方法。语料统计方法主要有百分比计算法、标准分计算法、相关分值计算法和变项规则分析法（陈松岑，1999：124—133）。本研究主要采用了百分比计算法和变项规则分析法。

1. 百分比计算法

对所调查到的语音变异语料按定量分析的程序进行整理、录入，然后运用此方法对整理、录入的语料进行统计，用图表模型描写其出现的概率。

2. 变项规则分析法（Variable Rule Analysis）

这是专为分析语言变异研究中所收集到的语料而设计的分析方法。此法为社会因素与语言变式的相关性分析提供了精确的测算方法，也是社会语言学研究中使用最为广泛的分析方法。

（五）其他方法

1. 描写法

这是方言研究中最常用的一种研究方法。其中语音描写方法比较成熟。如"整理出声、韵、调系统和同音字表，以及文白读对应条例、连读变调的规则"，如有必要还"整理方音和古音及标准音的对应关系"。这已为一般的方言调查工作者所掌握（李如龙，2001：10）。

2. 比较法

这也是方言研究常用的一种方法。"方言是由各方面的方言差异整合而成的。"（李如龙，2001：11）所谓方言差异"包含着该方言与共同语与其他方言以及与古代汉语的差异"（李如龙，2001：11）。研究方言，归根结底，"一要研究方言差异，二要研究这些方言差异是如何整合成系统的"（李如龙，2001：11）。方言比较研究可分为横向共时比较和纵向历时比较两类。"共时的比较是现代方言与共同语比，甲方言与乙方言比。经过比较可以了解各方言的特征，各方言与共同语的相同点与相异点，以及各方言之间或方言与共同语之间的亲疏远近关系，还可以看到不同的方言之间及方言与共同语之间的相互影响。"（李如龙，2001：11）

第四节　材料编制与调查说明

一、调查材料的编制

（一）采用"念词表体"

社会语言学研究为获得语言材料常采用"社会语言学访谈"。采用此法通常使用这样一些技巧：首先，念词表、句子或语段，把事先编制好的词汇表、例句或短文请受访者逐一朗读，当场审音、记音；其次，提问，提出问题让受访者回答，以便获取材料；再次，测验，给受试人以某种刺激，使其立即做出言语反应，以观察受试人的语言能力（祝畹瑾，1992：57—58）。

拉波夫认为说话人对于自己的话语所施的注意力越多，其语体的正规程度就越高。他结合自己的调查经验指出此法存在四种不同的语境，会分别引发出四种不同的语体：一是念词表体，由于受访者在念词表时注意力集中在每一个词的读音上，这时所要显示的发音比平时说话时的发音要正规得多；二是念语段体，由于语段的内容生动有趣，语言通俗易懂，受访者念起来比较快，发音的正规程度低于念词表体；三是留意说话体，受访者在回答调查人员的提问时言语谨慎，发音的正规程度低于念语段体；四是随便说话体，人们日常说话注意力并不放在运用语言上，说话时轻松随便，所说的话属于自然话语（祝畹瑾，1992：59—60）。拉波夫所区分出的四个等级的语体就正规程度而言，念词表体＞念语段体＞留意说话体＞随便说话体；就自然程度而言正好相反，随便说话体＞留意说话体＞念语段体＞念词表体。

由此可见，"念词表体"发音的正规程度最高，属于正式语体，难以代表人们日常生活中所说的自然话语。但要做一项多语音变项的调查研究，如果采用"随便说话体"对某一方言或语言的多语音变项做全面系统的调查，那工作量之大是令人无法想象的。"随便说话体"虽然准确但效率太低。"念词表"固然有其不足，但它却是调查方言语音系统用得最多的技巧，因为一张词表可以代表所要调查的语音变项的各种情况，能显现出某一方言或语言的整个语音系统，简洁而明了。

本研究采用"念词表"的方法搜集街上话语音变异的语料，同时也采用了一些调控手段使所调查到的语料最大限度地接近自然话语。主要调控手段：第一，调查字只在词语中出现，不单独出现，而且选用的绝大多数都是日常生活中常用的词语或习惯说法，这样可尽量避免读书音的影响；第二，我们曾对街上话进行过调查，对街上话的发音情况比较了解，调查时发现有读书音出现可随时指出；第三，调查时受访者有读有说，认识字的用街上话读，不识字的则用街上话说；第四，调查时请受访者注意说得是否顺口，即追求自然状态。

（二）调查词表内容的选择

1. 调查词表

在原方言调查所发现的语音变异（见前文表2-2）的基础上，我们选择了100组涉及声母变异、韵母变异和声调变异的日常生活中极常用的词语或习惯说法作为调查词表。具体调查词语（粗字为所调查字）如下：

淹水、平**安**、**颜**色、眼**睛**、棉**袄**、反**咬**一口、吃**藕**、**怄**气、牙**齿**、**揦**饭、**哑**巴、**矮**子、**癌**症、头**昂昂**的、**恩**人、**额**头、**杌**子、饭太**硬**、姓**芮**、**跪**下来、**搬**家、一**半**、**盘**子、**馒**头、**墁**地用砖、石等铺地面、**满**意／心**满**意足、**鳗鲡**／**鳗**鱼、腌菜**坛**／一**坛**酒／酒**坛**／醋**坛**子／西**坛**新村地名、**团**长、**端**午、**暖**和、乱**踩**、**砖**头、穿衣**裳**、**船**、大**蒜**、发**酸**／**酸**菜鱼、发**软**、**换**一件／替**换**、**唤**狗咬你、**豌**豆、**㸽**猪肝汤、一**间**房子、石**碱**、**苋**菜／马齿**苋**、菜太**咸**、**染**布／**染**料／传**染**／**染**脏、**哥哥**、**锉**东西、**莴**笋、初中／正月**初**一、铅笔、车子、**蛇**、眉毛、搬家 / **家**去 / 回**家** / **家**里①家属，②家中、**家**婆外婆、出嫁 / **嫁**人、**虾**子、**嘴**巴子、**催**他快点、做十岁、得罪 / 犯**罪**、嘴**唇**子、**教**书、睡**觉** / 睏（困，下同）**觉**、**敲**门、**角**度 / 牛角、**茭**瓜 / **茭**白、掼（跌）**跤** / 摔了一**跤**、黄**鳝**、**扇**子、农村、一寸、**孙**子、竹**笋**、**横**过来摆、**朋**友、上**街** / **街**上①城镇，②街面上、通济**街**地名、戒烟、肠子、上床、**涨**价、**孃孃**姑妈、老娘、**讲**话、城墙、喷香、**样**子、巷子 / 白酒巷地名 / 庙巷地名、发**热**、过日子、姓**薛**、**俗**气 / 风**俗**习惯、**驴**子、痰盂、**秘**书、老**鼠**子 / 老**鼠**、**绿**颜色 / **绿**佬、六六大顺、**挖**土 / 用锹**挖**

2. 调查词表内容的选择

（1）注意意义类别的涵盖面

本词表100组日常生活中极其常用的词语或习惯说法，参考了中国社会科学院语言研究所方言研究室资料室编制的《汉语方言词语调查条目表》（2003：6—27），涵盖了"天文""地理""时令、时间"等23类词语（见表2-3），意义类别覆盖面较广。

表2-3　调查词表意义类别涵盖情况

编号	意义类别	常用词语或习惯说法
1	天文	暖和
2	地理	淹水、砖头、城墙、农村、街上城镇、西坛新村地名、通济街地名、巷子 / 庙巷地名 / 白酒巷地名
3	时令、时间	端午、正月初一
4	农业	船、挖土 / 用锹挖
5	植物	大蒜、豌豆、苋菜 / 马齿苋、莴笋、茭瓜 / 茭白、竹笋
6	动物	老鼠子 / 老鼠、蛇、黄鳝、鳗鳝 / 鳗鱼、虾子、驴子、牛角
7	房舍	墁地用砖、石等铺地面、一间房子
8	器具、用品	杌子、盘子、车子、痰盂、腌菜坛 / 酒坛 / 醋坛子、扇子、石碱、染料
9	称谓	矮子、秘书、团长
10	亲属	哥哥、家婆外婆、家里家属、孙子、孃孃姑妈、老娘
11	身体	眼睛、额头、嘴巴子、嘴唇子、眉毛、肠子、牙齿

（续表）

编号	意义类别	常用词语或习惯说法
12	疾病、医疗	传染、癌症、哑巴、发热
13	衣服、穿戴	棉袄、染布、穿衣裳、染脏
14	饮食	馒头、氽猪肝汤、发酸/酸菜鱼、一坛酒、菜太咸、饭太硬、吃藕、抲饭
15	红白大事	出嫁/嫁人、做十岁、搬家、俗气/风俗习惯
16	日常生活	平安、颜色、绿颜色/绿佬、反咬一口、怄气、姓芮、姓薛、发软、换一件/替换、唤狗咬你、家去/回家、催他快点、得罪/犯罪、角度、敲门、睡觉/睏觉、讲话、掼（跌）跤/摔了一跤、上街、上床、样子、过日子、六六大顺、横过来摆、戒烟
17	交际	恩人、朋友
18	商业	涨价
19	文化教育	初中、铅笔、教书
20	动作	锉东西、跪下来、乱踩
21	位置	家里家中、街上街面上
22	形容词	头昂昂的、满意/心满意足、喷香
23	其他	一半、一寸

（2）注意声韵组合的涵盖面

由于本次调查的目的不是为了调查街上话的语音系统，而是针对以前调查时所发现的一字存在两读或多读语音变异现象而进行的一项专题调查，因此所选择的调查字都是方言调查时所发现的存在两读或多读的字。调查字的选择，既考虑其所涉及的声母韵母，又考虑声韵组合规律。这100个调查字既有较广的声母韵母涵盖面（声母涉及14个，韵母涉及32个），又是按照声韵组合关系进行选择的，同时还注意选取声韵相同而声调不同的字。

街上话ŋ声母不与ɿ、ʊ、əu相拼，与开口呼a、ɛ、æ、ɔ、ei、ən、aŋ、əʔ、aʔ等9个韵母相拼（郭骏，2004：236）时声母ŋ/ø两读。我们选择了18个声母ŋ/ø两读字，包括了除ŋaʔ³¹[①]外与之拼合的所有音节（注意选取声韵相同而声

---

① 未做调查。

调不同的字）：掗（ŋa³²/a³²、ia³²），牙（ŋa²⁴/a²⁴、ia²⁴），哑（ŋa³¹²/a³¹²、ia³¹²）；癌（ŋɛ²⁴/ɛ²⁴），矮（ŋɛ³¹²/ɛ³¹²）；安（ŋæ³²/æ³²），淹（ŋæ³²/æ³²、ir³²），颜（ŋæ²⁴/æ²⁴、ir²⁴），眼（ŋæ³¹²/æ³¹²、ir³¹²）；袄（ŋɔ³¹²/ɔ³¹²），咬（ŋɔ³¹²/ɔ³¹²、iɔ³¹²）；藕（ŋei³¹²/ei³¹²、ɘu³¹²），怄（ŋei⁵⁵/ei⁵⁵、ɘu⁵⁵）；恩（ŋɘn³²/ɘn³²），硬（ŋɘn⁵⁵/ɘn⁵⁵、in⁵⁵）；昂（ŋaŋ²⁴/aŋ²⁴）；杌（ŋɘʔ³¹/ɘʔ³¹），额（ŋɘʔ³¹/ɘʔ³¹）。除"癌"为后起字外，"牙、颜、眼、咬、藕、昂、杌、额、硬"等字中古属于疑母字，音韵地位相同；"掗、哑、矮、安、淹、袄、怄、恩"等字中古属于影母字，音韵地位相同。

街上话k声母不与ɹ相拼，可与开口呼a、ɛ、æ、ɔ、ʊ、ɘu、ei、ɘn、aŋ、oŋ、ɘʔ、aʔ等12个韵母相拼（郭骏，2004：236），但只有与其中a、ɛ、æ、ɔ、ɘʔ等5个韵母相拼时声母才有k/tɕ两读。我们选择了10个声母k/tɕ两读字，包括了拼合的所有音节（注意选取声韵相同而声调不同的字）：家（ka³²/tɕia³²），嫁（ka⁵⁵/tɕia⁵⁵）；街（kɛ³²/tɕir³²、tɕie³²），戒（kɛ⁵⁵/tɕir⁵⁵、tɕie⁵⁵）；间（kæ³²/tɕir³²），碱（kæ³¹²/tɕir³¹²）；教（kɔ³²/tɕiɔ³²），跤（kɔ³²/tɕiɔ³²），觉（kɔ⁵⁵/tɕiɔ⁵⁵）；角（kɘʔ³¹/tɕyɘʔ³¹、tɕiaʔ³¹、tɕiɔ³¹²）。除"跤"中古为溪母字外，其他中古均为见母字，音韵地位相同。

街上话ʊ韵母不与f、z、ŋ、tɕ、tɕʻ、ɕ等6个声母相拼，与p、pʻ、m、t、tʻ、l、ts、tsʻ、s、k、kʻ、h、ø等13个声母相拼（郭骏，2004：236）时韵母或ʊ/æ两读、或ʊ/uæ两读[①]。我们选择了20个两读字，包括了拼合的所有音节（注意选取声韵相同而声调不同的字）：搬（pʊ³²/pæ³²）、半（pʊ⁵⁵/pæ⁵⁵），盘（pʻʊ²⁴/pʻæ²⁴），馒（mʊ²⁴/mæ²⁴）、鳗（mʊ²⁴/mæ²⁴）、满（mʊ³¹²/mæ³¹²），端（tʊ³²/tuæ³²）、坛（tʻʊ²⁴/tʻæ²⁴）、团（tʻʊ²⁴/tʻuæ²⁴），暖（lʊ³¹²/luæ³¹²）、乱（lʊ⁵⁵/luæ⁵⁵），砖（tsʊ³²/tɕyɹ³²/tsuæ³²）、穿（tsʻʊ³²/tɕʻyɹ³²/tsʻuæ³²）、船（tsʻʊ²⁴/tɕʻyɹ²⁴/tsʻuæ²⁴）、余（tsʊ³²/tsʻuæ³²），酸（sʊ³²/suæ³²）、蒜（sʊ⁵⁵/suæ⁵⁵），换（hʊ⁵⁵/huæ⁵⁵）、唤（hʊ⁵⁵/huæ⁵⁵），豌（ʊ³²/uæ³²）。"砖、穿、船"3字中古为山摄合口三等字，其他中古均为山摄合口一等字，音韵地位相同。

---

① "砖、穿、船"3字韵母有三读：ʊ/yɹ/uæ。

（3）注意所选词语的类型

词表以原有方言词语为主，也选择了如下16个由普通话进入的词语：酸菜鱼、替换、犯罪、风俗习惯、传染／染料、回家、嫁人、睡觉、摔了一跤、满意、鳗鱼、初中、老鼠、角度、绿颜色。鉴于原有方言词语与普通话进入词语的不同可能会对语音变异产生不同的影响，我们可以将含有相同调查字的原有方言词语与普通话进入词语、不同的原有方言词语分别进行比较，以便观察语音变异在词语中的扩散情况。

调查词表共设有20个不同类型词语比较组。声母变异10组：睡觉／睏觉、嫁人／出嫁、角度／牛角、掼（跌）跤／摔了一跤、搬家／回家／家去／家里／家婆、上街／街上／通济街、苋菜／马齿苋、传染／染料／染布／染脏、巷子／白酒巷／庙巷、老鼠子／老鼠。韵母变异与声调变异12组[①]：满意／心满意足、鳗鱼／鳗鳝、角度／牛角、初中／正月初一、老鼠子／老鼠、腌菜坛／一坛酒／酒坛、醋坛子／西坛新村、挖土／用锹挖、绿颜色／绿佬、发酸／酸菜鱼、换一件／替换、得罪／犯罪、俗气／风俗习惯。

（4）注意调查的可操作性

量的适度性：所选择的词语或习惯说法既是日常生活中极其常用的词语又能反映语音变异的各种情况，但如果数量太大调查时必然会困难重重，因此适度的量也显得非常重要。最后经反复筛选，选择了既有代表性又有量上的适度性的100组作为本词表所调查的材料。尽量做到"质"与"量"的兼顾。

调查的可操作性：为增加调查的可操作性，节约时间、提高工作效率，将调查表《溧水街上话语音变异情况调查表》一式两份［见附录一表（一）和表（二）］：表（一）只有词语没有标音，给受访者读或说；表（二）自己调查时用，根据以前调查所掌握的发音情况在每个需要调查的字后标好音，调查时除标出的与实际发音不同或未标出的读音外，其他调查时一般只需打钩，可大大提高调查效率。

---

① 其中"角度／牛角、老鼠子／老鼠"2组也涉及声母变异。

二、调查情况的说明

（一）受访者情况

要用社会语言学的方法研究街上话语音变异的实际情况，则必须按照社会语言学研究变异的方法，采取"抽取样本的方法"确定受访对象，采用当面访问的方式收集变异语料。由于此次调查所涉及的范围较小，受访者都说同一种方言，从总体上来说同质程度高，抽样的样本可以小一些。再加上此次调查涉及的人口在5万左右，按1‰的比例抽样，抽取50人作为不同街道、年龄、职业、性别居民的代表。要求每个受访者祖籍虽不全是本地，但必须是在在城镇长大，以街上话为日常用语。分年龄段抽样，年龄以调查时间2004年计算。分四个年龄组（青少年组10～20岁，青年组21～40岁，中年组41～50岁，中老年组51～65岁），跨度50余年。每个年龄组调查10人。青少年组，鉴于都是学生，是拉波夫所说的"语体变化阶段"（陈松岑，1999：148），故多调查10人。注意男女性别比。

受访者受教育程度涉及研究生、大学本科、大学专科、中专/高中、初中、小学6个层次。职业分布较为广泛，有专业技术人员、企业管理人员、私营业主、个体工商户、服务员、营业员、修理工、手工业劳动者、企业职工等等（郭骏，2005：74）。除学生外涉及经理人员阶层、私营企业主阶层、专业技术人员阶层、个体工商户阶层、商业服务业员工阶层、产业工人阶层等六个社会阶层（陆学艺，2002：8—9）。受访者性别、年龄、文化程度、职业等具体情况参见附录一表（三）。调查时间：2004年4月22～25日。

（二）调查情况的初步分析

调查发现，100组调查词语中有92组调查字有两读或多读，有8组调查字仅有一读。8组仅有一读的调查词语分别是：老娘（"娘"只读 liaŋ²⁴）、孃孃（只读 liaŋ³²liaŋ⁰[①]）、眉毛（"眉"只读 mei²⁴）、茭瓜/茭白（只说"茭

---

① 轻声调值用"0"表示。

瓜"，"茭"只读$k\text{ɔ}^{32}$)、哥哥（只读$k\text{ʊ}^{32}k\text{ʊ}^{0}$)、锉东西（"锉"只读$ts^{\text{ʻ}}\text{ʊ}^{55}$)、墁地（"墁"只读$m\text{ʊ}^{55}$)、六六大顺（"六"只读$l\text{əʔ}^{31}$)。这表明传统方言学调查与社会语言学调查获取到的语料绝大部分可相互印证，也存在着一定的差异性。

存在两读或多读的92组词语可分为只涉及声母、只涉及韵母和同时涉及声韵调三类，具体如下：

（1）只涉及声母（9组）：平安、棉袄、矮子、癌症、头昂昂的、恩人、姓芮、额头、杌子；

（2）只涉及韵母（39组）：搬家、一半、盘子、馒头、满意/心满意足、鳗鳝/鳗鱼、腌菜坛/一坛酒/酒坛/醋坛子/西坛新村，团长、端午、暖和、大蒜、发酸/酸菜鱼、换一件/替换、唤狗咬你、豌豆、汆猪肝汤、乱踩，莴笋、初中/正月初一，驴子，嘴巴子、催他快点、做十岁、得罪/犯罪，农村、一寸、孙子、竹笋，横过来摆，肠子、上床、涨价，讲话、城墙、喷香、样子，朋友，姓薛，俗气/风俗习惯；

（3）同时涉及声韵调（44组）：牙齿、哑巴、掗饭、淹水、眼睛、颜色，反咬一口，饭太硬，吃藕、怄气、一间房子、石碱，教书、睡觉/睏觉、掼（跌）跤/摔了一跤，搬家/家去/回家/家里①家属，②家中/家婆外婆、出嫁/嫁人，角度/牛角，上街/街上①城镇，②街面上/通济街地名、戒烟，发热、过日子，发软，染布/染料/传染/染脏，苋菜/马齿苋、菜太咸、虾子、巷子/白酒巷地名/庙巷地名，蛇、扇子、黄鳝，敲门、秘书、铅笔，老鼠子/老鼠，车子、绿颜色/绿佬、挖土/用锹挖、跪下来、痰盂，嘴唇子，砖头、穿衣裳、船。

为便于研究，我们需要区分声母两读、韵母两读或多读和声调两读或多读三种情况。鉴于此，那么同时涉及声韵调的44组词语需要三分为声母、韵母和声调。有的同时归属声母与韵母，有的同时归属声母与声调，有的同时归属韵母与声调。这样存在两读或多读的92组词语，涉及声母两读47组（见表2-4），涉及韵母两读或多读82组（见表2-5），涉及声调两读或三读6组（见表2-6）。

表2-4 声母两读的词语

编号	两读声母	含声母两读字（加粗）的词语
1	p/m	**秘**书
2	l/ø	**痰**盂
3	tɕʻ/tsʻ	**车**子
4	tsʻ/s	老**鼠**子 / 老**鼠**
5	s/z	姓**芮**
6	l/z	发**热**、过**日**子
7	ø/z	发**软**、**染**布 / **染**料 / 传**染** / **染**脏
8	ɕ/s	**蛇**、**扇**子、黄**鳝**
9	k/tɕ	一**间**房子、石**碱**、**教**书、睡**觉** / 眠**觉**、**戒**烟、搬**家** / **家**去 / 回**家** / **家**里①家属，②家中、**家**婆外婆、出**嫁** / **嫁**人、掼（跌）**跤** / 摔了一**跤**、上**街** / **街**上①城镇，②街面上 / 通济**街**地名、**角**度 / 牛**角**
10	kʻ/k	**跪**下来
11	kʻ/tɕʻ	**敲**门、**铅**笔
12	ŋ/ø	棉**袄**、平**安**、吃**藕**、**怄**气、**矮**子、**癌**症、头**昂**昂的、**恩**人、**额**头、**杌**子、**淹**水、**颜**色、**眼**睛、反**咬**一口、**揶**饭、**牙**齿、**哑**巴、饭太**硬**
13	h/ɕ	**虾**子、**苋**菜 / 马齿**苋**、菜太**咸**、**巷**子 / 白酒**巷**地名 / 庙**巷**地名

表2-5 韵母两读或多读的词语

编号	两读或多读韵母	含韵母两读或多读字（加粗）的词语
1	a/ia	**揶**饭、**牙**齿、**哑**巴、搬**家** / **家**去 / 回**家** / **家**里①家属，②家中、**家**婆外婆、出**嫁** / **嫁**人、**虾**子
2	ɛ/iɪ/iɛ	上**街** / **街**上①城镇，②街面上 / 通济**街**地名、**戒**烟
3	æ/iɪ	**淹**水、**眼**睛、**颜**色、一**间**房子、石**碱**、**苋**菜 / 马齿**苋**、菜太**咸**、**铅**笔
4	æ/aŋ	**涨**价、**肠**子、**上**床
5	ʊ/æ	搬**家**、一**半**、**盘**子、**馒**头、**满**意 / 心**满**意足、**鳗**鳝、**鳗**鱼、腌菜**坛** / 一**坛**酒 / 酒**坛**、醋**坛**子 / 西**坛**新村
6	ʊ/uæ	端**午**、**团**长、**暖**和、大**蒜**、发**酸** / **酸**菜鱼、**换**一件 / 替**换**、**唤**狗咬你、**豌**豆、氽猪**肝**汤、乱**踩**
7	æu/yɪ/uæ	**砖**头、穿衣**裳**、**船**
8	ʊ/uɛ	**茓**笋
9	ɔ/ɕ	反**咬**一口、**教**书、睡**觉** / 眠**觉**、掼（跌）**跤** / 摔了一**跤**、**敲**门

（续表）

编号	两读或多读韵母	含韵母两读或多读字（加粗）的词语
10	əu/ʯu	**初**中 / 正月**初**一
11	ei/uei	**嘴**巴子、得**罪** / 犯**罪**、**催**他快点、做十**岁**
12	ei/əu	吃**藕**、**怄**气
13	aŋ/iɛ/iaŋ	**巷**子 / 白酒**巷**地名 / 庙**巷**地名
14	ən/uən	农**村**、一**寸**、**孙**子、竹**笋**
15	ən/in	饭太**硬**
16	oŋ/ən	**朋**友
17	əʔ/y	**绿**颜色 / **绿**佬
18	əʔ/uəʔ	**俗**气 / 风**俗**习惯
19	əʔ/yəʔ/iaʔ/iɔ	**角**度 / 牛**角**
20	i/iɪʔ/i	**秘**书
21	iɛ/iaŋ	**讲**话、城**墙**、喷**香**、**样**子
22	iɪ/ei	**车**子
23	iɪ/ei/ə	**蛇**
24	iɪ/æ	**扇**子、黄**鳝**、**染**布 / **染**料 / 传**染** / **染**脏
25	iɪʔ/əʔ	发**热**、过**日**子
26	iɪʔ/yəʔ	姓**薛**
27	u/y	**驴**子、痰**盂**
28	uei/ʯu	老**鼠**子 / 老**鼠**
29	uən/ən	**横**过来摆
30	uaʔ/ua	**挖**土 / 用锹**挖**
31	yɪ/ʊ/æ	发**软**
32	yn/uən	嘴**唇**子

表2-6　声调两读或多读的词语

编号	两读或多读声调	含声调两读或多读字（加粗）的词语
1	31/55	**绿**颜色 / **绿**佬
2	31/32	**挖**土 / 用锹**挖**
3	31/312	**角**度 / 牛**角**
4	55/31/55	**秘**书
5	0/55	黄**鳝**
6	312/55	**跪**下来

第三章　变异语言学分析：
语言变项与语言变式

第一节　语音变项的确定

一、语言变项与语言变式

语言变异是语言的基本特性，社会语言学家把一项一项的语言变异（即语言变项）看作是语言结构单位，与其他结构（如音素、音位、语素等）一样成为语言结构的有机组成部分（Chambers and Trudgill，2002：128）。在语言变异中如果某一个语言形式在不同的语境中有不同的表现形式，那么这一抽象的语言形式就是语言变项；其不同的表现形式就是组成语言变项的语言变式（徐大明等，1997：100）。如纽约英语中的"（r）变项"由"-r"和零形式两个变式构成（Labov，1966），包头昆都仑区"鼻韵尾变项"由无弱化形式、鼻化形式、省略形式和省略加非鼻化形式等四个变式构成（徐大明等，1997：125）。

社会语言学的语言变化理论指出，语言变化一定含有一个语言变异的阶段，即新形式与旧形式并存并交替使用的阶段（徐大明等，1997：135）。在变异阶段中，同一语言变项如有两个变式，社会语言学家则将其分为两类，一类是"旧形式"（the older form），即语言或方言的原有形式，简称"旧式"；另一类是"新形式"（the newer form），即语言或方言的新出现形式，简称"新式"。新旧两种形式对立存在，其演变过程是新形式最后战胜旧形式（Labov，

2007：66、300—301）。

大量的调查研究证明，在语言演变过程中一定会存在着大量的"中间状态"，如"地方普通话"就是汉语方言向标准普通话靠拢过程中所出现的中间状态，是一种过渡语（陈建民、陈章太，1988：115）。据此我们有理由相信在旧形式与新形式之间有可能也存在着"中间状态"。这种"中间状态"就是旧形式向新形式发展过程中所出现的一种"过渡形式"。这种过渡形式可能是一个变式，也可能是两个以上的变式，只要是处于新旧形式之间的变式都应属于过渡形式（简称"过渡式"）（郭骏，2008：133）。

我们尝试将语言变项中的不同变式区分为"旧式"（语言或方言的原有形式）、"新式"（语言或方言的新出现形式）和"过渡式"（语言或方言的原有形式与新出现形式之间的形式）三种不同变式类型，这样更便于分析语音变异的发展过程。

就街上话语音变异而言，不同的语音变式可以区分为以下三种不同变式类型："旧式"，街上话的原有形式；"新式"，街上话的新出现形式；"过渡式"，街上话的原有形式与新出现形式之间的形式（郭骏，2008：133—141）。

二、一字多读情况的统计

调查发现有92组调查字［附录二表（一）、表（二）中的加粗字］存在一字多读现象：两读，70组；三读和四读，22组。一字多读情况统计详见表3-1，两读与三四读分列。

表3-1　一字多读情况统计表

编号	调查字	不同读音	编号	调查字	不同读音	编号	调查字	不同读音
1	黄**鳝**	$\varphi ir^0/s æ^{55}$	5	**端**午	$tu^{32}/tu æ^{32}$	9	**苋**菜 / 马齿**苋**	$h æ^{55}/\varphi ir^{55}$
2	一**间**房子	$k æ^{32}/t\varphi ir^{32}$	6	嘴**唇**子	$t\varphi' yn^{24}/ts'u ən^{24}$	10	菜太**咸**	$h æ^{24}/\varphi ir^{24}$
3	石**碱**	$k æ^{312}/t\varphi ir^{312}$	7	**横**过来摆	$hu ən^{24}/h ən^{24}$	11	**敲**门	$k'ɔ^{32}/t\varphi'iɔ^{32}$
4	做十**岁**	$sei^{55}/suei^{55}$	8	**绿**颜色 / **绿**佬	$lə ʔ^{31}/ly^{55}$	12	暖**和**	$lu^{312}/lu æ^{312}$

（续表）

编号	调查字	不同读音	编号	调查字	不同读音	编号	调查字	不同读音
13	竹笋	sən³¹²/suən³¹²	33	挖土/用锹挖	uaʔ³¹/uaʔ³²	53	团长	tʋ²⁴/tʰuæ²⁴
14	莴笋	ʋ³²/əu³²	34	换一件/替换	hʋ⁵⁵/huæ⁵⁵	54	额头	ŋəʔ³¹/əʔ³¹
15	鳗鳝/鳗鱼	mʋ²⁴/mæ²⁴	35	腌菜坛/一坛酒/酒坛/醋坛子/西坛新村	tʋ²⁴/tʰæ²⁴	55	恩人	ŋən³²/ən³²
16	掼（跌）跤/摔了一跤	kɔ³²/tɕiɔ³²	36	扇子	ɕir⁵⁵/sæ⁵⁵	56	涨价	tsæ³¹²/tsaŋ³¹²
17	睡觉/眠觉	kɔ⁵⁵/tɕiɔ⁵⁵	37	教书	kɔ³²/tɕiɔ³²	57	肠子	tsʰæ²⁴/tsʰaŋ²⁴
18	搬家/家去/回家/家里/家婆	ka³²/tɕia³²	38	跪下来	kʰuei³¹²/kuei⁵⁵	58	上床	sæ⁵⁵/saŋ⁵⁵
19	得罪/犯罪	tsei⁵⁵/tsuei⁵⁵	39	豌豆	ʋ³²/uæ³²	59	讲话	tɕie³¹²/tɕiaŋ³¹²
20	一半	pʋ⁵⁵/pæ⁵⁵	40	乱踩	lʋ⁵⁵/luæ⁵⁵	60	城墙	tɕʰie²⁴/tɕʰiaŋ²⁴
21	矮子	ŋe³¹²/ɛ³¹²	41	农村	tsʰən³²/tsʰuən³²	61	喷香	ɕiɛ³²/ɕiaŋ³²
22	孙子	sən³²/suən³²	42	催他快点	tsʰei³²/tsʰuei³²	62	样子	iɛ⁵⁵/iaŋ⁵⁵
23	唤狗咬你	hʋ⁵⁵/huæ⁵⁵	43	余猪肝汤	tsʋ³²/tsʰuæ³²	63	棉袄	ŋɔ³¹²/ɔ³¹²
24	姓芮	suei⁵⁵/zuei⁵⁵	44	馒头	mʋ²⁴/mæ²⁴	64	头昂昂的	ŋaŋ²⁴/aŋ²⁴
25	铅笔	kʰæ³²/tɕʰir³²	45	一寸	tsʰən⁵⁵/tsʰuən⁵⁵	65	发热	liʔ³¹/zəʔ³¹
26	出嫁/嫁人	ka⁵⁵/tɕia⁵⁵	46	驴子	lu²⁴/ly²⁴	66	车子	tɕʰir³²/tsʰei³²
27	嘴巴子	tsei³¹²/tsuei³¹²	47	痰盂	lu²⁴/y²⁴	67	虾子	ha³²/ɕia³²
28	朋友	pʰoŋ²⁴/pʰən²⁴	48	俗气/风俗习惯	soʔ³¹/suəʔ³¹	68	姓薛	ɕir³¹/ɕyəʔ³¹
29	搬家	pʋ³²/pæ³²	49	盘子	pʰʋ²⁴/pʰæ²⁴	69	过日子	liʔ³¹/zəʔ³¹
30	平安	ŋæ³²/æ³²	50	癌症	ŋe²⁴/ɛ²⁴	70	满意/心满意足	mʋ³¹²/mæ³¹²
31	大蒜	sʋ⁵⁵/suæ⁵⁵	51	染布/染料/传染/染脏	ir³¹²/zæ³¹²			
32	发酸/酸菜鱼	sʋ³²/suæ³²	52	杌子	ŋəʔ³¹/əʔ³¹	1	巷子/白酒巷/庙巷	haŋ⁵⁵/ɕiɛ⁵⁵/ɕiaŋ⁵⁵

（续表）

编号	调查字	不同读音	编号	调查字	不同读音	编号	调查字	不同读音
2	上街/街上/通济街	kɛ^{32}/tɕiɻ^{32}/tɕie^{32}	9	秘书	pi^{55}/miɻʔ^{31}/mi^{55}	16	砖头	tsu^{32}/tɕyɻ^{32}/tsuæ^{32}
3	牛角/角度	kə$ʔ^{31}$/tɕɤə$ʔ^{31}$/tɕia$ʔ^{31}$/tɕiɔ^{312}	10	饭太硬	ŋən^{55}/ən^{55}/in^{55}	17	发软	yɻ^{312}/zu^{312}/zuæ^{312}
4	反咬一口	ŋɔ^{312}/ɔ^{312}/iɔ^{312}	11	吃藕	ŋei^{312}/ei^{312}/əu^{312}	18	穿衣裳	tsʰu^{32}/tɕʰyɻ^{32}/tsʰuæ^{32}
5	蛇	ɕiɻ^{24}/sei^{24}/sə^{24}	12	牙齿	ŋa^{24}/a^{24}/ia^{24}	19	初中/正月初一	tsʰəu^{32}/tsʰʅ^{32}/tsʰu^{32}
6	眼睛	ŋæ^{312}/æ^{312}/iɻ^{312}	13	淹水	ŋæ^{32}/æ^{32}/iɻ^{32}	20	船	tsʰu^{24}/tɕʰyɻ^{24}/tsʰuæ^{24}
7	戒烟	kɛ^{55}/tɕiɻ^{55}/tɕie^{55}	14	怄气	ŋei^{55}/ei^{55}/əu^{55}	21	哑巴	ŋa^{312}/a^{312}/ia^{312}
8	揶饭	ŋa^{32}/a^{32}/ia^{32}	15	颜色	ŋæ^{24}/æ^{24}/iɻ^{24}	22	老鼠子/老鼠	tsʰuei^{312}/tsʰʅ^{312}/tsʰu^{312}/su^{312}

三、语音变项的确定

严格来说，"语言结构中的每一个范畴和单位都可以是一个变项，因为在每一次实现的时候，它总是体现为一个绝对意义上的不同形式"（徐大明，2006b：341）。可见，就整体音节层面而言，"一字多读的92组调查字的字音实际上就是92个语音变项，而每一个变项中的不同读音就是其不同的变式"（郭骏，2008：134）。

在社会语言学变异研究中音系变异最受关注，主要包括元音变异、辅音变异和超音段音系变异三方面的研究。汉语音节有其自身的特点，传统音韵学把每个音节分为声韵调三部分。因此在研究汉语语音变异时既可单纯地从元音变异或辅音变异角度加以分析，也可从汉语音节构成角度加以分析，而且这种分析更切合汉语实际。从汉语音节构成看，92组调查字一字多读中不同的声韵调实际上就是各自不同的声母变项、韵母变项和声调变项，而每一个变项中不同的声韵调就是各自不同的变式（郭骏，2008：137）。

（一）声母变项的确定

涉及声母变异的有47组调查字，根据同一调查字中不同声母的交替出现情况来确定其声母变项。如"车"字两读 tɕʻiɪ^{32}/tsʻei^{32}，tɕʻ、tsʻ交替出现，构成声母变项 tɕʻ/tsʻ；又如"秘"字三读 pi^{55}/miɪʔ^{31}/mi^{55}，p、m交替出现，构成声母变项 p/m；再如"虾、苋、咸、巷"等字两读或三读 ha^{32}/ɕia^{32}、hæ^{55}/ɕiɪ^{55}、hæ^{24}/ɕiɪ^{24}、haŋ^{55}/ɕiɛ^{55}/ɕiaŋ^{55}，h、ɕ交替出现，构成声母变项：h/ɕ。

归纳起来共有如下11个声母变项：p/m（秘），l/ø（盂），tɕʻ/tsʻ（车），tsʻ/s（鼠），s、l、ø/z（芮、热、日、软、染），ɕ/s（蛇、扇、鳝），k/tɕ（间、碱、教、觉、戒、家、嫁、跤、街、角），kʻ/k（跪），kʻ/tɕʻ（敲、铅），ŋ/ø（袄、安、藕、怄、矮、癌、昂、恩、额、机、淹、颜、眼、咬、捱、牙、哑、硬），h/ɕ（虾、苋、咸、巷）。

（二）韵母变项的确定

涉及韵母变异的有82组调查字，根据同一调查字中不同韵母的交替出现情况来确定其韵母变项。如"藕、怄"等字三读 ŋei^{312}/ei^{312}/əu^{312}、ŋei^{55}/ei^{55}/əu^{55}，ei、əu交替出现，构成韵母变项 ei/əu；又如"鼠"字四读：tsʻuei^{312}/tsʻʮ^{312}/tsʻu^{312}/su^{312}，uei、ʮ、u交替出现，构成韵母变项：uei/ʮ/u。

归纳起来共有如下32个韵母变项：a/ia（捱、牙、哑、家、嫁、虾），ɛ/iɪ/iɛ（街、戒），æ/iɪ（淹、眼、颜、间、碱、苋、咸、铅），æ/aŋ（涨、肠、上），ʋ/æ（搬、半、盘、馒、满、鳗、坛），ʋ/uæ（端、团、暖、蒜、酸、换、唤、豌、籴、乱），ʋ/yɪ/uæ（砖、穿、船），ʋ/əu（莴），ɔ/iɔ（咬、教、觉、跤、敲），əu/ʮ/u（初），ei/uei（嘴、罪、催、岁），ei/əu（藕、怄），aŋ/iɛ/iaŋ（巷），ən/uən（村、寸、孙、笋），ən/in（硬），oŋ/ən（朋），əʔ/y（绿），əʔ/uəʔ（俗），əʔ/yəʔ/iaʔ/iɔ（角），i/iɪʔ/i（秘），iɛ/iaŋ（讲、墙、香、样），iɪ/ei（车），iɪ/ei/ə（蛇），iɪ/æ（扇、鳝、染），iɪʔ/əʔ（热、日），iɪʔ/yəʔ（薛），u/y（驴、盂），uei/ʮ/u（鼠），uən/ən（横），uaʔ/ua（挖），yɪ/ʋ/uæ（软），yn/uən（唇）。

（三）声调变项的确定

涉及声调变异的有6组调查字，根据同一调查字中不同声调的交替出现情况来确定其声调变项。如"跪"字两读 kʻuei³¹²/kuei⁵⁵，312、55 交替出现，构成声调变项 312/55；又如"角"字四读 kəʔ³¹/tɕyəʔ³¹/tɕiaʔ³¹/tɕiɔ³¹²，31、312 交替出现，构成声调变项 31/312。

归纳起来共有如下 6 个声调变项：31/55（绿）、31/32（挖）、31/312（角）、55/31/55（秘）、0/55（鳝）、312/55（跪）。

第二节 语音变式的确认

一、整体音节层面

笔者（2008）曾尝试从受访者的年龄差异、方言间的对应关系、受访者的主观判断、已有的文献资料、语音的演变规律等五个方面，就整体音节层面 92 个语音变项中的不同变式类型加以具体确认（134—137）。现将具体确认情况概括分析如下[①]。

（一）受访者的年龄差异

从附录二的表（一）表（二）可清楚地看出，不同年龄组在同一调查字的读音上存在着明显的差异，尤其是中老年组与其他年龄组之间。如"端"，中老年组只读 tu³²，其他组读 tu³² 或 tuæ³²；又如"芮"，中老年组 9 人读 suei⁵⁵、1 人读 zuei⁵⁵，中年组和青年组读 suei⁵⁵ 或 zuei⁵⁵，青少年组只读 zuei⁵⁵。这种因人而异的差异属于社会语言学所研究的"个人之间的变异"（inter-personal variation）（徐大明等，1997：116）。从传统方言学看就是新老派差异。

钱伯斯（Chambers，2013：306）曾提出语言变式与年龄相关性的标准模型：新出现的某一变式在最年长一代人的话语中少量出现，在中间一代人的话语中有所增加，在最年轻一代人的话语中出现频率最高。拉波夫（Labov，2007）曾把语言的变化分为初始、中间和最后三个阶段，并提出语言变化轨迹

---

① 不再一一标明此文的具体引用情况。

的S型曲线（S-shaped curve）模式：变化早期，使用旧形式的人很少采用革新的形式，人们的语言表现在只出现了少量的新形式；变化的中间阶段，人们在交流中最有可能放弃旧形式转而采用新形式（65—66）。依照其理论，我们可以依据受访者的年龄差异帮助确认不同变式：由最年长一代人到最年轻一代人的话语中出现频率越来越高的则应为新式，反之则为旧式。

　　附录二表（一）中70组调查字中的两读，可确认为旧式、新式两种变式（参见表3-1）。（1）1—54组，中老年组绝大多数人只有第一读，而其他组大都有两读。依照年龄差异，我们可确认第一读为旧式，第二读为新式。（2）55—64组，中老年组虽然第一读人数不多，但其他组不读或基本不读，这样也可确认第一读为旧式，第二读为新式。（3）65—70组，第二读由中老年组到青少年组呈逐渐增加之势，这样也可确认第二读为新式，那么第一读则为旧式。

　　附录二表（二）中22组调查字中的三读和四读，可确认为旧式、过渡式、新式三种变式，过渡式是通过新旧式的确认来确认的（参见表3-1）。（1）1—15组，中老年组绝大多数人只有第一读，而其他组大都有其他两读或三读，则可确认第一读为旧式。其中4—15组，第三读在中年组出现到青少年组数量逐渐增加，则说明第三读为新式，而第二读则显然是属于新旧式之间的中间状态，应确认为过渡式。（2）16—21组，第三读由中老年组到青少年组数量逐渐增加，第一读由中老年组到青少年组数量逐渐减少甚至消失，这样即可确认：第一读为旧式，第三读为新式，第二读属于新旧式之间的中间状态，同样可以确认其为过渡式。另外，1—3、22组需借助其他方法予以确认（详见下文）。

（二）方言间的对应关系

　　我们曾通过街上话与老在城话语音系统的比较发现，街上话植根于老在城话，为从中演变出的一种新方言（郭骏，2006：6）。据此，我们可利用两者的语音对应关系（郭骏，2004：11—31）来帮助确认变式类型。在此选择了30组调查字加以分析（具体见表3-2）。（1）既可确认上文未确认的调查字的旧式，如可确认附录二表（二）中"鼠"（30组）的旧式为$ts\text{'}uei^{312}$；还可进一步确认上文已确认过的1—29组调查字的旧式。（2）依据街上话语音变异中的不同读音与老在城话文白分读的对应关系可确认：A. 27—29组第一读与白读对应，应为旧式；第二读与文读对应，应为新式。B. 23—26组第一读与白读对应，应为旧式；第三读与文白读无对应关系，应为新式；第二读与文读对应，说明处于新旧式之间，应为过渡式。

表3-2　街上话与老在城话30组调查字字音对照表

编号	调查字	街上话	老在城话	编号	调查字	街上话	老在城话	编号	调查字	街上话	老在城话
1	安	$ŋæ^{32}/æ^{32}$	$ŋæ^{55}$	11	唤	$hʊ^{55}/huæ^{55}$	$hʊ^{423}$	21	样	$iɛ^{55}/iaŋ^{55}$	$iɛ^{42}$
2	颜	$ŋæ^{24}/æ^{24}/iɪ^{24}$	$ŋæ^{34}$	12	车	$tɕ\text{'}iɪ^{32}/ts\text{'}ei^{32}$	$tɕ\text{'}iɪ^{55}$	22	染	$iɪ^{312}/zæ^{312}$	$ȵiɪ^{42}$白读，$iɪ^{42}$文读
3	袄	$ŋɔ^{312}/ɔ^{312}$	$ŋɔ^{42}$	13	虾	$ha^{32}/ɕia^{32}$	ha^{55}	23	砖	$tsʊ^{32}/tɕyɪ^{32}/tsuæ^{32}$	$tsʊ^{55}$白读，$tɕyɪ^{55}$文读
4	怄	$ŋei^{55}/ei^{55}/əu^{55}$	$ŋei^{423}$	14	孟	lu^{24}/y^{24}	lu^{34}	24	穿	$ts\text{'}ʊ^{32}/tɕ\text{'}yɪ^{32}/ts\text{'}uæ^{32}$	$ts\text{'}ʊ^{55}$白读，$tɕ\text{'}yɪ^{55}$文读
5	哑	$ŋa^{312}/a^{312}/ia^{312}$	$ŋa^{42}$	15	肠	$ts\text{'}æ^{24}/ts\text{'}aŋ^{24}$	$dz\text{'}æ^{34}$	25	船	$ts\text{'}ʊ^{24}/tɕ\text{'}yɪ^{24}/ts\text{'}uæ^{24}$	$dz\text{'}ʊ^{34}$白读，$ʐyɪ^{34}$文读
6	癌	$ŋɛ^{24}/ɛ^{24}$	$ŋɛ^{34}$	16	上	$sæ^{55}/saŋ^{55}$	$dz\text{'}æ^{31}$	26	初	$ts\text{'}əu^{32}/ts\text{'}ʯ^{32}/ts\text{'}u^{32}$	$ts\text{'}əu^{55}$白读，$ts\text{'}ʯ^{55}$文读
7	昂	$ŋaŋ^{24}/aŋ^{24}$	$ŋɔ̃^{34}$	17	涨	$tsæ^{312}/tsaŋ^{312}$	$tsæ^{42}$	27	驴	lu^{24}/ly^{24}	lu^{34}白读，ly^{34}文读
8	恩	$ŋən^{32}/ən^{32}$	$ŋən^{55}$	18	讲	$tɕiɛ^{312}/tɕiaŋ^{312}$	$tɕiɛ^{42}$	28	挖	$uaʔ^{31}/ua^{32}$	$uaʔ^{5}$白读，ua^{55}文读
9	软	$yɪ^{312}/zʊ^{312}/zuæ^{312}$	$ȵyɪ^{42}$	19	墙	$tɕ\text{'}iɛ^{24}/tɕ\text{'}iaŋ^{24}$	$ziɛ^{34}$	29	俗	$səʔ^{31}/suaʔ^{31}$	$səʔ^{5}$白读，$suaʔ^{5}$文读
10	满	$mʊ^{312}/mæ^{312}$	$mʊ^{42}$	20	香	$ɕiɛ^{32}/ɕiaŋ^{32}$	$ɕiɛ^{55}$	30	鼠	$ts\text{'}uei^{312}/ts\text{'}ʯ^{312}/$ $ts\text{'}ʊ^{312}/su^{312}$	$ts\text{'}uei^{42}$白读，$ts\text{'}ʯ^{42}$文读

资料来源：郭骏（2008：135）表1。

（三）受访者的主观判断

受访者把同时有两说者分为两种情况：过去的说法／现在的说法、对父母或自己日常说/对子女说，具体见表3-3。后一种情况是同一人因环境不同而说出的不同变式，属于社会语言学所研究的"个人内部的变异"（intra-personal variation）（徐大明等，1997：116）。据此，我们可确认"过去的说法"与"对父母或自己日常说"为旧式，"现在的说法"与"对子女说"为新式。另外，县城居民语言态度与语言使用情况的调查材料也可帮助确认。问卷调查第8题："凭您的感觉，您认为在城话是否正发生着变化？（请举一例）"〔见附录三（四）〕。从受访者举出的例子也可帮助确定新旧式，如过去说"家（ka^{32}）去"，现在说"回家（tɕia^{32}）"；过去说"午觉（kɔ^{55}）"，现在说"中觉（tɕiɔ^{55}）"；"颜色"的"颜"过去说æ^{24}现在说iɪ^{24}（郭骏，2007：138）。因此，我们可以从受访者主观判断的角度再次确认前文已确认过的附录二表（一）的"鳝、间、绿、暖、觉、家、芮、坛、籴、馒、团、恩、热、虾、薛、满"等16组调查字的第一读为旧式，第二读为新式。同时还可帮助确认过渡式。如附录二表（二）"淹"：过去说"ŋæ^{32}/æ^{32}"、现在说"iɪ^{32}"。结合前文则可知第一读为旧式，第三读为新式，那么处于两者之间的第二读则应为过渡式。据此可以确认附录二附表（二）中的一些调查字：第一读为旧式，第二读为过渡式，第三读为新式。例如，秘：pi^{55}（旧式）/miɪʔ^{31}（过渡式）/mi^{55}（新式），蛇：ɕiɪ^{24}（旧式）/sei^{24}（过渡式）/sə^{24}（新式），软：yɪ^{312}（旧式）/zʊ^{312}（过渡式）/zuæ^{312}（新式），等等。

表3-3　受访者确认的新旧式例证

例证	过去	现在	例证	父母/老年人	子女/年轻人
睡觉/瞓觉	瞓觉（kɔ^{55}）	睡觉（tɕiɔ^{55}）	睡觉/瞓觉	瞓觉（kɔ^{55}）	睡觉（tɕiɔ^{55}）
发热	liɪʔ^{31}	zəʔ^{31}	发热	liɪʔ^{31}	zəʔ^{31}
黄鳝	ɕiɪ^{0}	sæ^{55}	黄鳝	ɕiɪ^{0}	sæ^{55}
淹水	ŋæ^{32}/æ^{32}	iɪ^{32}	淹水	æ^{32}	iɪ^{32}
哑巴	a^{312}	ia^{312}	哑巴	a^{312}	ia^{312}
蛇	ɕiɪ^{24}	sei^{24}/sə^{24}	蛇	ɕiɪ^{24}	sə^{24}
馒头	mʊ^{24}	mæ^{24}	虾子	ha^{32}	ɕia^{32}

（续表）

例证	过去	现在	例证	父母/老年人	子女/年轻人
满意	mʊ³¹²	mæ³¹²	一**间**房子	kæ³²	tɕir³²
扇子	ɕir⁵⁵	sæ⁵⁵	**戒**烟	kɛ⁵⁵	tɕie⁵⁵
团长	tʻʊ²⁴	tʻuæ²⁴	姓**芮**	suei⁵⁵	zuei⁵⁵
恩人	ŋən³²	ən³²	上**街**/**街**上/通济**街**	kɛ³²	tɕie³²
姓**薛**	ɕirʔ³¹	ɕyəʔ³¹	**家**去/回**家**	**家**（ka³²）去	回**家**（tɕia³²）
			摔了一**跤**	不说	tɕiɔ³²
			腌菜**坛**/一**坛**酒/酒**坛**/醋**坛**子/西**坛**新村	tʻʊ²⁴	tʻæ²⁴
			余猪肝汤	tsʻʊ³²	tsʻuæ³²
			绿颜色	ləʔ³¹	ly⁵⁵
			船	tɕʻyɪ²⁴	tsʻuæ²⁴
			暖和	lʊ³¹²	luæ³¹²

（四）已有的文献资料

江苏省和上海市方言调查指导组编的《江苏省和上海市方言概况》，是江苏省和上海市方言普查的总结报告。"这次普查是根据高等教育部和教育部一九五六年三月七日关于汉语方言普查的联合指示进行的"。"同年十一月，江苏省、上海市方言调查指导组成立，开始调查工作。一九五八年九月，调查工作基本结束"（见序）。"方言普查以市县人民委员会所在地为调查点"，江苏共调查了62个点，其中有溧水点，即县城在城镇（见引言）。该书将溧水点（县城在城镇）与南京、江宁、江浦、六合、句容、镇江、扬州等划为"第一区"，即江淮方言区。这说明当时调查的溧水县城方言应为新在城话，即街上话。书中"江苏省和上海市方言的分区"中的"表十二第一区'内、对、最，嫩、敦、尊'等字韵母表"标明，溧水点"内雷，对退、最醉岁"等字的韵母为ei，"嫩论、敦吞、尊村存，能登增"等字的韵母为ən（1960：9）。依据这段文献材料可知本次调查的"做十岁、农村"中的"岁、村"字，街上话的韵母原为ei和ən，现在有人发uei和uən，说明其韵母uei和uən是新产生的。从历史文献角度印证了前文从受访者年龄差异角度所得出的结论："岁"，旧式为sei⁵⁵，新式为 suei⁵⁵；"村"，旧式为 tsʻən³²，新式为 tsʻuən³²。

（五）语音的演变规律

汉语方言向民族共同语靠拢已是一条普遍的规律（陈建民、陈章太，1988：116），尤其进入21世纪以来，"各地方言的自创性演变（自我演变）逐渐停止下来，而改为以普通话或强势方言为方向的演变"（曹志耘，2006：1—2）。另县城居民语言态度与语言使用情况调查显示，街上话的演变方向不是向中心城市方言（南京话）靠拢而是向普通话靠拢（郭骏，2007：134—140）。据此，我们可在前文基础上再依据街上话向普通话靠拢的发展进程来帮助确认附录二表（二）中的过渡式，具体见表3-4。附录二表（二）按年龄差异排列，现按演变规律排列。

1—20组字过渡式的确认：第三读接近普通话读音，从第一读到第三读的发展进程看，第二读显然处于中间状态，属于过渡式。如1—10组的第一读都有 ŋ 声母，第三读都接近普通话读音，第二读都丢失 ŋ 声母但又保持原有韵母，显然是处于旧式向新式发展的中间状态，可见每一组中的第二读都属于过渡式。

21—22组字过渡式的确认："角"，从 kəʔ³¹ 到接近普通话读音的 tɕio³¹² 来看：kəʔ³¹→tɕyəʔ³¹（k→tɕ、əʔ→yəʔ）→tɕiaʔ³¹（yəʔ→iaʔ）→tɕio³¹²，清楚地说明 tɕyəʔ³¹/tɕiaʔ³¹ 都处于中间状态，两者属于中间状态的不同阶段，所以 tɕyəʔ³¹/tɕiaʔ³¹ 应同属于过渡式；"鼠"，从 tsʻuei³¹² 到接近普通话读音的 su³¹² 来看，tsʻuei³¹²→tsʻʮ³¹²（uei→ʮ）→tsʻu³¹²（ʮ→u）→su³¹²，也清楚地说明 tsʻʮ³¹²/tsʻu³¹² 都处于中间状态，属于中间状态的不同阶段，所以 tsʻʮ³¹²/tsʻu³¹² 也应同属于过渡式。

同时透过旧式、过渡式和新式也可清楚地发现街上话语音向普通话语音靠拢的具体进程及其演变规律。如：ŋei、ŋæ、ŋɔ、ŋa、ŋən（旧式）→ei、æ、ɔ、a、ən（过渡式）→əu、iɪ、ɔi、ia、in（新式），可以发现其靠拢过程及其演变规律为保留 ŋ→ŋ 消失并保持原韵母→增加或调整介音等使之与普通话相同或相近。又如：kɛ、haŋ、kəʔ（旧式）→tɕiɪ、ɕiɛ、tɕyəʔ/tɕiaʔ（过渡式）→tɕiɛ、ɕiaŋ、tɕio（新式），其靠拢过程及其演变规律为保留 k、h→声母颚化并出现 i 介母→调整韵腹等使之与普通话相同或相近。

表3-4 旧式、过渡式、新式分析比较表

编号	调查字	旧式	过渡式	新式	普通话	编号	调查字	旧式	过渡式	新式	普通话
1	藕	ŋei³¹²	ei³¹²	əu³¹²	ou²¹⁴	12	街	kɛ³²	tɕiɪ³²	tɕiɛ³²	tɕiɛ⁵⁵
2	怄	ŋei⁵⁵	ei⁵⁵	əu⁵⁵	ou⁵¹	13	戒	kɛ⁵⁵	tɕiɪ⁵⁵	tɕiɛ⁵⁵	tɕiɛ⁵¹
3	淹	ŋæ³²	æ³²	iɪ³²	ian⁵⁵	14	初	tsʻəu³²	tsʻʅ³²	tsʻu³²	tʂʻu⁵⁵
4	颜	ŋæ²⁴	æ²⁴	iɪ²⁴	ian³⁵	15	砖	tsu³²	tɕʻyɪ³²	tsuæ³²	tʂuan⁵⁵
5	眼	ŋæ³¹²	æ³¹²	iɪ³¹²	ian²¹⁴	16	穿	tsʻʋ³²	tɕʻyɪ³²	tsʻuæ³²	tʂʻuan⁵⁵
6	咬	ŋɔ³¹²	ɔ³¹²	iɔ³¹²	iau²¹⁴	17	船	tsʻʋ²⁴	tɕʻyɪ²⁴	tsʻuæ²⁴	tʂʻuan³⁵
7	掗	ŋa³²	a³²	ia³²	ia⁵⁵	18	蛇	ɕiɪ²⁴	sei²⁴	sə²⁴	ʂɤ³⁵
8	牙	ŋa²⁴	a²⁴	ia²⁴	ia³⁵	19	软	yɪ³¹²	zʋ³¹²	zuæ³¹²	ʐuan²¹⁴
9	哑	ŋa³¹²	a³¹²	ia³¹²	ia²¹⁴	20	秘	pi⁵⁵	miɪʔ³¹	mi⁵⁵	mi⁵¹
10	硬	ŋən⁵⁵	ən⁵⁵	in⁵⁵	iŋ⁵¹	21	角	kəʔ³¹	tɕyʔ³¹/tɕia³¹	tɕiɔ³¹²	tɕiau²¹⁴
11	巷	haŋ⁵⁵	ɕiɛ⁵⁵	ɕiaŋ⁵⁵	ɕiaŋ⁵¹	22	鼠	tsʻuei³¹²	tsʻʅ³¹²/tsʻu³¹²	su³¹²	ʂu²¹⁴

资料来源：郭骏（2008：136—137）表2。

我们从以上五个方面就92个语音变项中旧式、过渡式、新式三种不同变式类型做了详细的分析并做具体确认，其结论见表3-5（同一组词语则选一个）。具体而言，新旧式的确认主要依据受访者的年龄差异，同时也借助方言间的对应关系、受访者的主观判断和已有的文献资料；过渡式的确认则在新旧式确认的基础上依据街上话向普通话靠拢的发展进程来加以确定，同时也借助方言间的对应关系和受访者的主观判断帮助确认。

可见，受访者的年龄差异、方言间的对应关系、受访者的主观判断、已有的文献资料和语音的演变规律等五个方面在"旧式、过渡式、新式"三种不同变式类型确认的过程中所起的作用和所取的角度有所不同。受访者的年龄差异与主观判断起主要作用，据此可确认清楚绝大多数调查字的变式类型。文献资料与主观判断的结合则具有较强的说服力。方言间的对应关系从来源角度加以确认，已有的文献资料从历史角度加以旁证，两者结合又能进一步增强辨析结果的可靠性。用汉语方言总体演变规律加以确认，既可用总体规律来研究分析具体方言，又可从具体方言来印证汉语方言发展的总体规律，相得益彰。这五方面所起的作用与所取的角度虽有不同，但结论却是一致的，并可相互印证。

表3-5　92个语音变项中旧式、过渡式与新式的确认

编号	调查字	旧式	新式
1	癞~痢	ŋe^{24}	ɛ^{24}
2	矮~子	ŋe^{312}	ɛ^{312}
3	安平~	ŋæ^{32}	æ^{32}
4	抭揥~	ŋɔ^{312}	ɔ^{312}
5	昂头~~的	ŋaŋ^{24}	aŋ^{32}
6	恩~人	ŋən^{32}	ən^{32}
7	机~子	ŋəʔ^{31}	əʔ^{31}
8	额~头	ŋəʔ^{31}	əʔ^{32}
9	撬~家	pu^{32}	pæ^{32}
10	半一~子	pu^{55}	pæ^{55}
11	盘~子	p'u^{24}	p'æ^{24}
12	鳗~鳝	mu^{24}	mæ^{24}
13	馒~头	mu^{24}	mæ^{24}
14	满~意	mu^{312}	mæ^{312}
15	坛酒菜来~	t'u^{24}	t'æ^{24}
16	端~出	t'u^{32}	t'æ^{32}
17	团~长	t'u^{24}	t'uæ^{24}
18	暖~和	lu^{312}	luæ^{312}
19	乱~踩	lu^{55}	luæ^{55}
20	余~猪肝汤	ts'u^{32}	ts'uæ^{32}
21	酸~发	su^{32}	suæ^{32}
22	蒜大~	su^{55}	suæ^{55}
23	换~一件	hu^{55}	huæ^{55}
24	唤~狗咬你	hu^{55}	huæ^{32}

编号	调查字	旧式	新式
25	疏~豆	ʊ^{32}	uæ^{32}
26	黄~笋	ʊ^{32}	əu^{32}
27	讲~话	tɕie^{312}	tɕiaŋ^{312}
28	墙城~	tɕ'ie^{24}	tɕ'iaŋ^{24}
29	香喷~	cie^{32}	ɕiaŋ^{32}
30	样~子	ie^{55}	iaŋ^{55}
31	嘴~巴儿	tsei^{312}	tsuei^{312}
32	罪得~	tsei^{55}	tsuei^{55}
33	催~他	ts'ei^{32}	ts'uei^{32}
34	岁做十~	sei^{55}	suei^{55}
35	村衣~	ts'ən^{32}	ts'uan^{32}
36	寸一~	ts'ən^{55}	ts'uan^{55}
37	孙~子	sən^{32}	suan^{32}
38	笋竹~	sən^{312}	suan^{312}
39	家搬~	ka^{32}	tɕia^{32}
40	嫁出~	ka^{55}	tɕia^{55}
41	同一~房子	kæ^{32}	tɕii^{32}
42	碱石~	kæ^{312}	tɕii^{312}
43	铅~笔	k'æ^{32}	tɕ'ii^{32}
44	教~书	ko^{32}	tɕio^{32}
45	胶膘（鳔）~	ko^{32}	tɕio^{32}
46	觉睡	ko^{55}	tɕio^{55}
47	敲~门	k'ɔ^{32}	tɕ'iɔ^{32}
48	虾~子	ha^{32}	ɕia^{32}

编号	调查字	旧式	新式
49	咸菜来~	hæ^{24}	ɕii^{24}
50	觉~菜	hæ^{55}	ɕii^{55}
51	涨~价	tsæ^{312}	tsaŋ^{312}
52	肠~子	ts'æ^{24}	ts'aŋ^{24}
53	上~床	sæ^{55}	saŋ^{55}
54	热发~	liɪ^{312}	zəʔ^{31}
55	日~子	liɪ^{312}	zəʔ^{31}
56	柴~挦	suei^{55}	zæ^{312}
57	丙~姓	ɕii^{55}	sæ^{55}
58	扇~子	ɕii^{0}	sæ^{55}
59	鳍黄~	lu^{24}	ly^{24}
60	驴~子	lu^{24}	y^{24}
61	孟浆~	laʔ^{31}	ly^{55}
62	绿~佬	tɕyn^{32}	ts'uan^{24}
63	唇嘴~子	huan^{24}	hən^{24}
64	横~过来摆	huan^{24}	hən^{24}
65	朋~友	p'oŋ^{24}	p'ən^{24}
66	挖~土	uaʔ^{31}	uaʔ^{32}
67	薛~姓	ɕiiʔ^{31}	ɕyaʔ^{31}
68	俗~气	səʔ^{31}	suaʔ^{31}
69	车~子	tɕ'ii^{32}	ts'ei^{32}
70	脆~下来	k'uei^{312}	kuei^{55}

编号	调查字	旧式	过渡式	新式
71	捱~饭	ŋa^{32}	a^{32}	ia^{32}
72	牙~齿	ŋa^{24}	a^{24}	ia^{24}
73	哑~巴	ŋa^{312}	a^{312}	ia^{312}
74	淹~水	ŋæ^{32}	æ^{32}	ii^{32}
75	颜~色	ŋæ^{24}	æ^{24}	ii^{24}
76	眼~睛	ŋæ^{312}	æ^{312}	ii^{312}
77	咬反~一口	ŋɔ^{312}	ɔ^{312}	iɔ^{312}
78	藕吃~	ŋei^{312}	ei^{312}	əu^{312}
79	怄~气	ŋei^{55}	ei^{55}	əu^{55}
80	硬饮大~	ŋən^{55}	ən^{55}	in^{55}
81	砖~头	tsu^{32}	tɕy^{32}	tsue^{32}
82	穿~衣裳	ts'u^{32}	tɕ'y^{32}	ts'ue^{32}
83	船~	ts'u^{24}	tɕ'y^{24}	ts'ue^{24}
84	软发~	yi^{312}	zu^{312}	zue^{312}
85	街~上	ke^{32}	tɕie^{32}	tɕie^{32}
86	戒~烟	ke^{55}	tɕie^{55}	tɕie^{55}
87	角牛~友	kaʔ^{31}	tɕyaʔ^{31} / tɕiaʔ^{31}	tɕiɔʔ^{312}
88	巷~子	haŋ^{55}	tɕie^{55}	ɕiaŋ^{55}
89	蛇	ɕii^{24}	sei^{24}	sa^{24}
90	秘~书	pi^{55}	miiʔ^{31}	mi^{55}
91	初~中	ts'əu^{32}	ts'ʅ^{32}	ts'ʅ^{32}
92	鼠老~子	ts'uei^{312}	ts'ʅ^{312} / ts'u^{312}	su^{312}

资料来源：郭骏（2009b：611）附表，表题做了调整，纠正1处印刷错误（"疏~豆"的新式应为"uæ^{32}"，误印成"u^{32}"）。

二、音节构成层面

依据上文从整体音节层面对92个语音变项中旧式、过渡式、新式三种变式类型的具体确认，我们可从音节构成层面就声母变项、韵母变项和声调变项中不同变式的类型再加以具体确认（郭骏，2008：137—138）。

（一）声母变项中的变式确认

如"昂"字，整体音节层面，$\eta a\eta^{24}$为旧式、$a\eta^{24}$为新式；音节构成层面的声母变项中η为旧式、$\emptyset$为新式。

又如"额"字，整体音节层面，$\eta \varepsilon \Omega^{31}$为旧式、$\vartheta \Omega^{31}$为新式；音节构成层面的声母变项中$\eta$为旧式、$\emptyset$为新式。

（二）韵母变项中的变式确认

如"俗"字，整体音节层面，$s\vartheta \Omega^{31}$为旧式、$su\vartheta \Omega^{31}$为新式；音节构成层面的韵母变项中$\vartheta \Omega$为旧式、$u\vartheta \Omega$为新式。

又如"孙"字，整体音节层面，$s\vartheta n^{32}$为旧式、$su\vartheta n^{32}$为新式；音节构成层面的韵母变项中ϑn为旧式、$u\vartheta n$为新式。

又如"涨"字，整体音节层面，$ts\ae^{312}$为旧式、$tsa\eta^{312}$为新式；音节构成层面的韵母变项中$\ae$为旧式，$a\eta$为新式。

再如"团"字，整体音节层面，$t'\upsilon^{24}$为旧式、$t'u\ae^{24}$为新式；音节构成层面的韵母变项中υ为旧式，$u\ae$为新式。

（三）声母变项与韵母变项中的变式确认

如"车"字，整体音节层面，$t\varepsilon' i\mathrm{i}^{32}$为旧式、$ts'ei^{32}$为新式；音节构成层面的声母变项中$t\varepsilon'$为旧式、$ts'$为新式，韵母变项中$i\mathrm{i}$为旧式、$ei$为新式。

又如"鼠"字，整体音节层面，$ts'uei^{312}$为旧式、$ts'\eta^{312}/ts'u^{312}$为过渡式、su^{312}为新式；音节构成层面的声母变项中ts'为旧式、s为新式，韵母变项中uei为旧式、η为过渡式、u为新式。

又如"染"字，整体音节层面，$i\mathrm{i}^{312}$为旧式、$z\ae^{312}$为新式；音节构成层面的声母变项中$\emptyset$为旧式、z为新式，韵母变项中$i\mathrm{i}$为旧式、$\ae$为新式。

再如"盂"字，整体音节层面，lu^{24}为旧式、y^{24}为新式；音节构成层面的声母变项中 l 为旧式、ø 为新式，韵母变项中 u 为旧式、y 为新式。

（四）声母变项与声调变项中的变式确认

如"跪"字，整体音节层面，k'uei^{312} 为旧式、kuei^{55} 为新式；音节构成层面的声母变项中 k' 为旧式、k 为新式，声调变项中 312 为旧式、55 为新式。

（五）韵母变项与声调变项中的变式确认

如"挖"字，整体音节层面，uaʔ^{31} 为旧式、ua^{32} 为新式；音节构成层面的韵母变项中 uaʔ 为旧式、ua 为新式，声调变项中 31 为旧式、32 为新式。

又如"绿"字，整体音节层面，ləʔ^{31} 为旧式、ly^{55} 为新式；音节构成层面的韵母变项中 əʔ 为旧式、y 为新式，声调变项中 31 为旧式、55 为新式。

（六）声母变项、韵母变项与声调变项中的变式确认

如"角"字，整体音节层面，kəʔ^{31} 为旧式、tɕyəʔ^{31}/tɕiaʔ^{31} 为过渡式、tɕio^{312} 为新式；音节构成层面的声母变项中 k 为旧式、tɕ 为新式，韵母变项中 əʔ 为旧式、yəʔ/iaʔ 为过渡式、io 为新式，声调变项中 31 为旧式、312 为新式。

综合以上对声母变项、韵母变项和声调变项中各变式类型所做的具体分析，我们可以确认声母变项、韵母变项和声调变项中的不同变式类型，详见表3-6、表3-7、表3-8。

表3-6 声母变项与声母变式分析表

组别	变项	变式 旧式	变式 新式	调查字	组别	变项	变式 旧式	变式 新式	调查字
1	p/m	p	m	秘	7	k/tɕ	k	tɕ	间、碱、家、嫁、教、觉、角、跤、街、戒
2	l/ø	l	ø	盂	8	k'/k	k'	k	跪
3	tɕ'/ts'	tɕ'	ts'	车	9	k'/tɕ'	k'	tɕ'	敲、铅
4	ts'/s	ts'	s	鼠	10	ŋ/ø	ŋ	ø	牙、哑、捱、矮、癌、安、淹、眼、颜、袄、咬、藕、怄、恩、硬、昂、杌、额
5	s、l、ø/z	s、l、ø	z	芮、热、日、软、染	11	h/ɕ	h	ɕ	苋、咸、虾、巷
6	ɕ/s	ɕ	s	蛇、扇、鳝					

资料来源：依据郭骏（2010：76）表3调整。

表3-7　韵母变项与韵母变式分析表

组别	韵母变项	旧式	新式	调查字
1	a/ia	a	ia	牙、哑、挪、家、嫁、虾
2	iɪ/ei	iɪ	ei	车
3	u/y	u	y	驴、盂
4	ei/uei	ei	uei	嘴、罪、催、岁
5	ɔ/iɔ	ɔ	iɔ	咬、教、觉、跤、敲
6	ei/əu	ei	əu	藕、怄
7	æ/iɪ	æ	iɪ	淹、眼、颜、间、碱、苋、咸、铅
8	iɪ/æ	iɪ	æ	扇、鳝、染
9	ʊ/æ	ʊ	æ	搬、半、盘、馒、满、鳗、坛
10	ʊ/uæ	ʊ	uæ	端、团、暖、蒜、酸、换、唤、豌、佘、乱
11	ʊ/əu	ʊ	əu	芮
12	ən/uən	ən	uən	村、寸、孙、笋
13	uən/ən	uən	ən	横
14	yn/uən	yn	uən	唇
15	ən/in	ən	in	硬
16	æ/aŋ	æ	aŋ	涨、肠、上

组别	韵母变项	旧式	过渡式	新式	调查字
17	iɛ/iaŋ	iɛ		iaŋ	讲、墙、香、样
18	oŋ/ən	oŋ		ən	朋
19	əʔ/y	əʔ		y	绿
20	uaʔ/ua	uaʔ		ua	挖
21	əʔ/uəʔ	əʔ		uəʔ	俗
22	iɪʔ/əʔ	iɪʔ		əʔ	热、日
23	iɪʔ/yəʔ	iɪʔ		yəʔ	薛
24	əu/ɻ/u	əu	ɻ	u	初
25	uei/ɻ/u	uei	ɻ	u	鼠
26	ɛ/iɪ/iɛ	ɛ	iɪ	iɛ	街、戒
27	ʊ/yɪ/uæ	ʊ	yɪ	uæ	砖、穿、船
28	i/iɪʔ/i	i	iɪʔ	i	秘
29	iɪ/ei/ə	iɪ	ei	ə	蛇
30	yɪ/ʊ/uæ	yɪ	ʊ	uæ	软
31	aŋ/iɛ/iaŋ	aŋ	iɛ	iaŋ	巷
32	əʔ/yəʔ/iaʔ/iɔ	əʔ	yəʔ/iaʔ	iɔ	角

表3-8　声调变项与声调变式分析表

组别	声调变项	旧式	新式	调查字
1	31/55	31	55	绿
2	31/32	31	32	挖
3	31/312	31	312	角

组别	声调变项	旧式	过渡式	新式	调查字
4	312/55	312		55	跪
5	0/55	0		55	鳝
6	55/31/55	55	31	55	秘

第三节　变式替换的类型

一、声母变项中变式的替换类型

从11个声母变项中的旧式、新式可以分析出"旧式→新式"的替换类型具有以下7种：

（一）双唇音→双唇音

1. p/m：pi^{55}→miɿʔ^{31}、mi^{55}（秘）

（二）舌尖前音→舌尖前音

2. tsʻ/s：tsʻuei^{312}、tsʻʅ^{312}、tsʻu^{312}→su^{312}（鼠）

（三）舌尖前音、舌尖中音、零声母→舌尖前音

3. s、l、ø/z：suei^{55}→zuei^{55}（芮）；liɿʔ^{31}→zəʔ^{31}（热、日）；yɿ^{312}→zʊ^{312}、zuæ^{312}（软），iɿ^{312}→zæ^{312}（染）

（四）舌尖中音→零声母

4. l/ø：lu^{24}→y^{24}（盂）

（五）舌面音→舌尖前音

5. tɕʻ/tsʻ：tɕʻiɿ^{32}→tsʻei^{32}（车）

6. ɕ/s：ɕiɿ^{24}→sei^{24}、sə^{24}（蛇），ɕiɿ^{55}→sæ^{55}（扇），ɕiɿ^{0}→sæ^{55}（鳝）

（六）舌根音→舌面音、零声母

7. k/tɕ：kæ^{32}→tɕiɿ^{32}（间）、kæ^{312}→tɕiɿ^{312}（碱）；kɔ^{32}→tɕiɔ^{32}（教、跤），kɔ^{55}→tɕiɔ^{55}（觉）；kɛ^{32}→tɕiɿ^{32}、tɕiɛ^{32}（街），kɛ^{55}→tɕiɿ^{55}、tɕiɛ^{55}（戒）；ka^{32}→tɕia^{32}（家），ka^{55}→tɕia^{55}（嫁）；kəʔ^{31}→tɕyəʔ^{31}、tɕia^{31}、tɕiɔ^{312}（角）

8. kʻ/tɕʻ：kʻɔ^{32}→tɕʻiɔ^{32}（敲），kʻæ^{32}→tɕʻiɿ^{32}（铅）

9. h/ɕ：ha^{32}→ɕia^{32}（虾），hæ^{55}→ɕiɿ^{55}（苋），hæ^{24}→ɕiɿ^{24}（咸），haŋ^{55}→ɕiɛ^{55}、ɕiaŋ^{55}（巷）

10. ŋ/ø：ŋɔ^{312}→ɔ^{312}（祆），ŋæ^{32}→æ^{32}（安）；ŋei^{312}→ei^{312}、əu^{312}（藕），ŋei^{55}→ei^{55}、

əu^{55}（怄）；ŋɛ^{312}→ɛ^{312}（矮），ŋɛ^{24}→ɛ^{24}（癌）；ŋaŋ^{24}→aŋ^{24}（昂）；ŋən^{32}→ən^{32}（恩）；ŋəʔ^{31}→əʔ^{31}（额、杌）；ŋæ^{32}→æ^{32}、iɪ^{32}（淹），ŋæ^{24}→æ^{24}、iɪ^{24}（颜），ŋæ^{312}→æ^{312}、iɪ^{312}（眼）；ŋɔ^{312}→ɔ^{312}、iɔ^{312}（咬）；ŋa^{32}→a^{32}、ia^{32}（桠），ŋa^{24}→a^{24}、ia^{24}（牙），ŋa^{312}→a^{312}、ia^{312}（哑）；ŋən^{55}→ən^{55}、in^{55}（硬）

（七）舌根音→舌根音

11. kʻ/k：kʻuei^{312}→kuei^{55}（跪）

二、韵母变项中变式的替换类型

从32个韵母变项中的旧式、过渡式、新式可以分析出“旧式→新式”或“旧式→过渡式→新式”的替换类型具有以下17种：

（一）单元音韵母→单元音韵母

1. u/y：lu^{24}→ly^{24}（驴）、lu^{24}→y^{24}（盂）

2. ʊ/æ：pʊ^{32}→pæ^{32}（搬），pʊ^{55}→pæ^{55}（半），pʻʊ^{24}→pʻæ^{24}（盘），mʊ^{24}→mæ^{24}（馒、鳗），mʊ^{312}→mæ^{312}（满），tʻʊ^{24}→tʻæ^{24}（坛）

（二）单元音韵母→复元音韵母

3. ʊ/əu：ʊ^{32}→əu^{32}（莴）

4. ʊ/uæ：tʊ^{32}→tuæ^{32}（端），tʻʊ^{24}→tʻuæ^{24}（团），lʊ^{312}→luæ^{312}（暖）、lʊ^{55}→luæ^{55}（乱），tsʻʊ^{32}→tsʻuæ^{32}（氽），sʊ^{32}→suæ^{32}（酸）、sʊ^{55}→suæ^{55}（蒜），hʊ^{55}→huæ^{55}（换、唤），ʊ^{32}→uæ^{32}（豌）

5. æ/iɪ：kæ^{32}→tɕiɪ^{32}（间）、kæ^{312}→tɕiɪ^{312}（碱），kʻæ^{32}→tɕʻiɪ^{32}（铅），hæ^{24}→ɕiɪ^{24}（咸）、hæ^{55}→ɕiɪ^{55}（苋），ŋæ^{32}→æ^{32}→iɪ^{32}（淹）、ŋæ^{24}→æ^{24}→iɪ^{24}（颜）、ŋæ^{312}→æ^{312}→iɪ^{312}（眼）

6. ɔ/iɔ：kɔ^{32}→tɕiɔ^{32}（教、跤）、kɔ^{55}→tɕiɔ^{55}（觉），kʻɔ^{32}→tɕʻiɔ^{32}（敲），ŋɔ^{312}→ɔ^{312}→iɔ^{312}（咬）

7. a/ia：ka^{32}→tɕia^{32}（家）、ka^{55}→tɕia^{55}（嫁），ha^{32}→ɕia^{32}（虾），ŋa^{32}→a^{32}→ia^{32}（桠）、ŋa^{24}→a^{24}→ia^{24}（牙）、ŋa^{312}→a^{312}→ia^{312}（哑）

（三）复元音韵母→复元音韵母

8. iɪ/ei：tɕʻiɪ³²→tsʻei³²（车）

9. ei/əu：ŋei³¹²→ei³¹²→əu³¹²（藕）、ŋei⁵⁵→ei⁵⁵→əu⁵⁵（怄）

（四）复元音韵母→单元音韵母

10. iɪ/æ：ɕiɪ⁵⁵→sæ⁵⁵（扇）、ɕiɪ⁰→sæ⁵⁵（鳝），iɪ³¹²→zæ³¹²（脏）

（五）带介音韵母→不带介音韵母

11. uən/ən：huən²⁴→hən²⁴（横）

（六）不带介音韵母→带介音韵母

12. ei/uei：tsei³¹²→tsuei³¹²（嘴）、tsei⁵⁵→tsuei⁵⁵（罪），tsʻei³²→tsʻuei³²（催），sei⁵⁵→suei⁵⁵（岁）

13. ən/uən：tsʻən³²→tsʻuən³²（村）、tsʻən⁵⁵→tsʻuən⁵⁵（寸），sən³²→suən³²（孙）、sən³¹²→suən³¹²（笋）

14. əʔ/uəʔ：səʔ³¹→suəʔ³¹（俗）

（七）非鼻音韵母→鼻音韵母

15. æ/aŋ：tsæ³¹²→tsaŋ³¹²（涨），tsʻæ²⁴→tsʻaŋ²⁴（肠），sæ⁵⁵→saŋ⁵⁵（上）

16. iɛ/iaŋ：tɕiɛ³¹²→tɕiaŋ³¹²（讲），tɕʻiɛ²⁴→tɕʻiaŋ²⁴（墙），ɕiɛ³²→ɕiaŋ³²（香），iɛ⁵⁵→iaŋ⁵⁵（样）

（八）鼻音韵母→鼻音韵母

17. yn/uən：tɕʻyn²⁴→tsʻuən²⁴（唇）

18. oŋ/ən：pʻoŋ²⁴→pʻən²⁴（朋）

19. ən/in：ŋən⁵⁵→ən⁵⁵→in⁵⁵（硬）

（九）带喉塞音韵尾韵母→不带喉塞音韵尾韵母

20. əʔ/y：ləʔ³¹→ly⁵⁵（绿）

21. uaʔ/ua：uaʔ³¹→ua³²（挖）

（十）带喉塞音韵尾韵母→带喉塞音韵尾韵母

22. iɪʔ/əʔ：liɪʔ³¹→zəʔ³¹（热、日）

23. iɪʔ/yəʔ：ɕiɪʔ³¹→ɕyəʔ³¹（薛）

（十一）单元音韵母→复元音韵母→复元音韵母

24. ʊ/yɪ/uæ: tsʊ^{32}→tɕyɪ^{32}→tsuæ^{32}（砖）, tsʻʊ^{32}→tɕʻyɪ^{32}→tsʻuæ^{32}（穿）、tsʻʊ^{24}→tɕʻyɪ^{24}→tsʻuæ^{24}（船）

25. ɛ/iɪ/iɛ: kɛ^{32}→tɕiɪ^{32}→tɕiɛ^{32}（街）、kɛ^{55}→tɕiɪ^{55}→tɕiɛ^{55}（戒）

（十二）复元音韵母→单元音韵母→单元音韵母

26. əu/ʅ/u: tsʻəu^{32}→tsʻʅ^{32}→tsʻu^{32}（初）

27. uei/ʅ/u: tsʻuei^{312}→tsʻʅ^{312}→tsʻu^{312}→su^{312}（鼠）

（十三）复元音韵母→单元音韵母→复元音韵母

28. yɪ/ʊ/uæ: yɪ^{312}→zʊ^{312}→zuæ^{312}（软）

（十四）复元音韵母→复元音韵母→单元音韵母

29. iɪ/ei/ə: ɕiɪ^{24}→sei^{24}→sə^{24}（蛇）

（十五）单元音韵母→带喉塞音韵尾韵母→单元音韵母

30. i/iɪʔ/i: pi^{55}→miɪʔ^{31}→mi^{55}（秘）

（十六）鼻音韵母→复元音韵母→鼻音韵母

31. aŋ/iɛ/iaŋ: haŋ^{55}→ɕiɛ^{55}→ɕiaŋ^{55}（巷）

（十七）带喉塞音韵尾韵母→带喉塞音韵尾韵母→带喉塞音韵尾韵母→复元音韵母

32. əʔ/yəʔ/iaʔ/iɔ: kəʔ^{31}→tɕyəʔ^{31}→ɕiaʔ^{31}→tɕiɔ^{312}（角）

三、声调变项中变式的替换类型

从6个声调变项中的旧式、过渡式、新式可以分析出"旧式→新式"或"旧式→过渡式→新式"的替换类型具有以下4种：

（一）入声→非入声

1. 入声（31）/去声（55）: ləʔ^{31}→ly^{55}（绿）

2. 入声（31）/阴平（32）: uaʔ^{31}→ua^{32}（挖）

3. 入声（31）/上声（312）: kəʔ^{31}、tɕyəʔ^{31}、tɕiaʔ^{31}→tɕiɔ^{312}（角）

（二）非入声→入声→非入声

4. 去声（55）/入声（31）/去声（55）：pi^{55}→$miir^{31}$→mi^{55}（秘）

（三）轻声→非轻声

5. 轻声（0）/去声（55）：ςir^{0}→$s\ae^{55}$（鳝）

（四）上声→去声

6. 上声（312）/去声（55）：$k'uei^{312}$→$kuei^{55}$（跪）

这6个声调变项的出现都是伴随着声母变项、韵母变项的出现而出现的。第1、2两个变项是伴着韵母变项中的旧式əʔ、uaʔ→新式y、ua的出现而出现；第3个变项是伴着声母变项中的旧式k→新式tɕ、韵母变项中的旧式yəʔ/iaʔ→新式io的出现而出现；第4个变项是伴着声母变项中的旧式p→新式m、韵母变项中的旧式i→过渡式iiʔ→新式i的出现而出现；第5个变项是伴着声母变项中的旧式ɕ→新式s、韵母变项中的旧式ir→新式æ的出现而出现；第6个变项是伴着声母变项中的旧式k'→新式k的出现而出现。

由此可以看出第一、二种类型主要因为韵母变项中的新式出现了不带喉塞音的韵母，就使整个音节失去了入声存在的条件，自然要向非入声转变。这可能是入声调逐渐消失的主要原因。第三、四种类型新旧式的不同是属于声调的个别调整。

由于此次调查涉及声调变项少，目前还很难看出其变异对整个声调系统有多大的影响，故在下文中暂不做声调变异对声调系统影响情况的分析。

第四章　变异语言学分析：
变异特征与社会因素

第一节　变异特征分析

语言变异是语言的基本特性，语言变异特征分析是语言变异研究的重要内容。溧水街上话语音变异呈现出哪些变异特征则需要进行深入地分析研究。前文依据社会语言学分析语言变项的方法从汉语音节构成的角度确定了声母变项、韵母变项和声调变项，现就三变项所呈现出的主要变异特征加以具体分析。主要有以下三大特征：阶段性特征、层次性特征和方向性特征（郭骏，2009a）。

一、阶段性特征分析

（一）声母变项所呈现出的阶段性特征分析

我们将每个声母变项中的旧式设为1，则可统计出的各个声母变项中新旧式出现次数之比，详见表4-1。从表4-1可以清楚地看出，各个声母变项新式与旧式出现次数之比呈现出较大的差异性，体现出变异的不均衡性。

表4-1　声母变项中旧式和新式的总次数比较表（n=50）

编号	声母变项	声母变式	出现总次数	总次数之比
1	h/ç	h	318	1：0.10
		ç	31	
2	k/tç	k	783	1：0.20
		tç	153	

（续表）

编号	声母变项	声母变式	出现总次数	总次数之比
3	kʻ/tɕʻ	kʻ	82	1：0.23
		tɕʻ	19	
4	tsʻ/s	tsʻ	41	1：0.54
		s	22	
5	ɕ/s	ɕ	86	1：0.85
		s	73	
6	kʻ/k	kʻ	18	1：1.78
		k	32	
7	ŋ/ø	ŋ	311	1：1.89
		ø	588	
8	tɕʻ/tsʻ	tɕʻ	14	1：2.64
		tsʻ	37	
9	s、l、ø/z	s、l、ø	104	1：2.86
		z	297	
10	p/m	p	9	1：4.56
		m	41	
11	l/ø	l	9	1：4.56
		ø	41	

从这11个声母变项中新旧式竞争的过程所呈现的状态来看，新旧式在竞争中呈现出阶段性特征，分别处于三个不同的竞争阶段（王福堂，2005：45）。

1. 初期阶段：新式弱旧式强，h/ɕ, k/tɕ, kʻ/tɕʻ, tsʻ/s, ɕ/s 等5个变项中新式出现次数极少或较少。

2. 发展阶段：新式旧式相持，kʻ/k, ŋ/ø 等2个变项中新旧式出现次数大致相当，新式略占优势。

3. 后期阶段：新式强旧式弱，tɕʻ/tsʻ, s、l、ø/z, p/m, l/ø 等4个变项中新式出现次数超过旧式两倍。

总体观察如此，个别情况亦如此（参见附录二）。"h/ɕ"变项中新式出现次数为31，旧式出现次数为318，如"苋菜/马齿苋、菜太咸"中的"苋、咸"发ɕ只有5人，且均为青少年组，其他组均发h。"k/tɕ"变项中除"出嫁/

嫁人、角度、戒烟"中的"嫁、角、戒"新式出现次数多一些，其他调查字新式出现次数均较少，而且"家去"（有1人说"回家"）、"家婆"（有4人说"婆婆"）、"睏觉"（有10人不说）无一人发生变异。在"ŋ/ø"变项中18个词语均出现变异，"恩、额、袄"在青年组已完成了ŋ→ø的替换，即该年龄组ŋ声母已消失。"s、l、ø/z"变项中"姓芮、染布/染料/传染/染赃"（仅1人在"染布"中未变）中的"芮、染"在青少年组已完成了s、ø→z的替换；"发软"中的"软"在中年组已基本完成ø→z的替换，青少年组和青年组除4人外也完成了替换。"p/m"变项中"秘书"中的"秘"除中老年组发p外，其他年龄组均已完成p→m的替换。

（二）韵母变项所呈现出的阶段性特征分析

同样，我们将每个韵母变项中的旧式[1]设为1，则可统计出各个韵母变项中新旧式出现次数之比，详见表4-2。从表4-2可以清楚地看出，各个韵母变项新式与旧式的出现次数之比呈现出较大的差异性，体现出变异的不均衡性。

表4-2　韵母变项中旧式和新式的总次数比较表（n=50）

编号	韵母变项	韵母变式	出现总次数	总次数之比
1	ən/in	ən	47	1：0.06
		in	3	
2	iɪ/ei/ə	iɪ/ei	48	1：0.06
		ə	3	
3	ɛ/iɪ/iɛ	ɛ/iɪ	149	1：0.07
		iɛ	10	
4	aŋ/iɛ/iaŋ	aŋ/iɛ	137	1：0.09
		iaŋ	13	
5	ʊ/uə	ʊ	46	1：0.09
		uə	4	
6	ei/uə	ei	91	1：0.10
		uə	9	
7	əʔ/y	əʔ	90	1：0.14
		y	13	

---

① 为便于分析，此处将9个过渡式纳入旧式中统计。

（续表）

编号	韵母变项	韵母变式	出现总次数	总次数之比
8	ɔ/iɔ	ɔ	268	1∶0.17
		iɔ	45	
9	æ/iɪ	æ	372	1∶0.19
		iɪ	72	
10	əʔ/yəʔ/iaʔ/iɔ	əʔ/yəʔ/iaʔ/iʔ	80	1∶0.25
		iɔ	20	
11	a/ia	a	402	1∶0.29
		ia	118	
12	i/iɪʔ/i	i/iɪʔ	36	1∶0.39
		i	14	
13	ei/uei	ei	160	1∶0.56
		uei	90	
14	ʊ/yɪ/uæ	ʊ/yɪ	78	1∶0.99
		uæ	77	
15	yɪ/ʊ/uæ	yɪ/ʊ	25	1∶1.00
		uæ	25	
16	oŋ/ən	oŋ	24	1∶1.04
		ən	25	
17	ən/uən	ən	98	1∶1.05
		uən	103	
18	ʊ/uæ	ʊ	273	1∶1.15
		uæ	315	
19	ʊ/æ	ʊ	238	1∶1.61
		æ	384	
20	uən/ən	uən	18	1∶1.78
		ən	32	
21	iɪ/æ	iɪ	102	1∶2.00
		æ	204	
22	uaʔ/ua	uaʔ	34	1∶2.03
		ua	69	
23	iɪʔ/yəʔ	iɪʔ	16	1∶2.13
		yəʔ	34	

（续表）

编号	韵母变项	韵母变式	出现总次数	总次数之比
24	yn/uən	yn	15	1∶2.33
		uən	35	
25	iɪʔ/əʔ	iɪʔ	30	1∶2.40
		əʔ	72	
26	iɪ/ei	iɪ	14	1∶2.64
		ei	37	
27	u/y	u	27	1∶2.70
		y	73	
28	əu/ʮ/u	əu/ʮ	25	1∶3.00
		u	75	
29	uei/ʮ/u	uei/ʮ	14	1∶3.50
		u	49	
30	əʔ/uəʔ	əʔ	13	1∶6.54
		uəʔ	85	
31	æ/aŋ	æ	10	1∶14.00
		aŋ	140	
32	iɛ/iaŋ	iɛ	10	1∶19.00
		iaŋ	190	

从这32个韵母变项新旧式竞争的过程中所呈现的状态来看，新旧式在竞争中具有阶段性特征，分别处于三个不同的竞争阶段（王福堂，2005：45）。

1. 初期阶段：新式弱旧式强，ən/in、iɪ/ei/ə、ɛ/iɪ/iɛ、aŋ/iɛ/iaŋ、ʊ/əu、ei/əu、əʔ/y、ɔ/iɔ、æ/iɪ、əʔ/yəʔ/iaʔ/iɔ、a/ia、i/iɪʔ/i、ei/uei、ʊ/yɪ/uæ等14个韵母变项中新式出现次数极少或较少。

2. 发展阶段：新式旧式相持，yɪ/ʊ/uæ、oŋ/ən、ən/uən、ʊ/uæ、ʊ/æ、uən/ən、iɪ/æ等7个韵母变项中新旧式的出现次数大致相当，新式略占优势。

3. 后期阶段：新式强旧式弱，uaʔ/ua、iɪʔ/yəʔ、yn/uən、iɪʔ/əʔ、iɪ/ei、u/y、əu/ʮ/u、uei/ʮ/u、əʔ/uəʔ、æ/aŋ、iɛ/iaŋ等11个韵母变项中新式的出现次数超过旧式两倍。

总体观察如此，个别情况亦如此（参见附录二）。"ən/in""ʊ/əu"2个变项中新式出现次数仅为3、4，旧式出现次数则为47、46。"a/ia"变项中新式出现次数为118，旧式出现次数为402，除"出嫁/嫁人、牙齿、哑巴"等新式出现次数多一些，"家去"（有1人说"回家"）、"家婆"（有4人说"婆婆"）无一人发生变异，"家里"只有1人说新式，"搬家"只有2人说新式。"yɪ/ʊ/uæ"变项中旧式（含过渡式）与新式的出现次数均为25，新旧式相持。"iɛ/iaŋ"变项中新式出现次数为190，旧式出现次数为10；"讲、墙、香、样"等字音在青少年组、青年组、中年组等3个年龄组已基本完成iɛ→iaŋ的替换。"æ/aŋ"变项中新式出现次数为140，旧式出现次数为10；"涨、肠、上"等字音在青少年组、青年组、中年组等3个年龄组已完成æ→aŋ的替换。

（三）声调变项所呈现出的阶段性特征分析

我们将每个声调变项中的旧式[①]设为1，则可统计出各个声调变项中新旧式出现次数之比，详见表4-3。从表4-3可以清楚地看出，各个声调变项新式与旧式的出现次数之比呈现出较大的差异性，体现出变异的不均衡性。

表4-3　声调变项中旧式和新式的总次数比较表（n=50）

编号	声调变项	声调变式	出现总次数	总次数之比
1	əʔ^{31}/y^{55}	əʔ^{31}	90	1：0.14
		y^{55}	13	
2	əʔ^{31}/yəʔ^{31}/iaʔ^{31}/iɔ^{312}	əʔ^{31}/yəʔ^{31}/iaʔ^{31}	80	1：0.25
		iɔ^{312}	20	
3	i^{55}/iɪʔ^{31}/i^{55}	i^{55}/iɪʔ^{31}	36	1：0.39
		i^{55}	14	
4	iɪ^{0}/æ^{55}	iɪ^{0}	31	1：0.84
		æ^{55}	26	
5	uei^{312}/uei^{55}	uei^{312}	18	1：1.78
		uei^{55}	32	
6	uaʔ^{31}/ua^{32}	uaʔ^{31}	34	1：2.03
		ua^{32}	69	

注：声调变项与声调变式中同时列出了韵母。

---

① 为便于分析，此处将1个过渡式纳入旧式中统计。

从这6个声调变项新旧式竞争的过程中所呈现的状态来看，新旧式在竞争中具有阶段性特征，分别处于三个不同的竞争阶段（王福堂，2005：45）。

1. 初期阶段：新式弱旧式强，31/55、31/312、55/31/55、0/55等4个声调变项中新式出现次数极少或较少。

2. 发展阶段：新式旧式相持，312/55变项中新旧式的出现次数大致相当，新式略占优势。

3. 后期阶段：新式强旧式弱，31/32变项中新式的出现次数是旧式的两倍多。

总体观察如此，个别情况亦如此（参见附录二）。在"31/55"（"绿颜色"）变项中新式出现次数仅为8，旧式出现次数则为44。"312/55"（"跪下来"）变项中新式出现次数为32，旧式出现次数为18，"跪"字音青少年组已完成312→55的替换，青年组、中年组新旧式各半，中老年组则旧式强、新式弱。"31/32"（"挖土／用锹挖"）变项中新式出现次数为69，旧式出现次数为34；"挖"字音青少年组、青年组基本完成31→32的替换，中年组新旧式参半，中老年组则旧式强、新式弱。

二、层次性特征分析

拉波夫在1964年对纽约市英语口语的调查研究中，把讲话人习得全方位英语口语（既包括标准变式、土语和地域变体，也包括使变异适用于不同社会情景的系统性语体转换）划分为六个阶段。1）基本语法习得阶段：5岁以前；2）地域方言习得阶段：5—12岁；3）社会意识萌发阶段：12—15岁；4）语体变化阶段：15岁以上；5）经常使用标准语阶段：20岁以上；6）语体库完备阶段：成年人。这六个阶段大体上反映了在不同年龄段受到的不同社会因素的影响情况，因此可以作为分析溧水街上话语音变异中新式出现时间的一种参照标准。拉波夫划分的第四个阶段"语体变化阶段"是15岁以上的年轻人，他们开始具有按照不同的社会环境选择不同语体的能力，其语言可能明显地向权威的规范形式靠拢（Chambers，1995：153；陈松岑，1999：148—149）。我们依据拉波夫对语言习得的阶段划分，以15岁为起点可推算出新式出现的大致时间即以新式出现的最大年龄减去15岁便得出。通过变异时间的推算可以看出新式在出现时间上具有层次性特征。这样可以把溧水街上话几十年的变化过程"通过变异形式的共存分析"展现出来（徐通锵，1989：84），即在共时变异中分析其历时发展。

统计时有三种情况不能算作最早出现，需要排除。（1）新式为现在的说法、旧式为过去的说法，若依照现在的说法显然不能证明新式出现的最早时间。如"睡觉/眍觉"，一位63岁的受访者过去说"眍觉（kɔ⁵⁵）"，现在说"睡觉（tɕiɔ⁵⁵）"，这就不能断定新式tɕiɔ⁵⁵此人最先出现，还要往下推。（2）新式是对子女说的、旧式是对父母说的或自己日常说的，若依照对子女的说法显然也不能证明新式出现的最早时间。如"腌菜坛/一坛酒/酒坛/醋坛子/西坛新村"中的"坛"字，一位62岁的受访者只对子女说tʰæ²⁴，自己日常仍说tʰu²⁴，不能断定新式tʰæ²⁴此人最先出现；又如"回家"中的"家"字，一位63岁的受访者只对子女说tɕia³²，自己日常仍说ka³²，不能断定新式tɕia³²此人最先出现；再如"绿颜色"中的"绿"字，一位38岁的受访者只对子女说ly⁵⁵，自己日常仍说ləʔ³¹，也不能断定新式ly⁵⁵此人最先出现。（3）新近从普通话进入的词语不能简单从出现年龄加以推断。如"酸菜鱼"是近些年才出现的一道菜的名称，"酸"字除5人仍读旧式su³²外，其他人均读suæ³²，而且65岁的受访者也读suæ³²，但不能依此来断定最早出现时间。

（一）声母变项中新式出现的时间层次

声母变项共涉及47组64个词语，除"眍觉、家婆、家去"3个词语中调查字未发生变异外，其他61个词语中调查字在声母变项中新式出现的最大年龄与变异推算时间详见表4-4。时间截止到2004年，下同。

表4-4　声母变项中的新式出现时间推算表

组次	词语	出现的最大年龄（岁）	出现时间推算（年）
1	哑巴、发热、发软、牙齿、癌症、棉袄、怄气、过日子、虾子、车子、平安、淹水、颜色、出嫁、嫁人、恩人、头昂昂的、杌子、额头、教书、蛇、扇子、吃藕、睡觉	62—65	1955—1958（47—50）

（续表）

组次	词语	出现的最大年龄（岁）	出现时间推算（年）
2	饭太硬、抔饭、矮子、眼睛、反咬一口、戒烟、角度、跪下来、秘书、老鼠子、老鼠、姓芮、染布、染料、传染、染脏、铅笔、一间房子、掼（跌）跤、摔了一跤、黄鳝、敲门、搬家、痰盂	49—55	1965—1971（34—40）
3	回家、白酒巷、庙巷、牛角、家里、巷子	38—43	1977—1982（23—28）
4	石碱、菜太咸、马齿苋、苋菜、上街、街上、通济街	14—18	近几年

资料来源：依据郭骏（2009a：125）表1整理。

　　按照新式出现时间段的不同可以把61个词语分成四组：第一组词语大致出现在1955—1958年期间（有的可能还要早些，如"哑巴""发软""车子"65岁的受访者均采用新式，说明出现新式的时间应该还要早一些），大约已产生47—50年；第二组词语大致出现在1965—1971年期间（也反映出普通话词语"摔了一跤、角度、睡觉、传染"的进入时间），大约已产生34—40年；第三组词语大致出现在1977—1982年期间，大约已产生23—28年（也反映出普通话词语"回家"的进入时间）；第四组词语大致出现在近几年。可见，这61个词语在新式的出现时间上存在着鲜明的层次性。

　　（二）韵母变项、声调变项中新式出现的时间层次

　　声调变项的6组词语中除"跪下来"中"跪"的新旧式与韵母无关，"绿颜色/绿佬、挖土/用锹挖、角度/牛角、秘书"等4组词语调查字的新旧式均与韵母密切相关，其韵母旧式带喉塞音尾、入声调，新式非喉塞音尾、非入声；"黄鳝"中"鳝"的新旧式声韵调均不同。鉴于韵母与声调之间的关联性，为节省篇幅，这里将韵母变项、声调变项中新式所出现的时间层次一同分析。

　　韵母变项与声调变项共涉及83组（有5组词语韵母变项与声调变项中均有）113个词语（"搬家"出现2次，分别调查"搬"与"家"），除"睡觉、家婆、家去"3个词语中调查字未发生变异，"酸菜鱼"中"酸"字音$suæ^{32}$难以确认其出现的时间，"上街/街上"中"街"字音$tçie^{32}$只对子女说，其他107

个词语调查字在韵母变项与声调变项中新式出现的最大年龄与变异推算时间详见表4-5。

表4-5　韵母、声调变项中的新式出现时间推算表

组次	词语	出现的最大年龄（岁）	出现时间推算（年）
1	盘子、馒头、满意、心满意足、团长、换一件、替换、豌豆、乱踩、催他快点、肠子、上床、涨价、讲话、城墙、喷香、样子、姓薛、俗气、风俗习惯、淹水、颜色、教书、扇子、睡觉、牙齿、哑巴、出嫁、嫁人、虾子、车子、老鼠子、老鼠、发热、过日子、挖土、用锹挖	62—65	1955—1958（47—50）
2	搬家、一半、鳗鱼、腌菜坛、一坛酒、酒坛、醋坛子、西坛新村、端午、暖和、大蒜、发酸、唤狗咬你、佘猪肝汤、砖头、穿衣裳、船、驴子、痰盂、嘴巴子、做十岁、得罪、犯罪、农村、一寸、孙子、竹笋、初中、正月初一、横过来摆、嘴唇子、戒烟、朋友、眼睛、一间房子、铅笔、黄鳝、跪下来、染布、染料、传染、染脏、反咬一口、掼（跌）跤、摔了一跤、敲门、挜饭、搬家、吃藕、怄气、角度、莴笋、秘书、发软	49—55	1965—1971（34—40）
3	鳗鳝、通济街、饭太硬、回家、家里、蛇、巷子、白酒巷、庙巷、牛角	38—43	1977—1982（23—28）
4	绿颜色、绿佬	30—35	1985—1990（15—20）
5	石碱、菜太咸、马齿苋、苋菜	14—18	近几年

资料来源：依据郭骏（2009a：125）表2整理。

按照新式出现时间段的不同可以把107个词语分成五组：第一组词语大致出现在1955—1958年期间（也反映了普通话词语"替换、风俗习惯、睡觉、嫁人、老鼠"等进入的时间），大约已产生47—50年；第二组词语大致出现在1965—1971年期间（也反映出普通话词语"犯罪、摔了一跤、角度、传染"等进入的时间），大约已产生34—40年；第三组词语大致出现在1977—1982年期间，大约已产生23—28年（反映出普通话词语"回家"进入的时间）；第四组词语大致出现在1985—1990年期间，大约已产生15—20年；第五组词语大致出现在近几年。

可见，这107个词语在新式的出现时间上也存在着鲜明的层次性。

（三）声母变项与韵母变项、声调变项中新式出现时间的对应情况

声母变项与韵母变项、声调变项所涉及的词语有49个是相同的，两者所涉及词语中调查字新式出现的时间层次大多数都是相同的。但由于是从不同角度推算的，因此也存在同一个词语在声母变项与韵母变项、声调变项中新式出现在不同时间层次的问题。其具体对应情况如下：

（1）新式在声母变项中出现在第一时间层次的有13个词语（哑巴、发热、牙齿、过日子、虾子、车子、淹水、颜色、出嫁、嫁人、教书、扇子、睡觉）与韵母变项、声调变项出现在第一时间层次的相同，但有4个词语（发软、怄气、蛇、吃藕）发生了变化。在韵母变项、声调变项中"发软、怄气、吃藕"到了第二层次，"蛇"则到了第三层次。

（2）新式在声母变项中出现在第二时间层次中的有，19个词语（揶饭、眼睛、反咬一口、戒烟、角度、跪下来、秘书、染布、染料、传染、染脏、铅笔、一间房子、掼（跌）跤、摔了一跤、黄鳝、敲门、搬家、痰盂）与韵母变项、声调变项出现在第二时间层次的相同，但有3个词语（饭太硬、老鼠子、老鼠）发生了变化。在韵母变项、声调变项中"老鼠子、老鼠"到了第一层次，"饭太硬"则到了第三层次。

（3）新式在声母变项中出现在第三时间层次中的有6个词语（回家、白酒巷、庙巷、牛角、家里、巷子）与韵母变项、声调变项出现在第三时间层次的相同。

（4）新式在声母变项中出现在第四时间层次中的有4个词语（石碱、菜太咸、马齿苋、苋菜）与韵母变项、声调变项出现在第五时间层次的相同。在韵母变项、声调变项中"通济街"出现在第三层次，"上街、街上"的"街"的韵母受访者对子女说时出现新式 $t\varsigma ie^{32}$，自己日常仍说旧式 $k\varepsilon^{32}$。

三、方向性特征分析

（一）街上话与普通话的接近度分析

1.语音系统比较

江淮官话属于官话方言。街上话属于江淮官话，与普通话自然会存在一些共同点，即具有可比性。我们可以通过声韵调比较，观察两者是否存在一定的接近度。普通话韵母依据王理嘉《汉语拼音运动与汉民族标准语》中的"普通话韵母宽式标音和严式标音对照表"（2003：92），采用宽式标音，街上话的韵母也采用宽式标音。

（1）声母比较：街上话声母19个，普通话声母21个。街上话有p、pʻ、m、f、t、tʻ、l、ts、tsʻ、s、tɕ、tɕʻ、ɕ、k、kʻ、ø等16个声母（占84%）与普通话相同；街上话比普通话多了2个声母ŋ和z，少了5个声母n和tʂ、tʻʂ、ʂ、ʐ；h与x相近，只是发音部位一个在喉部、一个在舌根。

（2）韵母比较：街上话韵母38个，普通话韵母39个，数量上较接近。街上话有ɿ、a、ɛ、ei、ən、aŋ、i、ia、iɛ、in、iaŋ、u、ua、uei、uaŋ、uən、y、yn等18个韵母（占47%）与普通话相同。街上话多了əʔ、aʔ、iɿʔ、iaʔ、uəʔ、uaʔ、yəʔ等7个以喉塞音ʔ为韵尾的韵母。

（3）声调比较：调类上，街上话除了多一个入声，其他与普通话相同；调型上，街上话阳平和上声的调型与普通话相同，且具体调值也非常接近。

通过比较（见表4-6）可以发现：街上话的声、韵、调与普通话的声、韵、调（限于调类）有一定的相同比例，表明街上话与普通话在语音上有一定的接近度。

表4-6　街上话与普通话的语音系统比较表

语音系统	街上话	普通话
声母	p、pʻ、m	p、pʻ、m
	f	f
	t、tʻ、l	t、tʻ、n、l
	ts、tsʻ、s、z	ts、tsʻ、s
		tʂ、tʻʂ、ʂ、ʐ
	tɕ、tɕʻ、ɕ	tɕ、tɕʻ、ɕ
	k、kʻ、ŋ、h	k、kʻ、x
	ø	ø
韵母	ɿ、ʮ、a、ɛ、æ、ʊ、ɔ、əu、ei、aŋ、ən、oŋ、əʏ、aʏ	ɿ、ʅ、ər、a、o、ɤ、ɛ、ai、ei、au、ou、an、ən、aŋ、əŋ

（续表）

语音系统		街上话	普通话
韵母		i、ia、iɛ、iu、ɔ、iɪ、iaŋ、in、ioŋ、iɪʔ、iaʔ	i、ia、iɛ、iau、iou、ian、in、iaŋ、iŋ
		u、ua、uɛ、uæ、uei、uaŋ、uən、uəʔ、uaʔ	u、ua、uo、uai、uei、uan、uən、uaŋ、uəŋ、uŋ
		y、yɪ、yn、yəʔ	y、yɛ、yan、yn、yŋ
声调	阴平（32）		阴平（55）
	阳平（24）		阳平（35）
	上声（312）		上声（214）
	去声（55）		去声（51）
	入声（31）		

2. 接近度分析

上文语音系统比较已表明，溧水街上话与普通话存在一定的接近度。但到底存在多大的接近度，则需要进行接近度分析。

（1）量化标准的设立

要分清街上话语音变项中各种变式与普通话语音的接近度必须进行量化处理，否则难以划分出两者之间度的差别。这里我们将各种变式中的声韵调与普通话的声韵调三方面相比较，分出"不同"、"相近"和"相同"三种情况，分别设指数为"0"、"1"和"2"。这样声母或韵母"不同"指数为0、声母或韵母"相近"指数为1、声母或韵母"相同"指数为2；调类调值均"不同"指数为0、调类"相同"指数为1、调类调值均"相同"指数为2。这里的"相近"，就声母而言是指街上话声母与普通话声母发音方法相同、发音部位稍有不同，但却是街上话中最接近普通话的声母；就韵母而言是指韵母的音值相对街上话中的其他韵母而言与普通话相对应韵母的音值最为接近；就声调而言是指调类相同，调值不同。这里的"相同"，指街上话的声母、韵母与普通话的声母、韵母一致，调类和调值也一致。这里的"不同"，指街上话的声韵调与普通话的声韵调既不相同也不相近。根据这个量化标准即可计算出整体音节层面92个语音变项中每一个变式与普通话语音在整体上的接近度。

（2）接近度分析

现可依据量化标准来分析街上话语音变项中不同变式与普通话语音存在的具体的接近度。虑及语音变项有两变式（旧式和新式）和三变式（旧式、过渡式和新式）之分，所以分两类来做具体的量化分析。具体分析见表4-7和表4-8。

通过表4-7和表4-8的具体量化分析可以得出旧式、过渡式、新式与普通话语音的接近指数：旧式的92个音节与普通话语音的接近总指数为177，平均指数为1.92；过渡式的24个音节与普通话语音的接近总指数为58，平均指数为2.42；新式的92个音节与普通话语音的接近总指数为376，平均指数为4.09。这就显示出旧式、过渡式、新式三种变式与普通话语音接近度之间的差异：旧式（1.92）＜过渡式（2.42）＜新式（4.09）。

表4-7　语音变项中两变式（旧式、新式）与普通话语音的接近度分析表

调查字	旧式	新式	普通话语音	旧式与普通话语音的接近指数	新式与普通话语音的接近指数
车	tɕʻiɿ³²	tsʻei³²	tʂʐɣ⁵⁵	1（0+0+1）	3（1+1+1）
扇	ɕiɿ⁵⁵	sæ⁵⁵	ʂan⁵¹	1（0+0+1）	3（1+1+1）
鳝	ɕiɿ⁰	sæ⁵⁵	ʂan⁵¹	0（0+0+0）	3（1+1+1）
芮	suei⁵⁵	zuei⁵⁵	ʐuei⁵¹	3（0+2+1）	4（1+2+1）
热	liɿʔ³¹	zəʔ³¹	ʐɣ⁵¹	0（0+0+0）	2（1+1+0）
日	liɿʔ³¹	zəʔ³¹	ʐʅ⁵¹	0（0+0+0）	2（1+1+0）
染	iɿ³¹²	zæ³¹²	ʐan²¹⁴	1（0+0+1）	3（1+1+1）
安	ŋæ³²	æ³²	an⁵⁵	2（0+1+1）	4（2+1+1）
间	kæ³²	tɕiɿ³²	tɕian⁵⁵	1（0+0+1）	4（2+1+1）
碱	kæ³¹²	tɕiɿ³¹²	tɕian²¹⁴	1（0+0+1）	4（2+1+1）
铅	kʻæ³²	tɕʻiɿ³²	tɕʻian⁵⁵	1（0+0+1）	4（2+1+1）
袄	ŋɔ³¹²	ɔ³¹²	au²¹⁴	2（0+1+1）	4（2+1+1）
教	kɔ³²	tɕiɔ³²	tɕiau⁵⁵	1（0+0+1）	4（2+1+1）
觉	kɔ⁵⁵	tɕiɔ⁵⁵	tɕiau⁵¹	1（0+0+1）	4（2+1+1）
跤	kɔ³²	tɕiɔ³²	tɕiau⁵⁵	1（0+0+1）	4（2+1+1）
敲	kʻɔ³²	tɕʻiɔ³²	tɕʻiau⁵⁵	1（0+0+1）	4（2+1+1）

（续表）

调查字	旧式	新式	普通话语音	旧式与普通话语音的接近指数	新式与普通话语音的接近指数
家	ka^{32}	tɕia^{32}	tɕia^{55}	1（0+0+1）	5（2+2+1）
嫁	ka^{55}	tɕia^{55}	tɕia^{51}	1（0+0+1）	5（2+2+1）
跪	kʻuei^{312}	kuei^{55}	kuei^{51}	2（0+2+0）	5（2+2+1）
矮	ŋɛ^{312}	ɛ^{312}	ai^{214}	2（0+1+1）	4（2+1+1）
癌	ŋɛ^{24}	ɛ^{24}	ai^{35}	2（0+1+1）	4（2+1+1）
昂	ŋaŋ^{24}	aŋ^{24}	aŋ^{35}	3（0+2+1）	5（2+2+1）
恩	ŋən^{32}	ən^{32}	ən^{55}	3（0+2+1）	5（2+2+1）
额	ŋəʔ^{31}	əʔ^{31}	ɤ^{35}	1（0+1+0）	3（2+1+0）
机	ŋəʔ^{31}	əʔ^{31}	u^{51}	0（0+0+0）	2（2+0+0）
虾	ha^{32}	ɕia^{32}	ɕia^{55}	1（0+0+1）	5（2+2+1）
绿	ləʔ^{31}	ly^{55}	ly^{51}	2（2+0+0）	5（2+2+1）
挖	uaʔ^{31}	ua^{32}	ua^{55}	3（2+1+0）	5（2+2+1）
苋	hæ^{55}	ɕiɪ^{55}	ɕian^{51}	1（0+0+1）	4（2+1+1）
咸	hæ^{24}	ɕiɪ^{24}	ɕian^{35}	1（0+0+1）	4（2+1+1）
驴	lu^{24}	ly^{24}	ly^{35}	3（2+0+1）	5（2+2+1）
盂	lu^{24}	y^{24}	y^{35}	1（0+0+1）	5（2+2+1）
嘴	tsei^{312}	tsuei^{312}	tsuei^{214}	3（2+0+1）	5（2+2+1）
罪	tsei^{55}	tsuei^{55}	tsuei^{51}	3（2+0+1）	5（2+2+1）
催	tsʻei^{32}	tsʻuei^{32}	tsʻuei^{55}	3（2+0+1）	5（2+2+1）
岁	sei^{55}	suei^{55}	suei^{51}	3（2+0+1）	5（2+2+1）
薛	ɕiɪʔ^{31}	ɕyəʔ^{31}	ɕyɛ^{55}	2（2+0+0）	3（2+1+0）
搬	pu^{32}	pæ^{32}	pan^{55}	3（2+0+1）	4（2+1+1）
半	pu^{55}	pæ^{55}	pan^{51}	3（2+0+1）	4（2+1+1）
盘	pʻʊ^{24}	pʻæ^{24}	pʻan^{35}	3（2+0+1）	4（2+1+1）
馒	mʊ^{24}	mæ^{24}	man^{35}	3（2+0+1）	4（2+1+1）
满	mʊ^{312}	mæ^{312}	man^{214}	3（2+0+1）	4（2+1+1）
鳗	mʊ^{24}	mæ^{24}	man^{35}	3（2+0+1）	4（2+1+1）
坛	tʻʊ^{24}	tʻæ^{24}	tʻan^{35}	3（2+0+1）	4（2+1+1）
端	tʊ^{32}	tuæ^{32}	tuan^{55}	3（2+0+1）	4（2+1+1）

（续表）

调查字	旧式	新式	普通话语音	旧式与普通话语音的接近指数	新式与普通话语音的接近指数
团	tʻʊ²⁴	tʻuæ²⁴	tʻuan³⁵	3（2+0+1）	4（2+1+1）
暖	lʊ³¹²	luæ³¹²	luan²¹⁴	3（2+0+1）	4（2+1+1）
蒜	sʊ⁵⁵	suæ⁵⁵	suan⁵¹	3（2+0+1）	4（2+1+1）
酸	sʊ³²	suæ³²	suan⁵⁵	3（2+0+1）	4（2+1+1）
换	hʊ⁵⁵	huæ⁵⁵	xuan⁵¹	2（1+0+1）	3（1+1+1）
唤	hʊ⁵⁵	huæ⁵⁵	xuan⁵¹	2（1+0+1）	3（1+1+1）
豌	ʊ³²	uæ³²	uan⁵⁵	3（2+0+1）	4（2+1+1）
余	tsʻʊ³²	tsʻuæ³²	tsʻuan⁵⁵	3（2+0+1）	4（2+1+1）
乱	lʊ⁵⁵	luæ⁵⁵	luan⁵¹	3（2+0+1）	4（2+1+1）
村	tsʻən³²	tsʻuən³²	tsʻuən⁵⁵	3（2+0+1）	5（2+2+1）
寸	tsʻən⁵⁵	tsʻuən⁵⁵	tsʻuən⁵¹	3（2+0+1）	5（2+2+1）
孙	sən³²	suən³²	suən⁵⁵	3（2+0+1）	5（2+2+1）
笋	sən³¹²	suən³¹²	suən²¹⁴	3（2+0+1）	5（2+2+1）
唇	tɕʻyn²⁴	tsʻuən²⁴	tʂʻuən³⁵	1（0+0+1）	4（1+2+1）
涨	tsæ³¹²	tsaŋ³¹²	tʂaŋ²¹⁴	2（1+0+1）	4（1+2+1）
肠	tsʻæ²⁴	tsʻaŋ²⁴	tʂʻaŋ³⁵	2（1+0+1）	4（1+2+1）
上	sæ⁵⁵	saŋ⁵⁵	ʂaŋ⁵¹	2（1+0+1）	4（1+2+1）
讲	tɕiɛ³¹²	tɕiaŋ³¹²	tɕiaŋ²¹⁴	4（2+1+1）	5（2+2+1）
墙	tɕʻiɛ²⁴	tɕʻiaŋ²⁴	tɕʻiaŋ³⁵	4（2+1+1）	5（2+2+1）
香	ɕiɛ³²	ɕiaŋ³²	ɕiaŋ⁵⁵	4（2+1+1）	5（2+2+1）
样	iɛ⁵⁵	iaŋ⁵⁵	iaŋ⁵¹	4（2+1+1）	5（2+2+1）
朋	pʻoŋ²⁴	pʻən²⁴	pʻəŋ³⁵	3（2+0+1）	4（2+1+1）
横	huən²⁴	hən²⁴	xəŋ³⁵	2（1+0+1）	3（1+1+1）
俗	səʔ³¹	suəʔ³¹	su³⁵	2（2+0+0）	3（2+1+0）
茵	ʊ³²	əu³²	uo⁵⁵	3（2+0+1）	4（2+1+1）
总接近指数				152	286

注：接近指数分0、1、2三种情况。0表示不同，1表示相近，2表示相同。如接近指数为"1（0+0+1）"，括号中"0+0+1"表示声母"不同"指数为0，韵母"不同"指数为0，声调"相近"（调类相同）指数为1；括号外"1"表示声韵调接近度总指数，即0+0+1=1。表4-8接近指数标注与此表相同。

表4-8　语音变项中三变式（旧式、过渡式和新式）与普通话语音的接近度分析表

调查字	旧式	过渡式	新式	普通话语音	旧式与普通话语音的接近指数	过渡式与普通话语音的接近指数	新式与普通话语音的接近指数
藕	ηei^{312}	ei^{312}	∂u^{312}	ou^{214}	1（0+0+1）	3（2+0+1）	4（2+1+1）
怄	ηei^{55}	ei^{55}	∂u^{55}	ou^{51}	1（0+0+1）	3（2+0+1）	4（2+1+1）
淹	$\eta æ^{32}$	$æ^{32}$	$i\textrm{ɿ}^{32}$	ian^{55}	1（0+0+1）	3（2+0+1）	4（2+1+1）
颜	$\eta æ^{24}$	$æ^{24}$	$i\textrm{ɿ}^{24}$	ian^{35}	1（0+0+1）	3（2+0+1）	4（2+1+1）
眼	$\eta æ^{312}$	$æ^{312}$	$i\textrm{ɿ}^{312}$	ian^{214}	1（0+0+1）	3（2+0+1）	4（2+1+1）
咬	$\eta \textrm{ɔ}^{312}$	$\textrm{ɔ}^{312}$	$i\textrm{ɔ}^{312}$	iau^{214}	1（0+0+1）	3（2+0+1）	4（2+1+1）
揿	ηa^{32}	a^{32}	ia^{32}	ia^{55}	1（0+0+1）	3（2+0+1）	5（2+2+1）
牙	ηa^{24}	a^{24}	ia^{24}	ia^{35}	1（0+0+1）	3（2+0+1）	5（2+2+1）
哑	ηa^{312}	a^{312}	ia^{312}	ia^{214}	1（0+0+1）	3（2+0+1）	5（2+2+1）
硬	$\eta \partial n^{55}$	∂n^{55}	in^{55}	$i\eta^{51}$	1（0+0+1）	3（2+0+1）	4（2+1+1）
巷	$ha\eta^{55}$	$\textrm{ɕ}ie^{55}$	$\textrm{ɕ}ia\eta^{55}$	$\textrm{ɕ}ia\eta^{51}$	1（0+0+1）	3（2+0+1）	5（2+2+1）
初	$ts\textrm{ʻ}\partial u^{32}$	$ts\textrm{ʻʅ}^{32}$	$ts\textrm{ʻ}u^{32}$	$t\textrm{ʂʻ}u^{55}$	2（1+0+1）	2（1+0+1）	4（1+2+1）
砖	tsu^{32}	$t\textrm{ɕ}y\textrm{ɿ}^{32}$	$tsuæ^{32}$	$t\textrm{ʂ}uan^{55}$	2（1+0+1）	1（0+0+1）	3（1+1+1）
穿	$ts\textrm{ʻʊ}^{32}$	$t\textrm{ɕʻ}y\textrm{ɿ}^{32}$	$ts\textrm{ʻ}uæ^{32}$	$t\textrm{ʂʻ}uan^{55}$	2（1+0+1）	1（0+0+1）	3（1+1+1）
船	$ts\textrm{ʻʊ}^{24}$	$t\textrm{ɕʻ}y\textrm{ɿ}^{24}$	$ts\textrm{ʻ}uæ^{24}$	$t\textrm{ʂʻ}uan^{35}$	2（1+0+1）	1（0+0+1）	3（1+1+1）
戒	ke^{55}	$t\textrm{ɕ}i\textrm{ɿ}^{55}$	$t\textrm{ɕ}ie^{55}$	$t\textrm{ɕ}ie^{51}$	1（0+0+1）	3（2+0+1）	5（2+2+1）
街	ke^{32}	$t\textrm{ɕ}i\textrm{ɿ}^{32}$	$t\textrm{ɕ}ie^{32}$	$t\textrm{ɕ}i\textrm{ɛ}^{55}$	1（0+0+1）	3（2+0+1）	5（2+2+1）
角	$k\partial\textrm{ʔ}^{31}$	$t\textrm{ɕ}y\partial\textrm{ʔ}^{31}/t\textrm{ɕ}ia\textrm{ʔ}^{31}$	$t\textrm{ɕ}i\textrm{ɔ}^{312}$	$t\textrm{ɕ}iau^{214}$	0（0+0+0）	2（2+0+0）/2（2+0+0）	4（2+1+1）
秘	pi^{55}	$mi\textrm{ɿʔ}^{31}$	mi^{55}	mi^{51}	1（0+0+1）	2（2+0+0）	5（2+2+1）
蛇	$\textrm{ɕ}i\textrm{ɿ}^{24}$	sei^{24}	$s\partial^{24}$	$\textrm{ʂʯ}^{35}$	1（0+0+1）	2（1+0+1）	3（1+1+1）
鼠	$ts\textrm{ʻ}uei^{312}$	$ts\textrm{ʻʅ}^{312}/ts\textrm{ʻ}u^{312}$	su^{312}	$\textrm{ʂ}u^{214}$	1（0+0+1）	1（0+0+1）/3（0+2+1）	4（1+2+1）
软	$y\textrm{ɿ}^{312}$	$z\textrm{ʊ}^{312}$	$zuæ^{312}$	$\textrm{ʐ}uan^{214}$	1（0+0+1）	2（1+0+1）	3（1+1+1）
总接近指数					25	58	90

（二）街上话与南京话的语音系统比较

街上话与南京话同属于江淮方言区"南京片"（江苏省地方志编纂委员会，1998：26）和洪巢片（贺巍，1985：163、165；刘祥柏，2007：353；钱曾怡，

2010：289—290）①，自然存在着许多共同特征。那么街上话与南京话是否也存在一定的接近度呢？下面将做详细分析。

1. 南京话的语音特点

南京话既具有江淮方言的共同特点，如没有浊塞音和浊塞擦音声母，n/l不分，有一个收喉塞音ʔ的入声调，还有一些区别于其他江淮方言尤其是江苏境内江淮方言的特点，依照刘丹青（1994：92、98）的分析，主要有8个特点，除4、7外"都显示南京方言比其他江淮官话更接近北京话"。赵元任在《南京音系》中曾概括出南京音的9个特点（2002：294—295），其中第2、5、7、8个特点涉及刘丹青所概括的第2、3、4、6、8个特点。南京方言8个特点具体如下：

（1）帮组通摄字（如"蓬、蒙、风"）和帮组臻摄字（如"盆、门、分"）同音，韵母为ən（《江苏省志·方言志》标为əŋ见表4-9），在北京话及其他北方话中韵尾有别；

（2）有舌尖元音的入声韵ʅʔ，在江淮方言的其他方言中入声韵尾ʔ一般不能出现在舌尖元音后；

（3）有高元音入声韵iʔ、uʔ，在江淮方言的其他方言中入声韵尾ʔ一般不在高元音后直接出现；

（4）ts组声母可以与i相拼，在江淮方言的其他方言中普遍不存在；

（5）系统区分ts组和tʂ组，在江淮方言的其他方言中多数不分，一般只有ts组；

（6）见晓组中的桓韵（如"官、豌"）和山删合口韵（如"关"）不分，帮组中的桓韵（如"判"）和山删韵不分，都念uaŋ（见组）和aŋ（帮组）（《江苏省志·方言志》标为uã和ã，见表4-9），与北京话一致，在江淮方言的其他方言中都各分为两韵；

---

① 《江苏省志·方言志》将江苏境内的江淮方言区划分为"南京片、扬淮片、通泰片"等三片，街上话与南京话同属南京片；贺巍、刘祥柏、钱曾怡等将全国范围内的江淮方言区划分为"洪巢片、泰如片、黄孝片"等三片，街上话与南京话同属洪巢片。

（7）咸山摄一二等字（如"三"）、宕摄一等字（如"桑"）和江摄二等字（如"窗"）不分，都念aŋ或uaŋ（《江苏省志·方言志》标为ã和uã，见表4-9），在江淮方言的其他方言中是不多见的；

（8）有复韵母ae（如"袋"）和ɔo（如"包"）（《江苏省志·方言志》标为ε和ɔ，见"南京方言同音字汇"），在江淮方言的其他方言中多数是单韵母。

2. 语音系统比较

街上话与南京话一样具有江淮方言的一些共同特点，如没有浊塞音和浊塞擦音声母，n/l不分，有一个收喉塞音ʔ的入声调等，但南京话还存在8个区别于其他江淮方言尤其是江苏境内江淮方言的特点，街上话除第6条与南京话部分相同（如"官-关"，中老年人不同音，青年人同音）外，其他特点均不具有：帮组通摄字（如"蓬、蒙、风"）和帮组臻摄字（如"盆、门、分"）不同音，分别为oŋ和ən；没有舌尖元音的入声韵ʅʔ和高元音入声韵iʔ、uʔ；ts组声母不与i相拼；ts组和tʂ组不分，只有ts组；咸山摄一二等字（如"三"）和宕摄一等字（如"桑"）分读为æ和aŋ；复韵母ae（如"袋"）和ɔo（如"包"）为单韵母ε和ɔ。总之，街上话比南京话具有更多的江淮方言的共同特点，而南京话则具有其自身的特点，两者之间差距较大。

目前对南京话语音系统的整理有较大影响的主要有两个：一个是《南京方言词典·引论》中的"南京方言的声韵调"，"以城南最老派语音为标准"（刘丹青，1995：11）；一个是《江苏省志·方言志》中的"南京音系"（1998：31—32），作者虽未明确指出语音标准，但通过音系中"无y而有y-"的记录可以确定所记录的是老派语音。就本研究而言选择哪一个来做比较都是可行的，它们都属于老南京话，对分析结果没有多大影响。但鉴于《江苏省志·方言志》中还收有"南京方言同音字汇"，便于一一查核所调查字的南京话的发音，所以采用《江苏省志·方言志》中的"南京音系"来跟街上话做比较就显得更合适些。下面分声母、韵母和声调三方面做具体比较，见表4-9。

表4-9　街上话与南京话的语音系统比较表

语音系统	街上话	南京话
声母	p、p‘、m	p、p‘、m
	f	f
	t、t‘、l	t、t‘、l
	ts、ts‘、s、z	ts、ts‘、s
		tʂ、t‘ʂ、ʂ、ʐ
	tɕ、tɕ‘、ɕ	tɕ、tɕ‘、ɕ
	k、k‘、ŋ、h	k、k‘、x
	ø	ø
韵母	ɿ、ʮ、a、ɛ、æ、ʊ、ɔ、əu、ei、aŋ、ən、oŋ、əʔ、aʔ	ɿ、ʅ、a、ɛ、e、o、ɔ、əi、əɯ、ɚ、ã、ẽ、əŋ、oŋ、ɿʔ、aʔ、ɛʔ、eʔ、oʔ
	i、ia、iɛ、iʊ、iɔ、ii、iaŋ、in、ioŋ、iiʔ、iaʔ	i、ia、iɛ、ie、iɔ、iəɯ、iã、iẽ、iŋ、ioŋ、iʔ、iaʔ、ieʔ、ioʔ
	u、ua、uɛ、uæ、uei、uaŋ、uən、uəʔ、uaʔ	u、ua、uɛ、uəi、iəu、uã、uəŋ、uʔ、uaʔ、uɛ
	y、yɪ、yn、yəʔ	ye、yẽ、yəŋ、yeʔ
声调	阴平（32）	阴平（31）
	阳平（24）	阳平（24）
	上声（312）	上声（11）
	去声（55）	去声（44）
	入声（31）	入声（5）

（1）声母比较：街上话声母19个，南京话声母21个。街上话与南京话有p、p‘、m、f、t、t‘、l、ts、ts‘、s、tɕ、tɕ‘、ɕ、k、k‘、ø等16个声母（占84%）完全相同；街上话与南京话均无鼻音声母n；街上话比南京话多了2个声母ŋ和z，少了4个声母tʂ、t‘ʂ、ʂ、ʐ，h与x相近，只是发音部位一个在喉部、一个在舌根。就声母而言，街上话与南京话差异较小，南京话比街上话更接近普通话。

（2）韵母比较：不含自成音节的m̩、n̩、ŋ̍，街上话韵母38个，南京话韵母

46个，数量上有一定差别。街上话有ŋ、a、ɛ、ɔ、əu①、oŋ、aʔ、i、ia、iɛ、iɔ、ioŋ、iaʔ、u、ua、uɛ、uaʔ等17个韵母（占45%）与南京话完全相同。街上话与南京话均存在以喉塞音ʔ为韵尾的入声韵。街上话有三套7个入声韵（aʔ、iaʔ、uaʔ，əʔ、uəʔ、yəʔ，iʔ），南京话有五套13个入声韵（aʔ、iaʔ、uaʔ、ɛʔ、uɛʔ、eʔ、ieʔ、yeʔ、oʔ、ioʔ、ŋʔ、iʔ、uʔ），比街上话多两套6个，"这跟吴方言的特点比较一致"（侯精一，2002：36）。南京话有ɚ韵和两套鼻化韵（ã、iã、uã、ẽ、iẽ、yẽ），街上话则没有。总之，就韵母而言，街上话与南京话差异很大，街上话比南京话更接近普通话。

（3）声调比较：调类上，街上话与南京话相同；调型上，街上话的阴平、阳平和去声与南京话相同，具体调值也几乎相同，上声与入声的调型差别较大。

（三）向普通话靠拢的方向性分析

1. 从街上话与南京话、普通话的比较观察其向普通话靠拢的方向性

（1）街上话新式与南京话、普通话比较

现通过街上话新式中的声韵调跟南京话、普通话中该字的声韵调的比较来分析街上话新式向何种话靠拢的方向性问题。南京话的标音依据《江苏省志·方言志》的第一章"江淮方言区"第三节"代表点音系"中的"南京音系"和第七章"同音字汇"中的"南京方言同音字汇"（1998：31—38、563—598），但"鳗、驴、跤"3字未收；普通话的韵母依照王理嘉《汉语拼音运动与汉民族标准语》中"普通话韵母宽式标音和严式标音对照表"（2003：92），采用宽式标音。

根据街上话声母变项、韵母变项和声调变项中的新式与南京话、普通话声韵调的接近情况分为"不同"、"相近"与"相同"三种，与前文一致。具体比较见表4-10、表4-11、表4-12。

---

① 街上话的u实际发音为ɯ，因此街上话的əu的实际发音与南京话的əɯ相同。

表4-10　街上话声母变项中的新式与南京话、普通话声母接近情况对比表

例字	新式声母	南京话声母	与南京话接近情况	普通话声母	与普通话接近情况
牙、哑、挼、矮、癌、安、淹、眼、颜、袄、咬、藕、怄、恩、硬、昂、朹、额、盂	∅	∅	相同	∅	相同
间、碱、教、觉、戒、嫁、角、家、跤、街	tɕ	tɕ	相同	tɕ	相同
芮、热、日、软、染	z	ʐ	相近	ʐ	相近
苋、咸、虾、巷	ɕ	ɕ	相同	ɕ	相同
蛇、扇、鳝	s	ʂ	相近	ʂ	相近
敲、铅	tɕ'	tɕ'	相同	tɕ'	相同
跪	k	k	相同	k	相同
秘	m	p	不同	m	相同
鼠	s	tʂ'	不同	ʂ	相近
车	ts'	tʂ'	相近	tʂ'	相近

资料来源：依据郭骏（2009a：126）表3整理。

表4-11　街上话韵母变项中的新式与南京话、普通话韵母接近情况对比表

例字	新式韵母	南京话韵母	与南京话接近情况	普通话韵母	与普通话接近情况
搬、半、盘、馒、满、鳗、坛	æ	ã	不同	an	相近
团、端、暖、蒜、酸、换、唤、豌、氽、乱	uæ	uã	不同	uan	相近
砖、穿、船	uæ	uã	不同	uan	相近
驴、盂	y	i	不同	y	相同
嘴、催、岁、罪	uei	uəi	相近	uei	相同
村、寸、孙、笋	uən	uəŋ	相近	uən	相同
横	ən	uəŋ	不同	əŋ	相近
唇	uən	uəŋ	相近	uən	相同
肠、上、涨	aŋ	ã	不同	aŋ	相同
街、戒	iɛ	iɛ	相同	iɛ	相同
讲、墙、香、样	iaŋ	iã	不同	iaŋ	相同
朋	ən	əŋ	相近	əŋ	相近
薛	yəʔ	eʔ	不同	yɛ	相近
俗	uəʔ	uʔ	相近	u	相近
淹、眼、颜、间、碱、苋、咸、铅	ii	iẽ	不同	ian	相近

（续表）

例字	新式韵母	南京话韵母	与南京话接近情况	普通话韵母	与普通话接近情况
扇、鳝、染	æ	ã	不同	an	相近
咬、教、觉、跤、敲	ci	iɔ	相同	iau	相近
硬	in	iŋ	相近	iŋ	相近
牙、哑、拯、家、嫁、虾	ia	ia	相同	ia	相同
蛇	ə	e	相近	ɤ	相近
车	ei	e	相近	ɤ	相近
藕、怄	əu	ɯu	相同	ou	相近
巷	iaŋ	iã	不同	iaŋ	相同
绿	y	uʔ	不同	y	相同
角	iɔ	oʔ	不同	iau	相近
初	u	u	相同	u	相同
鼠	u	u	相同	u	相同
莴	əu	o	不同	uo	相近
秘	i	i	相同	i	相同
热、日	əʔ	ɛʔɛ、ʮʔ	不同	ɤ、ʅ	相近
软	uæ	uã	不同	uan	相近
挖	ua	uaʔ	相近	ua	相同

资料来源：依据郭骏（2009a：126）表4整理。

表4-12　街上话声调变项中的新式与南京话、普通话声调接近情况对比表

例字	新式声调	南京话声调	与南京话接近情况	普通话声调	与普通话接近情况
绿	去声（55）	入声（5）	不同	去声（51）	相近
挖	阴平（32）	入声（5）	不同	阴平（55）	相近
角	上声（312）	入声（5）	不同	上声（214）	相近
秘	去声（55）	去声（44）	相近	去声（51）	相近
鳝	去声（55）	去声（44）	相近	去声（51）	相近
跪	去声（55）	去声（44）	相近	去声（51）	相近

资料来源：郭骏（2009a：127）表5。

　　通过对街上话语音变项中的"新式"与南京话（指老南京话）、普通话声韵调接近情况的比较可以得出街上话与南京话、街上话与普通话的接近情况的两组数据。街上话与南京话接近情况是"相同"12处，"相近"15处，"不同"21处；街上话与普通话接近情况是"相同"20处，"相近"28处，"不同"0处。这两组数据已充分说明街上话语音变项中的"新式"与南京话共同点少、接近度低，与普通话共同点多、接近度高。因而可以排除街上话语音变项中的"新式"向南京话靠拢的可能性，也即确定向普通话靠拢的方向性。

　　在江淮方言中，南京话的语音系统虽然与普通话的语音系统最为接近（刘丹青，1994：98），而且新中国成立后也"开始明确地向普通话靠拢"，并且新南京话还"抛弃了方言性特强的一部分"（鲍明炜，1980：244—245）。南京话由于自身特征的逐渐淡化已很难对街上话的发展方向产生什么影响，再加上普通话强大的影响力和渗透力，就更难以产生较大的辐射力了。应该说是街上话与南京话各自结合自身方言特征，"按照向普通话靠拢的要求"（鲍明炜，1980：244），沿着各自的路子发展。这同时也说明"城镇方言向大中城市或中心城市的方言靠拢"（陈章太，2005b：51）的说法未必尽然，各地方言有各地方言自身发展的规律性，不宜一概而论。

　　（2）街上话三种不同变式与南京话语音特点比较

　　溧水隶属于南京市，南京是溧水最临近的大都市。就方言的地区地位看，南京话为强势方言，街上话为弱势方言；而"强势方言在它所在的方言区威望最高，因而成为弱势方言仿效的对象"（游汝杰、邹嘉彦，2004：73）。从强势方言对弱势方言的影响看，南京话极容易成为街上话仿效的对象，并且两者又同属江淮方言，本身就存在一些共同的语音特征。

　　刘丹青（1994）把南京方言分为最老、老、新和最新四派，前两派称为"老南京话"，后两派称为"新南京话"，并提出了南京话的8个语音特点（前三项是新老各派所共有，后五项是老南京话所独有），同时还分14项来说明南京话四派之间的语音差异。这样我们将街上话语音变项中的三种不同变式与南京方言的语音特点进行比较，即可判断街上话是否向南京话靠拢。

①街上话与老南京话语音特点比较

为便于比较，现将老南京话8个语音特点概括成：A. "风 / 分"同韵，B. 有 "ɣʔ" 韵，C. 有 "iʔ/uʔ/yʔ" 韵，D. "ts+i" 组合，E. "ts/tʂ" 系统区分，F. "官 / 碗"不分，G. "三 / 桑"不分，H. "袋 / 包"为复韵母。而街上话语音变式中无论是"旧式"、"过渡式"还是"新式"都没有一项与之相同，具体见表4-13。

表4-13　街上话与老南京话语音特点比较

编号	语音特点	老南京话	街上话	编号	语音特点	老南京话	街上话
1	风 / 分	韵同	韵不同	5	ts/tʂ	系统区分	只有ts组
2	ɣʔ	有	无	6	官 / 碗	不分	分
3	iʔ/uʔ/yʔ	有	无	7	三 / 桑	不分	分
4	ts+i	组合	不组合	8	袋 / 包	复韵母	单韵母

②街上话的新式与新南京话语音特点比较

为便于比较，现将新南京话的14项语音特点概括成：A. 不分尖团，B. "ie/ien/ieʔ"有介音i，C. 仍区分ts/tʂ，D. "车 / 蛇"韵母为ə/ə，E. 有 ie（街）无 iɛ，F. "菜 / 刀"韵母为ɛ/ɔ，G. "百 / 墨 / 责"韵母为əʔ，H. "板 / 绑、官 / 光"韵母 an / ɑŋ、uan /uɑŋ 分读，I. "荣 / 涌、辱 / 育" zoŋ^{24}/ioŋ^{11}、zuʔ^5/ yʔ^{5}分读，J. "家"韵母为 iɑ，K. "绿" 读 luʔ^5 ～ lyʔ^5（新派）/lyʔ^5 ～ ly^{44}（最新派），L. "去" 读 tɕ'y^{44}，M. 阴平调念41，N. 有个别儿化词。在14项语音特点中，街上话的新式除A、F、G项与新南京话相同，第D（"蛇"韵同）、H（"绑、光"韵同）、I（"涌"韵同）、K（"绿"与 ly^{44}声韵相同）、L（"去"[1]与 tɕ'y^{44}声韵相同）等项个别与新南京话相同外，其他均不相同。具体见表4-14。

---

① 未列入100组词语或习惯说法中加以调查，但在语言态度与语言使用情况调查时涉及。

表4-14　街上话新式与新南京话语音特点比较

编号	语音特点	新南京话	街上话新式	编号	语音特点	新南京话	街上话新式
1	尖团分合	不分	不分	8	板/绑、官/光	aŋ/ɑŋ, uan/uaŋ	æ/aŋ, uæ/uaŋ
2	ie/ien/ieʔ	有介音i	无此类韵母	9	荣、涌、辱/育	zoŋ/ioŋ、zuʔ/yʔ	ioŋ/ioŋ、zuəʔ/yəʔ
3	ts/tʂ	区分	不区分	10	家	iɑ	ia
4	车/蛇	ə/ə	ei/ə	11	绿	luʔ～lyʔ/lyʔ～ly	ly
5	iɛ（街）	ie, 无iɛ	iɛ, 无ie	12	去	tɕʻy⁴⁴	tɕʻy⁵⁵
6	菜、刀	ɔ/ɔ	ɛ/ɔ	13	阴平调	41	32
7	百/墨/责	əʔ	əʔ	14	儿化韵	有个别儿化词	无

　　两方面比较可见，街上话与老南京话、街上话新式与新南京话之间共同点极少。这表明街上话并没向强势方言南京话靠拢，与前文街上话语音变项中的新式与南京话、普通话比较所得出的结论相一致。

　　2. 从已有研究观察其向普通话靠拢的方向性

　　我们曾依据语音变异调查材料就街上话u元音变异情况做过详细分析。分析发现，u元音在新式中的出现始终围绕着普通话u元音及其组成的韵母来进行，新旧形式交替所呈现出的演变方向是不断向普通话靠拢：旧式中没有u介母而普通话有，新式中就出现u介母，如ei→uei、ən→uən、əʔ→uəʔ；旧式中有u介母而普通话没有，新式中u介母消失，如uən→ən；旧式中以u为单韵母而普通话是以y为单韵母，新式中出现单韵母y。只是交替过程略有不同，有的是新式直接代替旧式，如ʊ→uæ、ei→uei、ən→uən、əʔ→uəʔ、yn→uən、uən→ən；有的经过一个过渡，过渡式代替旧式，新式再代替过渡式，如ʊ→yɪ→uæ、yɪ→ʊ→uæ、uei→ʅ→u（郭骏，2005：75）。具体情况见表4-15。

表4-15　新旧形式替换的呈现过程与向普通话靠拢的方向性分析

例字	旧式	过渡式	新式	新旧形式替换所呈现出的过程与方向	普通话
团、端、暖、乱、蒜、酸、余、换、唤、豌	ʊ		uæ	ʊ→uæ	uan
砖、穿、船	ʊ	yɪ	uæ	ʊ→yɪ→uæ	uan
软	yɪ	ʊ	uæ	yɪ→ʊ→uæ	uan
嘴、催、岁、罪	ei		uei	ei→uei	uei
村、寸、孙、笋	ən		uən	ən→uən	uən
唇	yn		uən	yn→uən	uən
横	uən		ən	uən→ən	ən
俗	əʔ		uəʔ	əʔ→uəʔ	u
鼠	uei	ʮ	u	uei→ʮ→u	u
驴、盂	u		y	u→y	y

资料来源：郭骏（2005：76）表1，表题和内容做了调整。

3. 从语言态度与语言使用情况观察其向普通话靠拢的方向性

从54位以街上话为日常交际语言的居民的语言态度与语言使用情况调查看（详见前文），居民在街上话的变化、普通话的权威地位、街上话与普通话的接近度、子女说普通话等方面均存在着普遍的认同。这样的语言态度自然就决定了街上话的发展方向，那就是不断向普通话靠拢（郭骏，2007：134—140）。

（1）例证呈现出向普通话靠拢的演变方向

居民对街上话正在发生变化有着普遍的认同，这说明街上话正处于一个逐渐受普通话影响而不断向其靠拢的发展过程当中。受访者对街上话发展变化的主观印象可清楚地说明街上话方言特色逐渐淡化，从小孩起开始有让位于普通话的倾向。受访者所举例证也说明街上话在语音、词汇、语法三个方面都呈现出向普通话靠拢的发展趋势。

（2）双言制决定了向普通话靠拢的演变方向

① 街上话与普通话同时使用

居民语言使用情况调查显示：与本地人交谈主要使用街上话，与外地人或操普通话的人交谈主要使用普通话。除街上话，普通话绝大多数居民也都能熟练使用，而"乡下话"和其他话会说者甚少。可见居民均为街上话与普通话的双语者，具有熟练的双语能力和双语行为——与家人、本镇人和乡下人交谈用街上话，与外地人或操普通话的人交谈用普通话。

② 街上话与普通话双项认同

居民对普通话和街上话的情感价值评价最高。这说明居民对普通话和街上话存在着双项认同，并且普通话认同度高于街上话。

居民对街上话可懂度的评价比较高。这是对街上话交际功能的一种认同：既可用于本地人之间的交流，还可用于与外地人之间的交流。居民对街上话与普通话接近度的判断也反映了其对普通话的认同。可懂度与接近度的评判充分说明居民对街上话与普通话存在着双项认同。

子女的教育用语主张用普通话，子女的日常用语一半以上的受访者主张用普通话，近一半的受访者主张用街上话。或主张普通话，或主张街上话，没有人要求子女说其他话。这同样也说明居民对街上话与普通话存在着双项认同。从主张用普通话的受访者数量看，居民普通话的认同度高于街上话。

③ 双言制决定了方言的演变方向

街上话与普通话的同时使用（场合有别）与双项认同，表明街上话作为一种地域方言与普通话作为民族共同语在在城镇这个言语社区内并存共用。这说明居民的语言生活是一种地域方言和民族共同语在言语社区①内并存并用（陈章太，2005b：48）的双言制②，与我国汉语语言生活的基本特征相吻合。所不同的是我国汉语语言生活是地域方言与民族共同语并存共用、民族共同

---

① 原文用的是"言语共同体"。

② 美国语言学家弗格森（C. A. Ferguson）称为"双言现象"（diglossia）。他在《双言现象》一文中解释说，diglossia是仿照法语词diglossie造的，欧洲其他国家也用来表示"双语现象"（bilingualism）。陈恩泉认为可以把此现象叫作双语制，一种广义双语制。参见陈恩泉，《中国施行双语制度刍议》，载陈恩泉主编：《双语双方言与现代中国》，北京语言文化大学出版社，1999年版，第10页。

语起主导作用的双言制（陈章太，2005b：50），而溧水县城居民的语言生活是地域方言与民族共同语并存共用、以地域方言为主导的双言制。虽然从认同度看普通话要高于街上话，但从实际使用情况看，普通话（民族共同语）仍只限于与外地人或操普通话的人交流时使用，街上话（地域方言）使用频率高。

　　由于语言演变是在语言使用过程中发生与进行的，这种双言制能使街上话与普通话有面对面接触的机会，再加上县城居民对普通话的权威地位有着极高的认同度，自然就会有意或无意地将自己所说的街上话向普通话靠拢。这属于社会语言学交际适应理论（communication accommodation theory）中的靠拢（convergence）现象（徐大明等，1997：243）。就语音而言表现为调整其语音以便更接近普通话语音，就词汇而言表现为方言词语被普通话词语替换，就语法而言表现为方言语法特征的消失和普通话语法特征的出现。而街上话与南京话则缺少这样面对面接触的机会。同时，南京虽是溧水最临近的中心城市，但居民对南京话认同度却不高，这种较低的认同度自然会影响到居民的接受度。由此可见，街上话与普通话并存共用的双言制决定了街上话的演变方向只能是普通话而不可能是南京话。

　　4. 从街上话与普通话接近度分析结果观察其向普通话靠拢的方向性

　　（1）接近度分析结果反映出街上话向普通话靠拢的具体过程

　　前文分析所得出的三种不同变式与普通话接近度上的差异（过渡式高于旧式、新式高于过渡式）正反映出街上话向普通话靠拢是一个分步骤进行的过程，旧式→过渡式→新式。就新式而言，街上话与普通话在语音上已具有很高的接近度。如果街上话语音与普通话语音完全相同，那么92个音节与普通话语音的接近总指数应为552，平均接近指数为6.00；而这与新式的平均数之差仅有1.91（6.00 − 4.09 = 1.91）。这说明新式与普通话语音的差距已经很小了，见图4-1所示。

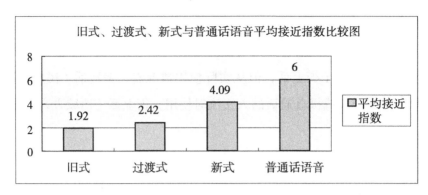

图4-1 旧式、过渡式、新式与普通话语音平均接近指数比较图

（2）接近度分析结果反映出街上话已具有浓重的普通话色彩

根据接近度分析结果我们可以推算出新式中含有原有方言色彩与含有普通话色彩的百分比。如果新式的每个音节都与普通话相同，92个音节与普通话语音的接近总指数应为552，而现在92个音节与普通话语音的接近总指数为376（参见前文），那么可以得出新式中接近普通话语音的成分占68.12%，原有方言语音的成分占31.88%。这充分说明语音变异已使街上话具有浓重的普通话色彩。

第二节　社会因素分析

社会语言学认为变异的产生既有来自语言内部的压力，也有来自语言外部的影响。外部影响主要与地域、说话人的社会身份、使用场合等因素相关。由于语音变异可能会因讲话人的年龄、性别、社会阶层和交际对象等的不同而采用不同的变式，呈现不同的社会分布，因此需要对语音变异与年龄、性别、社会阶层和交际对象等社会因素的相关性做具体分析。

一、年龄与语音变异

不同年龄的人说话存在着差异，这是一个不容争辩的事实。社会语言学把与年龄有关的语言变异分成两类：一类代表的是言语社区中正在发生的语言变化，称作"进行中的变化"；另一类代表的是言语社区中长期存在的年龄规范，称作"年龄级差"。当语言变异标示某一变化时，其最相关的社会因素就是年龄。社会语言学家也正是利用这种年龄上的语言的共时差异来研究语言的历时变化的。鉴于此，我们对所调查的四个年龄组出现的"新式"数据分声母变异、韵母变异和声调变异三方面做对比统计（见表4-16、表4-17、表4-18），观察语音变异在年龄上的分布情况，以分析年龄与语音变异之间的相关性。

表4-16　不同年龄组在声母变异中采用"新式"的
数据对比统计表（n=50）　　　单位：个，人

	年龄组			
	青少年组	青年组	中年组	中老年组
采用"新式"数	590	296	276	110
人数	20	10	10	10
人均数	29.5	29.6	27.6	11.0

表4-17　不同年龄组在韵母变异中采用"新式"的
数据对比统计表（n=50）　　　单位：个，人

	年龄组			
	青少年组	青年组	中年组	中老年组
采用"新式"数	1144	569	517	211
人数	20	10	10	10
人均数	57.2	56.9	51.7	21.1

表4-18　不同年龄组在声调变异中采用"新式"的
数据对比统计表（n=50）　　　单位：个，人

	年龄组			
	青少年组	青年组	中年组	中老年组
采用"新式"数	101	36	29	8
人数	20	10	10	10
人均数	5.1	3.6	2.9	0.8

依据表4-16、表4-17、表4-18中声母变异、韵母变异和声调变异采用新式的人均数可以画出"年龄与语音变异之间的相关性"图（见图4-2）。根据统计表和图4-2，我们可以清楚地发现：年龄与采用"新式"的数据成反比，年龄越大数据越小，年龄越小数据越大。说明"新式"增加的趋势与年轻的趋势保持一致，年轻人中间出现的"新式"率高。

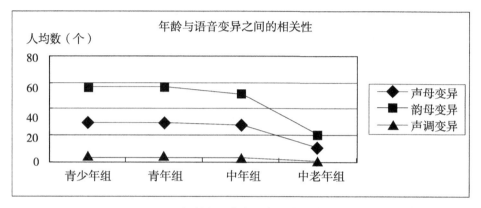

图4-2 年龄与语音变异之间的相关性

二、性别与语音变异

社会语言学家发现，男女语言差异更重要的还是社会性别所致。拉波夫早期对马萨葡萄园岛和纽约市的调查已将性别因素作为一个重要的社会语言学自变量来研究，是社会语言学具有性别特征的语言变异研究的起点。米尔罗伊夫妇曾经指出：性别差异在解释社会语言学变异的时候常常先于社会阶层因素对语言变异产生作用（1993：57—58）。

鉴于此，我们对所调查的四个年龄组中不同性别出现的"新式"数据分声母变异、韵母变异和声调变异三方面做对比统计（见表4-19、表4-20、表4-21），观察语音变异在性别上的分布情况，以分析性别与语音变异之间的相关性。由于中老年组只有一位女性，不便于分析，所以只就前三个年龄组的男女采用"新式"的数据做对比统计。前三个年龄组的男女人数比分别为：

10：10，5：5，4：6。

表4-19　不同性别在声母变异中采用新式的
数据对比统计表（n=40）　　　　　单位：个

年龄组	男性（%）	女性（%）	总计
青少年组	278（47.1）	312（52.9）	590
青年组	126（42.6）	170（57.4）	296
中年组	82（29.7）	194（70.3）	276
总计	486（41.8）	676（58.2）	1162

表4-20　不同性别在韵母变异中采用新式的
数据对比统计表（n=40）　　　　　单位：个

年龄组	男性（%）	女性（%）	总计
青少年组	566（49.5）	578（50.5）	1144
青年组	239（42.0）	330（58.0）	569
中年组	165（31.9）	352（68.1）	517
总计	970（43.5）	1260（56.5）	2230

表4-21　不同性别在声调变异中采用新式的
数据对比统计表（n=40）　　　　　单位：个

年龄组	男性（%）	女性（%）	总计
青少年组	50（49.5）	51（50.5）	101
青年组	12（33.3）	24（66.7）	36
中年组	9（31.0）	20（69.0）	29
总计	71（42.8）	95（57.2）	166

依据表4-19、表4-20、表4-21中声母变异、韵母变异和声调变异采用
新式总数的百分比可以画出"性别与语音变异之间的相关性"图（见图4-3）。
根据统计表与图4-3，我们可以清楚地发现：总体上看，女性明显领先于男
性；学生阶段性别差异不大；中青年女性与中青年男性差异明显，尤其是中
年女性与中年男性存在着极大的差异。由此可得出：中青年女性采用"新式"
比例高。勒文和克罗克特（Levine and Crockett）曾经证明在美国的一个地区，

"社会的言语形式向全国的标准语靠拢，是由青年、特别是中层阶级的中年妇女带头的"（彼得·特鲁杰，1985：168）。看来溧水的情况也如此。

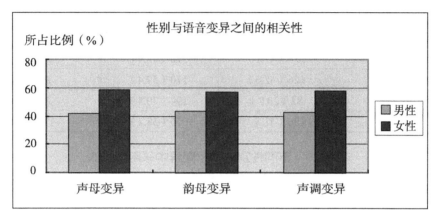

图4-3　性别与语音变异之间的相关性

三、社会阶层与语音变异

社会阶层一直以来都被当作社会语言学研究中的一个重要的外部影响因素。"社会阶层变项在语言变异，至少是在工业化地区的语言变异中，起到了十分关键的作用。任何一个有责任的社会研究者都不能回避，至少是在某个研究层面，考虑社会阶层变项"（Milroy and Gordon，2003：40）。拉波夫的纽约百货公司英语发音调查是闻名于世的一项社会语言学研究，他调查发现（r）变项有着明显的社会分层现象：比较高档的商店，其售货员发"-r"变式的频率要高于比较低档的商店。彼得·特鲁杰依据收入、教育水平、住宅类型、职业等因素把社会划分为五个阶层：中中阶层（MMC）、低中阶层（LMC）、上工阶层（UWC）、中工阶层（MWC）、下工阶层（LWC）（1985：152）。2002年中国社会科学院公布了一项研究报告，该报告以职业分类为基础，以组织资源、经济资源和文化资源的占有状况为标准，将当代中国社会划分为十大社会阶层：国家与社会管理者阶层，经理人员阶层，私营企业主阶层，专业技术人员阶层，办事人员阶层，个体工商户阶层，商业服务业员工阶层，产业工人阶层，农业劳动者阶层，城乡无业、失业、半失业人员阶层（陆学艺，2002：8—9）。

由于本次调查的受访者只涉及十大阶层中的经理人员阶层、私营企业主阶层、专业技术人员阶层、个体工商户阶层、商业服务业员工阶层、产业工人阶层等六个社会阶层，同时考虑到阶层之间职业上的相似性［因为"社会分层的一个最重要的指数就是职业区分"（拉波夫，1985：121）］和受访人数，将"经理人员阶层、私营企业主阶层、个体工商户阶层"三个阶层合并为"经营管理人员阶层"，故从经营管理人员阶层、专业技术人员阶层、商业服务业员工阶层、产业工人阶层等四个阶层来加以分析。学生的社会阶层难以确定，暂不做分析。退休人员据其退休前的职业来确定。统计人数为30人。

我们对所调查的四个社会阶层出现的"新式"数据分声母变异、韵母变异和声调变异三方面做对比统计（见表4-22、表4-23、表4-24），观察语音变异在社会阶层上的分布情况，以分析社会阶层与语音变异之间的相关性。依据表4-22、表4-23、表4-24中声母变异、韵母变异和声调变异采用"新式"的人均数可以画出"社会阶层与语音变异之间的相关性"图（见图4-4）。根据统计表与图4-4，我们可以清楚地发现四个社会阶层之间的差异显著：商业服务业员工阶层演变最快①，专业技术人员阶层其次，经营管理人员阶层再次，产业工人阶层最慢。由此可见语音变异已具有层化特征，对社会阶层有一定的标记作用，社会中间阶层的人演变得快，社会阶层低的人演变得慢。

表4-22　不同社会阶层在声母变异中采用"新式"的
数据对比统计表（n=30）　　　　单位：个，人

	社会阶层				总计
	经营管理人员	专业技术人员	商业服务业员工	产业工人	
采用"新式"数	117	262	237	66	682
人数	7	9	7	7	30
人均数	16.7	29.1	33.9	9.4	22.7

---

① 与性别也有一定的关系，商业服务业员工阶层女性所占比例较大。

表4-23 不同社会阶层在韵母变异中采用"新式"的
数据对比统计表（n=30） 单位：个，人

	社会阶层				总计
	经营管理人员	专业技术人员	商业服务业员工	产业工人	
采用"新式"数	221	460	474	138	1293
人数	7	9	7	7	30
人均数	31.6	51.1	67.7	19.7	43.1

表4-24 不同社会阶层在声调变异中采用"新式"的
数据对比统计表（n=30） 单位：个，人

	社会阶层				总计
	经营管理人员	专业技术人员	商业服务业员工	产业工人	
采用"新式"数	10	25	33	5	73
人数	7	9	7	7	30
人均数	1.4	2.8	4.7	0.7	2.4

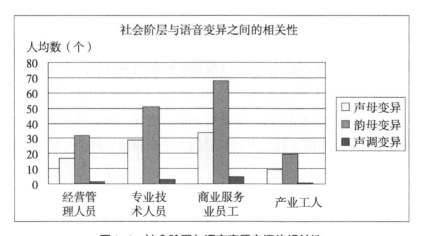

图4-4 社会阶层与语音变异之间的相关性

四、交际对象与语音变异

本次调查发现，对于同一词语受访者除存在过去的说法与现在的说法外，还存在因交际对象不同而选择不同变式的情况。主要有以下三种情况：

（一）对父母或老年人与对子女或年轻人选择不同变式

受访者中有人对父母或老年人采用"旧式"或"过渡式"，而对子女或年轻人则采用"新式"。如"船"，对父母采用"过渡式" $tɕʮ^{24}$、对子女采用"新式" $tsʻuæ^{24}$；"氽~猪肝汤"，对父母采用"旧式" $tsʻʋ^{32}$、对子女采用"新式" $tsʻuæ^{32}$；"戒~烟"，对父母采用"旧式" $kɛ^{55}$，对子女采用"新式" $tɕiɛ^{55}$；"蛇"，对父母采用"旧式" $ɕir^{24}$，对子女采用"新式" $sə^{24}$。又如"暖~和"，对父母或老年人采用"旧式" $lʋ^{312}$，对子女或年轻人采用"新式" $luæ^{312}$；"芮姓~"，对子女采用"新式" $zuei^{55}$，对父母采用"旧式" $suei^{55}$；"绿~颜色"，对父母采用"旧式" $ləʔ^{31}$，对子女采用"新式" ly^{55}。

（二）对父母与对同学选择不同变式

受访者中有人由于父母是外地人，所以对父母与对同学也会选择不同变式。如中年组一受访者，其父母为外地人（父亲句容人，母亲上海人），自己在县城长大，对同一词语会选择不同变式：对同学选择"旧式"，对父母则选择"新式"。如"鼠老~子"，对父母采用"新式" su^{312}，对同学采用"旧式" $tsʻuei^{312}$；又如说"乱~踩"，对父母采用"新式" $luæ^{55}$，对同学采用"旧式" $lʋ^{55}$。

（三）对内与对外选择不同变式

受访者中有人在与自己父母、熟人交谈时常采用"旧式"，在与外人交谈时常采用"新式"。如"氽~猪肝汤"，对父母采用"旧式" $tsʻʋ^{32}$，对外人采用"新式" $tsʻuæ^{32}$；"坛西~新村"，对熟人采用"旧式" $tʻʋ^{24}$，对外人采用新式 $tʻæ^{24}$；"船"，对父母采用"过渡式" $tɕʮ^{24}$，对外人采用"新式" $tsʻuæ^{24}$；"热发~"，对父母采用"旧式" lir^{31}，对外人则采用"新式" $zəʔ^{31}$。

由此可见，因交际对象不同而选择不同变式可能是语音变异的一个极其重要的转折点。所以交际对象的不同对语音变异也起着十分重要的作用。

通过以上对街上话语音变异的分布状况与年龄、性别、社会阶层、交际对象等社会因素之间相关性的分析可看出：语音变异因年龄、性别、社会阶层和交际对象等的不同而采用不同的变式，呈现出不同的社会分布；已形成一个明显的趋势，"新式"增加的趋势与年轻的趋势保持一致，年轻人出现的"新式"率高；商业服务业员工阶层的中青年女性采用"新式"率高。这正说明街上话的语音变异是一个进行中的语音变化，语音的共时变异反映了街上话语音50多年来的历时发展。

第五章 变异语言学分析：
制约机制与演变模式

制约是语言变异研究必须要回答的几个基本问题之一。演变模式也是语言变异研究必须要探讨的问题。本章将就溧水街上话语音变异的制约机制与演变模式问题展开讨论。

第一节 制约机制分析

语言变异研究表明，语言变异既可能受到语言结构因素的制约，也可能要受到社会特征因素的制约，有时是要受到语言结构与社会特征的双重制约。语言结构因素的制约，既有音系制约，也有词汇制约。在此，我们着重分析溧水街上话语音变异中语音系统与语音变异的双向制约情况和词汇类型对语音变异的制约情况。

一、内部制约机制分析

（一）语音系统制约机制分析

对照街上话的原有语音系统我们发现：声母变异中11个声母变项、韵母变异中32个韵母变项、声调变异中6个声调变项的新式几乎都是街上话语音系统中原有的声韵调，没有出现一个新声母，除ə韵母外没有出现别的新韵母，没有出现一种新声调；即使是新出现的ə也是原有韵母中的一个音素。可见新式都来自系统中最接近普通话的原有形式，存在"有与普通话相同形式则直接作为新式出现"和"没有与普通话相同形式则以最接近形式作为新式出现"两种情况。具体分析如下。

1. 有与普通话相同形式则直接作为新式出现

（1）声母变项中以与普通话相同声母作为新式出现

在声母变项新旧式交替过程中，以与普通话相同的声母作为新式出现。共有7个声母变项（例字在括号内列出）：1）p→m（秘）；2）l→ø（孟）；3）k→tɕ（间、碱、教、觉、跤、戒、街、家、嫁、角）；4）kʻ→k（跪）；5）kʻ→tɕʻ（敲、铅）；6）ŋ→ø（袄、安、藕、怄、矮、癌、昂、恩、额、杌、淹、颜、眼、咬、捱、牙、哑、硬）；7）h→ɕ（苋、咸、虾、巷）。

（2）韵母变项中以与普通话相同韵母作为新式出现

在韵母变项新式与旧式、过渡式交替过程中，以与普通话相同的韵母作为新式出现。共有15个韵母变项（例字在括号内列出）：1）u→y（驴、孟）；2）ei→uei（嘴、催、岁、罪）；3）ən→uən（村、寸、孙、笋）；4）uən→ən（横）；5）yn→uən（唇）；6）æ→aŋ（肠、上、涨）；7）ɛ/iɪ→iɛ（街、戒）；8）iɛ→iaŋ（讲、墙、香、样）；9）a→ia（捱、牙、哑、家、嫁、虾）；10）aŋ/iɛ→iaŋ（巷）；11）əʔ→y（绿）；12）əu/ʮ→u（初）；13）uei/ʮ→u（鼠）；14）i/iɪʔ→i（秘）；15）uaʔ→ua（挖）。

（3）声调变项中以与普通话调类相同的声调作为新式出现

在声调变项新式与旧式、过渡式交替过程中，以与普通话调类相同的声调作为新式出现。共有6个声调变项（例字在括号内列出）：1）入声→去声（绿）；2）入声→阴平（挖）；3）入声→上声（角）；4）轻声→去声（鳝）；5）上声→去声（跪）；6）去声/入声→去声（秘）。

2. 没有与普通话相同形式则以最接近形式作为新式出现

（1）声母变项中以与普通话声母相近声母作为新式出现

在声母变项新旧式交替过程中，以与普通话声母相近的声母作为新式出现。共有4个声母变项（例字在括号内列出）：1）tɕʻ→tsʻ（车）；2）ɕ→s（蛇、扇、鳝）；3）tsʻ→s（鼠）；4）s、l、ø→z（芮、热、日、软、染）。以与普通话 tʂ‘、ʂ、ʐ 最接近的 ts‘、s、z 等声母作为新式出现，具体出现情况见表 5-1。

（2）韵母变项中以与普通话韵母相近韵母作为新式出现

在韵母变项新式与旧式、过渡式交替过程中，以与普通话韵母相近的韵母作为新式出现。共有 16 个韵母变项（例字在括号内列出）：1）oŋ→ən（朋）；2）ən→in（硬）；3）ʊ→æ（搬、半、盘、馒、满、鳗、坛）；4）iɪ→æ（扇、鳝、染）；5）ʊ→uæ（团、端、暖、蒜、酸、换、唤、豌、佘、乱）；6）ʊ/yɪ→uæ（砖、穿、船）；7）yɪ/ʊ→uæ（软）；8）iɪ→ei（车）；9）æ→iɪ（淹、眼、颜、间、碱、苋、咸、铅）；10）ɔ→iɔ（咬、教、觉、跤、敲）；11）əʔ/yəʔ/iaʔ→iɔ（角）；12）ei→əu（藕、怄）；13）ʊ→əu（菵）；14）iɪʔ→yəʔ（薛）；15）əʔ→uəʔ（俗）；16）iɪʔ→əʔ（热、日）。以与普通话əŋ、iŋ、an、uan、ɤ、ian、iau、uo、yɛ、u、ʅ/ɤ 最接近的 ən、in、æ、uæ、ei、iɪ、iɔ、əu、yəʔ、uəʔ、əʔ 等韵母作为新式出现。具体出现情况详见表 5-1。

表 5-1 与普通话最接近的形式作为新式出现情况表

	声母	例字		韵母	例字
街上话（新式）	ts‘ s z	车、扇、鼠、热	街上话（新式）	ən in æ uæ ei iɪ iɔ əu yəʔ uəʔ əʔ	朋、硬、搬、酸、车、淹、咬、菵、薛、俗、日 / 热
普通话	tʂ‘ ʂ ʐ		普通话	əŋ iŋ an uan ɤ ian iau uo yɛ u ʅ/ɤ	

通过以上两种情况的分析可见，除 ə 韵母（蛇：sə²⁴）外其他语音变项中所有新式均为原有语音系统中与普通话相同或最接近的形式，即语音变异还没有完全改变街上话原有的语音特征。如街上话没有卷舌声母，新式中 ts‘、s、z 是原有声母形式，虽然最接近普通话卷舌声母 tʂ‘、ʂ、ʐ，但仍没有出现卷舌声母 tʂ、tʂ‘、ʂ、ʐ；街上话不分前后鼻音韵母，新式中 ən、in 是原有韵母形式，虽然最接近普通话后鼻音韵母 əŋ、iŋ，但还没有出现后鼻音韵母 əŋ 和 iŋ；街上话没有 an、uan 这样的鼻音韵母，新式中 æ、uæ 是原有韵母形式，虽然最接近普通话的 an、uan，但没有出现鼻音韵尾；街上话有入声韵，新式中 yəʔ、uəʔ、əʔ 是原有韵母形式，在自身系统中最接近普通话的 yɛ、u、ʅ，但其喉塞韵尾暂

时还不可能脱落。再如街上话新式中调类与普通话相同，但其调值仍是原有的。其实即使是新出现的ə韵母也是原有韵母中的一个音素，也未出现普通话的ɤ韵母。

由此，我们可以发现声母变异、韵母变异必须要受到没有卷舌声母、没有前后鼻音韵母的区分、部分韵母没有鼻音韵尾、仍要保持喉塞韵尾等原有语音系统自身特征的制约，或者说到目前为止还没有演变到产生卷舌声母、完全丢失喉塞韵尾等语音特征的地步。

综上所述，产生的新式都是系统中最接近普通话的原有形式，绝大多数新式仍保持原有语音系统的主要特征。这说明语音变异不能脱离原有的语音系统，都要靠原有的语音系统来调节，即语音变异要受语音系统自身的制约。"有的声母、韵母、声调呈现简化趋势，有的吸取普通话音韵系统中的某些成分，改变自身原有的某些成分，有的其音质向普通话靠拢，有的干脆把普通话的某些读音搬进去"（陈章太，2005b：50）等观点在此未能得到支持。可见方言向标准语靠拢，"也不是直接靠拢，而要受到自己原有的系统的制约"（刘勋宁，2004：21）。这可能也是语音演变的初始状态所具有的特征（郭骏，2005：76），因为街上话语音系统仍"具有很强的自足性"（刘勋宁，2004：21），居民仍有很强的认同感。

（二）词汇系统制约机制分析

由上文可知，同一字在不同词语中其新式的出现情况存在差异。这说明语音变异在受到语音系统制约的同时，也要受到词汇系统的制约。下面具体分析词汇系统对语音变异的制约情况。

1. 词汇扩散理论

词汇扩散是一种重要的音变方式。词汇扩散理论（lexical diffusion theory）是20世纪以来历史语言学两种最重要的新理论、新方法之一（徐通锵，1984：250）。词汇扩散理论由美籍华裔学者王士元（William S-Y Wang）于1969年发表在美国《语言》（Language）杂志上的《竞争性演变是残留的原因》（"Competing Changes as a Cause of Residue")[1]一文提出。词汇扩散理论认为：语音的变化是突然的、离散的，而这种变化在词汇中的扩散却是逐渐的、连续的；词是音变的单位；着眼于音变在词汇中的扩散，看到音变在词汇中的扩散进程的参差性，看到中断的变化（thwarted changes）和因此而在语言系统中留下来的残存现象（residue）（徐通锵，1991：251—253）。

词汇扩散理论研究音变在词汇中的扩散。这是青年语法学派不曾研究过的一种音变现象，所提出的音变在词汇中的渐进连续扩散突破了青年语法学派音变理论的束缚，因而在实践中产生了一些积极的影响（徐通锵，1991：253—254）。"词汇扩散理论从微观变异入手，使我们能看到所谓音变规律的微观演变机制"，"在方法论上的主要贡献在于揭示了语音演变的扩散机制，说明了音变的例外在没有其他非语音层面的影响下，也可以通过中断形成"。"这一理论是从汉语入手展开的，目前在国际上已经得到广泛承认，由此可以看出词汇扩散在方法论上的意义"（陈保亚，1999：420、428—429）。王士元也曾自豪地说："词汇扩散理论，据我所知，是中国语言学第一次影响到整个历史语言学，使历史语言学增添了一支新的生力军。"（徐通锵，1984：254）

2. 汉语方言词汇的分类

语言学界对现代汉语方言词汇类型从不同视角做出过不同的划分。学界普遍认可的主要有三种划分。

（1）方言与共同语（普通话）比较视角

该视角将汉语方言词汇分为：一般系统和特殊系统（李如龙，2001）。

① 一般系统：现代汉语方言与共同语一样具有基本词汇和一般词汇。其中有些词汇是方言独有的，如吴语区的"汏（洗）、望（看）、掼（摔）、镬（锅）、勿（不）"，闽语区的"箬（叶子）、惊（怕）、鼎（锅）、喙（嘴）、厝

---

① 徐通锵翻译成《相互竞争的变化产生剩余》，见《历史语言学》，北京：商务印书馆，1991年版，第248页。

（家、房子）"，粤语区的"遮（伞）、饮（喝）、喊（哭）、啵（球）、樽（瓶）"等等。有些词汇是方言与共同语共有的，如"天、地、山、水、上、下"等等（李如龙，2001：103）。

② 特殊系统：现代汉语方言存在方言固有词系统和转借词系统（李如龙，2001）。

"方言固有词"是指狭义的方言词，与共同语相异。如上文所列举的吴语区、闽语区和粤语区各自所独有的词。

"转借词"是指从共同语转借过来的词。因为任何时代的共同语都会对地域方言施加影响。现代社会共同语（普通话）对地域方言影响更大。就语音、词汇和语法三者而言，共同语对地域方言影响最大的就是词汇。因此，现代汉语方言中"除了历史上传下来的方言固有词之外，还有大量的从共同语转借过来的词"。转借词存在两种转借情况。一种是原来方言词所没有的概念，从共同语中借入的。如20世纪50年代汉语方言词汇从普通话中借入的新词语"解放、土改、合作社、公社、丰产、大跃进"等（李如龙，2001：105）；改革开放以来新出现并迅速借入的新词语"步行街、低调、放水、极品、内退、天价、房改、人气、认养、入围、外教、BB 机、CT、IC卡、T 恤、KTV、VCD、DVD"等（陈章太，2002b：28）。另一种是方言中已有固有说法而借入的普通话说法，与方言固有说法并行并用。如武汉话的"家业 / 家具、倒手 / 左手、抹脸 / 洗脸、撇脱 / 容易、清白 / 清楚"（李如龙，2001：105）。又如南京话的"梳子肉 / 扣肉、虎爪 / 鬃脚、平顶（头）/平头、火萤虫虫 / 萤火虫、晓得 / 知道、来家 / 回家、吃酒 / 喝酒"等（刘丹青，1995：42—307）。

（2）词汇自身属性视角

该视角将现代汉语方言词汇分为常用词、核心词和特征词（刘俐李等，2007）。

刘俐李等在《现代汉语方言核心词·特征词集》一书的"前言"部分对常用词、核心词和特征词这三个概念做了简要阐释。"常用词"是方言词汇系统中最为常用的词，反映方言词汇系统的基本面貌；"核心词"是方言词汇系统中最为稳固的词，反映方言的共性；"特征词"是方言系统中最具方言特征的词，反映方言的个性。该著作对官话区、吴语区、湘语区、闽语区、粤语区、赣语区、客家话、晋语区、平话区、徽语区等10个方言区19个方言点的核心词和特征词加以采录并汇集。如官话区南京点收录特征词159个，其中一级特征词56个（如"矮子把指个子矮的人，含有瞧不起之义、不赖不坏、富态胖，含贬义、眯一刻儿打会儿瞌睡，小睡片刻、泡汤落空"等）、二级特征词103个（如"班辈行辈、刺头刁难人的、不好对付的人、跟脚鞋合脚，便于行走、今儿个今天、皮脸小孩顽皮而不听劝止"等）（2007：186—192）；又如吴语区苏州点收录特征词146个，其中一级特征词53个（如"埲灰尘土，扬起的尘土、蹩脚质量不好，本领不高、家生家具、凿捅，戳、糙饭糯米饭"等）、二级特征词42个（如"浜小河、棒冰冰棍儿、捆用掌打、园藏、捯强予"等）、三级特征词51个（如"白相玩、辰光时间，时候、料作布料、皱皮肤、指甲、木头裂开一丝翘起、物事东西"等）（2007：195—200）。

李如龙则将核心词和特征词统称为"方言特征词"，归入方言词汇的特殊系统。"方言特征词"是"一定地域里一定批量的、区内大体一致、区外相对殊异的方言词"，是"方言之间的词汇区别特征"（2001：105）。

（3）词汇来源视角

该视角将现代汉语方言词汇分为：古代汉语的传承词、现代创造的新词语、外族语言的借词（邢福义，1991：244—246）。

"古代汉语的传承词"指现代汉语方言中由古代汉语相传继承下来的词。可分为三类：一是与普通话相同的传承词，如"风、云、鱼、虫、进、出、来、去"等；二是普通话中的文言词或不成词语素，方言中却是基本词，如"眉、颈、面、尾、食、饮、行、企"等；三是普通话不用而在方言中保留下来的传承词，如湖北武汉方言中的"拫用手推、摇晃、掇端、跍蹲"等，河南南阳方言中的"上紧赶紧、不争只为、妆裹装殓"等。

"现代创造的新词语"指汉语方言中反映现代新产生的事物、现象的新词语。有些与普通话相同，有些与普通话不同。如"自行车"各地有"脚踏车、单车、线车、洋车、洋车子、洋驴子"等不同的名称。

"外族语言的借词"指汉语方言中借自外民族或国家的语言的词。如粤语中的英语借词（如"多士烤面包、巴士公共汽车、恤衫衬衣"等），东北官话中的俄语借词和满语借词（如"列巴面包、巴金卡皮鞋、埋汰肮脏、喇忽疏忽"等）。

3. 语音变异在不同类型词语中扩散情况分析

结合李如龙的划分，我们尝试把汉语方言词汇划分为两类：一类是"原有方言词语"，这里面也含有从普通话借入并已融入方言词汇中的词汇，包括"方言固有词"和"方言与普通话共有词"；另一类是"普通话进入词语"，从普通话中借入尚未融入方言词汇中的词汇，一般进入时间不长。

基于以上思考，我们在所调查的100组词语中，设计了"原有方言词语"与"原有方言词语"、"原有方言词语"与"普通话进入词语"词语20组。其中"原有方言词语"与"原有方言词语"词语5组：苋菜／马齿苋、上街／街上／通济街、巷子／白酒巷／庙巷、腌菜坛／一坛酒／酒坛／醋坛子／西坛新村、挖土／用锹挖。"原有方言词语"与"普通话进入词语"词语15组：发酸／酸菜鱼、换一件／替换、得罪／犯罪、俗气／风俗习惯、染料／染布／染脏／传染、家去／家里／家婆／搬家／回家、嫁人／出嫁、睏觉／睡觉、掼（跌）跤／摔了一跤、心满意足／满意、鳗鳝／鳗鱼、正月初一／初中、老鼠子／老鼠、牛角／角度、绿佬／绿颜色。

鉴于汉语方言词语存在不同类型，我们完全可以通过分析同一音变在不同类型词汇中的扩散情况，来观察不同类型词汇对词汇扩散的影响情况。

（1）"原有方言词语"与"原有方言词语"中扩散情况分析

由于带喉塞音的韵母所组成的音节其声调为入声，为此我们将韵母变项、声调变项中的新式在不同的原有方言词语中的扩散情况一同分析。这里只涉及"挖土／用锹挖"这1组词语。现分声母变项中新式在不同的原有方言词语中的扩散，韵母变项、声调变项中新式在不同的原有方言词语中的扩散两类情况做具体分析。又由于每一组也都同时涉及声母变异、韵母变异，两者一致则在声母变异中做分析，若不一致则在韵母变异中再做具体分析。5组词语中的

"街、苋、巷"等字声母所采用的新式分别为：tɕ、ɕ、ɕ，"坛、挖"字韵母所采用的新式分别为：æ和ua，同时还涉及入声变为非入声。

表5-2和表5-3扩散数据显示，新式在不同的原有方言词语中的扩散总体上是均衡的。新式在"苋菜/马齿苋"、"巷子/白酒巷/庙巷"2组中的出现率都很低，在"上街/街上/通济街"、"腌菜坛/一坛酒/酒坛/醋坛子/西坛新村"（除"西坛新村"）、"挖土/用锹挖"3组中的扩散都比较均衡。"从某种意义上讲，地名则是方言变化的'见证人'，成了语言的活化石"（郭骏，2004：321），"更容易保留历史上的一些读音"（郭熙，2004：243）。"通济街""白酒巷""庙巷"等3个地名词中新式的低出现率可得到印证：地名常用原有的语音形式。但"西坛新村"与同组的"腌菜坛/一坛酒/醋坛子"以及同为地名的其他词语差别很大，有48人采用新式æ。这可能与地名的出现时间有关。"通济街""白酒巷""庙巷"是沿用的历史街名和历史巷名，而"西坛新村"则是一个新建居民新村，是20世纪70年代后期新建后命名的[①]，属于一个新地名。由此可得出：原有的地名易采用旧式，新近命名的地名易采用新式。

表5-2　声母变项中的新式在不同的原有方言词语中
扩散数据对比表（n=50）　　　　单位：人

成组词语		年龄组				总计	百分比
		青少年组	青年组	中年组	中老年组		
苋菜/马齿苋	苋菜	1	0	0	0	1	2%
	马齿苋	3	0	0	0	3	6%
上街/街上/通济街	上街	0	2	1	0	3	6%
	街上	0	2	1	0	3	6%
	通济街	0	2	1	0	3	6%
巷子/白酒巷/庙巷	巷子	3	1	0	0	4	8%
	白酒巷	3	2	1	0	6	12%
	庙巷	2	1	1	0	4	8%

---

① 溧水县地名委员会编：《溧水县地名录》，内部出版，1982年版，第6—7页。

表5-3　韵母变项、声调变项中的新式在不同的
原有方言词语中扩散数据对比表（n=50）　　　单位：人

成组词语		年龄组				总计	百分比
		青少年组	青年组	中年组	中老年组		
腌菜坛 / 一坛酒 /酒坛 / 醋坛子 / 西坛新村	腌菜坛	18	5	4	2	29	58%
	一坛酒	18	5	5	2	30	60%
	酒坛	18	5	5	2	30	60%
	醋坛子	18	6	5	2	31	62%
	西坛新村	19	10	10	9	48	96%
挖土 / 用锹挖	挖土	19	8	6	2	35	70%
	用锹挖	19	7	6	2	34	68%

（2）"原有方言词语"与"普通话进入词语"中扩散情况分析

同样由于带喉塞音的韵母所组成的音节其声调为入声，为此我们将韵母变异、声调变异中的新式在原有方言词语和普通话进入词语中的扩散情况一同分析。这里涉及"角度 / 牛角、绿佬 / 绿颜色"2组。这里同样也分声母变项中新式在原有方言词语和普通话进入词语中的扩散，韵母变项、声调变项中新式在原有方言词语和普通话进入词语中的扩散两类情况做具体分析。又由于每一组同时也都涉及声母变异、韵母变异，两者一致则在声母变异中做分析，若不一致则在韵母变异中再做具体分析。15组词语中的"觉、嫁、家、角、跤，染，鼠"等字声母采用的新式分别为：tɕ、z、s，"满、鳗，酸、换，罪，俗、初、鼠，角、绿"等字韵母采用的新式分别为：æ、uæ、uei、u、iɔ 和 y，后两者同时还涉及入声变为非入声。

表5-4中，原有方言词语11个：睏觉、摜（跌）跤、搬家、家去、家里、家婆、牛角、老鼠子、出嫁、染布、染脏，普通话进入词语8个：睡觉、摔了一跤、回家、角度、老鼠、嫁人、传染、染料。新式在原有方言词语与普通话进入词语中的出现率之比为：0%：14%，4%：10%，4%/0%/2%/0%：18%，14%：40%，20%：24%，36%：52%，72%/70%：76%/76%。表5-5中，

原有方言词语10个：绿佬、牛角、鳗鳝、得罪、老鼠子、发酸、换一件、心满意足、正月初一、俗气，普通话进入词语10个：绿颜色、角度、鳗鱼、犯罪、老鼠、酸菜鱼、替换、满意、初中、风俗习惯。新式在原有方言词语与普通话进入词语中的出现率之比为：10%：16%，12%：28%，22%：38%，26%：44%，54%：44%，50%：88%，60%：70%，70%：68%，74%：76%，84%：86%。

表5-4和表5-5扩散数据显示：新式在原有方言词语和普通话进入词语中的扩散存在着不均衡性，呈现出以下两个特征：

第一，普通话进入词语扩散速度快，原有方言词语则相对较为缓慢。新式在普通话进入词语中的扩散率明显高于在原有方言词语中的扩散率。

第二，同为普通话进入词语或同为原有方言词语，其新式扩散速度也存在着不均衡性：在普通话进入词语中有的速度快些（如"传染""染料"，"酸菜鱼""风俗习惯""初中"），有的则慢些（如"睡觉""摔了一跤""回家""绿颜色""角度"）；在原有方言词语中有的速度要稍快些（如"染布""染脏""俗气""正月初一""心满意足"），有的则稍慢些（如"摔（跌）跤""搬家""牛角""绿佬"），有的甚至还没有扩散（如"睏觉""家去""家婆"）。但两者之间存在着一定的关联：新式在普通话进入词语中扩散速度较快，在与其相应的原有方言词语中扩散速度也快些；新式在普通话进入词语中扩散速度慢些，在与其相应的原有方言词语中扩散速度也慢；反之亦然。这说明在普通话进入词语扩散快、原有方言词语扩散相对较为缓慢的前提下，新式在不同类型的同一组词语中的扩散速度总体上还是协调的。

另外，在原有方言词语和普通话进入词语的15组词语里，新式的扩散出现了两个极端：一个是在原有方言词语"睏觉、家去、家婆"中没有出现扩散，一个是在普通话进入词语"酸菜鱼"中几乎完成了扩散。这说明原有方言词语尤其是日常生活中极其常用的词语不易接受新式，随新事物出现而产生的新词语进入方言时则极易采用近似于普通话的读音。

表5-4　声母变项中的新式在原有方言词语和普通话

进入词语中扩散数据对比表（n=50）　　　单位：人

成组词语		年龄组				总计	百分比
		青少年组	青年组	中年组	中老年组		
睏觉 / 睡觉	睏觉	0	0	0	0	0	0%
	睡觉	1	2	3	1	7	14%
掼（跌）跤 / 摔了一跤	掼（跌）跤	0	1	1	0	2	4%
	摔了一跤	0	4	1	0	5	10%
搬家 / 家去 / 家里 / 家婆 / 回家	搬家	0	1	1	0	2	4%
	家去	0	0	0	0	0	0%
	家里	0	1	1	0	1	2%
	家婆	0	0	0	0	0	0%
	回家	4	3	1	1	9	18%
牛角 / 角度	牛角	6	1	0	0	7	14%
	角度	15	2	2	1	20	40%
老鼠子 / 老鼠	老鼠子	8	1	0	1	10	20%
	老鼠	7	2	2	1	12	24%
出嫁 / 嫁人	出嫁	7	3	7	1	18	36%
	嫁人	9	6	8	3	26	52%
染布 / 染脏 / 传染 / 染料	染布	19	6	8	3	36	72%
	染脏	20	6	6	3	35	70%
	传染	20	6	9	3	38	76%
	染料	20	7	8	3	38	76%

表5-5　韵母变项、声调变项中的新式在原有方言词语和

普通话进入词语中扩散数据对比表（n=50）　　　单位：人

成组词语		年龄组				总计	百分比
		青少年组	青年组	中年组	中老年组		
绿佬 / 绿颜色	绿佬	3	2	0	0	5	10%
	绿颜色	4	4	0	0	8	16%
牛角 / 角度	牛角	5	1	0	0	6	12%
	角度	12	1	0	1	14	28%
鳗鳝 / 鳗鱼	鳗鳝	9	2	0	0	11	22%
	鳗鱼	11	5	3	0	19	38%

（续表）

成组词语		年龄组				总计	百分比
		青少年组	青年组	中年组	中老年组		
得罪 / 犯罪	得罪	4	4	4	1	13	26%
	犯罪	9	7	5	1	22	44%
老鼠子 / 老鼠	老鼠子	14	6	5	2	27	54%
	老鼠	10	3	7	2	22	44%
发酸 / 酸菜鱼	发酸	12	6	6	1	25	50%
	酸菜鱼	15	10	10	9	44	88%
换一件 / 替换	换一件	15	8	5	2	30	60%
	替换	15	8	7	5	35	70%
心满意足 / 满意	心满意足	16	8	7	4	35	70%
	满意	15	8	7	4	34	68%
正月初一 / 初中	正月初一	17	10	8	2	37	74%
	初中	17	10	9	2	38	76%
俗气 / 风俗习惯	俗气	20	9	10	3	42	84%
	风俗习惯	20	10	10	3	43	86%

4.词汇类型与语音变异的相关性分析

（1）相关性的定量分析

语言变异研究是以概率论为基础的定量研究，因此，调查所得的资料不能仅依据数据统计，只有通过定量分析才能说明问题（陈章太，2002a：110；游汝杰、邹嘉彦，2004：15）。在此我们还将采用变项规则分析法分析词汇类型与语音变异之间的相关性问题。此分析法是语言变异研究中的一种标准化技术，分析特定变式与环境条件中哪些因素具有显著性的同现关系。变项规则分析法是"将同一种因素在许多不同环境中的影响力综合起来考虑"，并"在此基础上每一个因素的影响力被赋予一个确定的概率"，称之为"作用值（effect）"（徐大明，1999：26）。如果作用值是介于0.50～1.00之间，说明该因素相对于因素组中其他因素而言更有利于变式的出现（徐大明，2006b：36）。

为更为准确地揭示词汇类型与语音变异之间的相关性，我们在前文"原有方言词语"与"普通话进入词语"二分的基础上，再将"原有方言词语"细分为"方言固有词语"与"方言与普通话共有词语"（郭骏，2011），即把汉语方言词语再细分为三种类型："方言固有词语"（简称"固有词"）、"方言与普通话共有词语"（简称"方普词"）和"普通话进入词语"（简称"普入词"）。这样在原20组词语中提取出"固有词/方普词"、"方普词/普入词"和"固有词/普入词"共14组对比词语。现将14组词语中新式在不同词汇类型中的分布状况编制成表5-6。

表5-6　新式在不同词汇类型中的分布状况（n=50）

固有词	方普词	普入词	语音变式			新式数
			旧式	过渡式	新式	
1. 通济街	街上		kɛ³²	tɕir³²	tɕiɛ³²	3/3
2. 庙巷	巷子		haŋ⁵⁵	ɕiɛ⁵⁵	ɕiaŋ⁵⁵	4/4
3. 西坛新村	醋坛子		tʻʊ²⁴	tʻæ²⁴		48/31
4. 染脏	传染		ir³¹²	zæ³¹²		35/38
	5. 发酸	酸菜鱼	sʊ³²	suæ³²		25/44
	6. 换一件	替换	hʊ⁵⁵	huæ⁵⁵		30/35
	7. 得罪	犯罪	tsei⁵⁵	tsuei⁵⁵		13/22
	8. 牛角	角度	kəʔ³¹	tɕyʔ³¹/tɕiaʔ³¹	tɕiɔ³¹²	7/20
9. 家去	回家		ka³²	tɕia³²		0/9
10. 睏觉	睡觉		kɔ⁵⁵	tɕiɔ⁵⁵		0/7
11. 掼了一跤	摔了一跤		kɔ³²	tɕiɔ³²		2/5
12. 鳗鳝	鳗鱼		mʊ²⁴	mæ²⁴		11/19
13. 老鼠子	老鼠		tsʻuei³¹²	tsʻʅ³¹²/tsʻu³¹²	su³¹²	27/22
14. 绿佬	绿颜色		ləʔ³¹	ly⁵⁵		5/8

资料来源：引自郭骏（2011：68）表1，略做调整。

下面我们采用分析软件Goldvarb2001对词汇类型与语音变异的相关性做定量分析，即估算出词汇类型与新式同现概率。三种词汇类型作为自变量，新式选用作为因变量。其分析结果见表5-7。

表5-7 词汇类型影响新式选用的作用值分析

变量组	变量	作用值	百分比
词汇类型	固有词	0.417	25%
	普入词	0.536	35%
	方普词	0.560	37%

资料来源：郭骏（2011：69）表2。

上表显示：第一，"普入词"与"方普词"的作用值介于0.50～1.00之间，词汇类型与新式选用之间存在着显著的相关性，即表明词汇类型对语音变异具有制约作用；第二，不同词汇类型其作用值存在显著性差异，固有词<普入词<方普词。固有词<0.50，不利于新式选用；普入词、方普词>0.50，有利于新式选用。由此可见，词汇类型对语音变异确实具有制约性；同时，不同词汇类型对语音变异的制约还存在着差异性。

社会语言学定量分析依据的主要理论原则有"定量模型原则"（principle of quantitative modeling）、"多因素原则"（principle of multiple causes）和"群体原则"（principle of group）。其中"定量模型原则"要求在研究语言变异时应关注变式出现时的语境特征（contextual feature），即既要关注特定变式出现的语言环境，也要关注特定变式出现的社会现象（徐大明，2006b：30）。因此，我们同时还需要对新式出现的语言环境与社会现象做定量分析。这样，"既可检验在与社会因素做综合分析的情况下词汇类型是否仍显现出与语音变异具有显著的相关性，又可检验语音变异是否是语言因素与社会因素共同作用的结果"（郭骏，2011：69—70）。

鉴于此，我们将"固有词""普入词""方普词"三种"词汇类型"与"年龄""性别""社会阶层"等三种"社会因素"同时作为自变量，用变项规则分析法就其相关性做定量分析。分析结果显示（见表5-8）："词汇类型"成为有效解释新式选用的语言环境变项，"社会因素"中仅"年龄因素"成为具有有效解释力的社会环境变项。

表5-8   词汇类型、社会因素影响新式选用的作用值分析

变量组	变量	作用值	百分比
	固有词	0.414	25%
词汇类型	普入词	0.537	35%
	方普词	0.562	37%
	青少年	0.594	39%
社会因素	青年	0.568	37%
（年龄）	中年	0.465	28%
	中老年	0.291	15%

资料来源：郭骏（2011：70）表3。

上表显示：第一，"词汇类型"的作用值，无论是单独分析还是与社会因素同时分析，其结果是一致的，再一次证明"词汇类型"与新式选择存在着相关性；第二，"语言因素"（词汇类型）与"社会因素"（年龄）同时对新式选用产生制约作用，再一次印证"语言变异是语言结构系统内部因素和语言结构系统外部的社会因素同时作用的结果，而不仅仅是语言内部某一因素单独制约的结果"（郭骏，2011：70）；第三，年龄是制约语音变异的一个非常重要的社会因素，青少年与青年的高作用值则进一步印证了钱伯斯（Chambers，2013）的语言变式与年龄相关性标准模型，新式在最年长一代人话语中少量出现，中间一代人话语中有所增加，最年轻一代人话语中出现率最高。

（2）相关性的原因试释

为何"固有词"不利于新式的选择，而"普入词""方普词"却有利于新式的选择呢？这是由不同词汇类型所呈现出的不同特性决定的。

"固有词"为方言特有词语，也是居民日常交际中的常用词语。溧水县城居民语言态度与语言使用调查显示，居民对街上话的认同度虽然没有普通话高，但街上话仍是居民的主体语言，这与上海市和南京市居民的语言态度与语言使用情况（范德博，2005；付义荣，2004）相类似。这就意味着"固有词"仍然有着很高的使用率，而高使用率则更有利于原有读音的保持，这样新式的出现率自然就不会高。前义表5-2、表5-3、表5-4、表5-5数据已表明：有

的固有词中未出现新式；有的固有词中即使出现新式，出现频率也不高。

"普入词"无论是从普通话中借入的原有方言没有的概念，还是从普通话中借入的方言中已有的固有说法，都要比其他词汇类型更容易受到普通话读音的影响，"把普通话的某类音值转换为母方言中的近似音"（张树铮，1995：96），即更易采用近似于普通话的新式读音。如从普通话中借入的原有方言没有的"酸菜鱼、替换、犯罪、角度"等词语和从普通话中借入的原有方言已有的"回家、睡觉、摔了一跤、鳗鱼、老鼠、绿颜色"等词语。

"方普词"既是街上话中的常用词语（如"街上、巷子、醋坛子、发酸、换一件、得罪、牛角"），也是普通话中的常用词语。对普通话具有较高认同度的居民尤其是年轻人，则更易采用接近普通话读音的新式。当然也有个别词（如"街上、巷子"）的新式出现率并不高。

上述相关性定量分析显示：第一，普通话影响方言语音的重要途径是普通话词语的借入；第二，普通话影响方言语音的主要方式是分类渐进式推进，即"普入词／方普词"→"固有词"；第三，普通话影响方言语音的呈现过程是渐进的动态过程，如同普通话普及是"一种渐变的过程，不可能是一种突变的过程"（吕叔湘，1990：6）一样。

二、语音变异对语音系统的影响

（一）声母变异对声母系统的影响

虽然声母系统对声母变异具有制约作用，但由于这11个声母变项中所出现的声母已涉及了溧水街上话原有声母系统19个声母中的14个（除 p'、f、t、t'、ts），占全部声母的73.7%，范围大，数量多，因此不可能不对整个声母系统产生影响。下面就声母变项中新式的出现对声母系统所产生的影响做具体分析。

1.声母变异使声韵组合发生变化

为便于看清新旧式与韵母组合的具体改变情况，我们将声母变项中新式所涉及的声母（14个）与韵母（26个）组合情况整理成表5-9。此表显示，原有声韵组合规律在新式中出现了三大改变。

表5-9　声母变项中的新旧式与韵母组合情况分布表

	p	m	l	ts‘	s	z	tç	tç‘	ç	k	k‘	ŋ	h	∅
ɥ				—										
a										—		√/×	—	+
ɛ										—		√/×		+
æ					+	+				—	—	√/×	+	×/√
ʊ						×/√								
ɔ										—	—	√/×		×/√
əu														+
ei					+	+						√/×		+
aŋ												√/×	—	×/√
ən												√/×		×/√
əʔ						+				—		√/×		×/√
i	—	+												
ia							+		+					+
iɛ							+		+					
iɔ							+	+						+
iɪ							+—	+ —	+					— +
iaŋ									+					
in														+
iɪʔ		+	—											
iaʔ							+							
u			—	—	+									
uæ						×/√								
uei			—	—		+				+	—			
y														+
yɪ														—
yəʔ						+								

注：①"√"表示拼合，"×"表示不拼合。

②"+"表示在原来拼合的基础上增加新音节或同音音节，"—"表示在原来拼合的基础上减少音节或同音音节。

③"√/×"表示与旧式拼合、与新式不拼合，"×/√"表示与旧式不拼合、与新式拼合。

（1）失去原组合，出现新组合

ŋ在旧式中与a、ɛ、æ、ɔ、ei、ən、aŋ、əʔ相拼合，在新式中因不相拼合而失去原组合，新式中出现新组合。具体有五种情况：一是，出现新组合，体现在"袄、安、昂、恩、额、杌"等6字上，出现ɔ³¹²、æ³²、aŋ²⁴、ən³²、əʔ³¹"等

5个新组合；二是，既出现新组合，又增加同音音节，体现在"淹、颜、眼、咬、硬"等5字上，æ^{32}、æ^{24}、æ^{312}、ɔ^{312}、ən^{55}等5个音节为新组合，iɪ^{32}、iɪ^{24}、iɪ^{312}、iɔ^{312}、in^{55}等5个音节为新增加的同音音节；三是，增加新音节，体现在"矮、癌"2字上，增加了ɛ^{312}、ɛ^{24}等2个新音节；四是，既增加同音音节，又增加新音节，体现在"挜"字上，a^{32}为同音音节，ia^{32}为新音节；五是，只增加同音音节，体现在"藕、恘"2字上，增加ei^{312}、ei^{55}等2个同音音节，体现在"牙、哑"2字上，增加a^{24}、a^{312}、ia^{24}、ia^{312}等4个同音音节。

（2）改变原组合，出现新组合

z在旧式中不与ʊ、əʔ、uæ拼合，在新式中相拼合。这样改变了原组合，出现了新组合，体现在"软"字上，出现zʊ^{312}、zuæ^{312}等两个新组合。

（3）增加新音节和同音音节

具体有三种情况：第一，增加新音节，体现在"虾、蛇"字上，增加ɕia^{32}、sei^{24}等2个新音节；第二，增加同音音节，体现在"间、碱、教、觉、戒、家、嫁、跤、街、角、敲、铅、苋、咸、巷""芮、热、日、染""扇、脆、车""鼠""盂"等24字上，增加tɕiɪ^{32}，tɕiɪ^{312}，tɕiɔ^{32}，tɕiɔ^{55}，tɕiɪ^{55}，tɕiɛ^{55}，tɕia^{32}，tɕia^{55}，tɕiɔ^{32}，tɕiɪ^{32}、tɕiɛ^{32}，tɕyəʔ^{31}、tɕiaʔ^{31}、tɕiɔ^{312}，tɕ'iɔ^{32}，tɕ'iɪ^{32}，ɕiɪ^{55}，ɕiɪ^{24}，ɕiɛ^{55}、ɕiaŋ^{55}，zuei^{55}，zəʔ^{31}，zæ^{312}，sæ^{55}，kuei^{55}，ts'ei^{31}、su^{312}，y^{24}等28个同音音节；第三，既增加新音节，又增加同音音节，体现在"秘"字上，既增加新音节mi^{55}，又增加同音音节miɪʔ^{31}。

2.声母变异使声母系统发生变化

（1）声母变异对组合规律的影响

声母变项中的新式与韵母组合规律的改变产生了以下三个结果，而这三个结果的出现自然会对街上话的声母系统产生重大影响。

① 声母的归并：ŋ在新式中因不与韵母组合而出现空格后，由ø代替ŋ而出现，这样就填补了拼合空格，自然也就出现声母的归并，意味着ŋ声母在新式中消失。ŋ声母的消失可以看成是与ø的合流（王福堂，2005：11），即属于中古疑母字的"牙、眼、颜、咬、藕、硬、昂、杌、额"和影母字的"哑、矮、安、淹、袄、恘、恩"等读零声母。

②声母的腭化："间、碱、家、嫁、教、觉、角、跤、街、戒，敲、铅，苋、咸、巷、虾"等字的声母旧式为k、kʻ、h，新式为tɕ、tɕʻ、ɕ，新式中的声母出现腭化，即中古见系开口二等字声母腭化[①]。

③声母的调整：部分字的声母在新式中做了个别调整。中古帮母（秘）、船母（蛇）、昌母（车）、书母（扇、鼠）、禅母（鳝）、溪母（跪）、以母（铅）字，其声母旧式分别为p、ɕ、tɕʻ、s、tsʻ、ɕ、kʻ、kʻ，新式分别为m、s、tsʻ、s、s、s、k、tɕʻ。

声母变项中新式所出现的声母的归并、腭化和调整已大大改变了原有声韵组合规律，即"改变了原有声母系统的格局，打破了原有的语音系统"（郭骏，2009c：203）。可见11组声母变项中新式的出现对街上话的声母系统产生了重大影响。

（2）声母的动态系统与发展趋势

由上我们可以分析得出溧水街上话声母系统不是一个静态的系统而是一个动态系统。据此，我们可以画出其动态系统示意图，见图5-1（左侧图：发生变异的声母外加方框，箭头表示该声母向所指声母演变；右侧图："□"表示声母因消失而缺位）。这种动态的声母系统呈现出的鲜明发展趋势就是在改变了原有组合后ŋ声母消失。

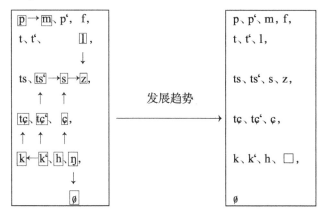

图5-1　溧水街上话声母的动态系统与发展趋势示意图

资料来源：引自郭骏（2009c：203）"溧水县城方言声母动态系统及其发展趋势示意图"。

注："l/ø"变项中l→ø，图中难以用箭头标出，特做说明。

----

①　还有一些字声母尚未发生腭化，如"荬瓜荬白"中的"荬"字仍读k。

（二）韵母变异对韵母系统的影响

虽然韵母系统对韵母变异具有制约作用，但这32个韵母变项中出现的韵母已涉及了溧水街上话原有韵母系统38个韵母中的32个（除ɿ、aʔ、iʊ、ioŋ、uɛ、uaŋ），占全部韵母的84.2%，并且出现了一个新韵母ə，范围如此之大，数量如此之多，不可能不对韵母系统产生影响。下面就韵母变项中新式的出现对韵母系统所产生的影响做具体分析。

1. 韵母变异使声韵组合发生变化

为看清旧式、过渡式和新式在与声母组合上的具体改变情况，我们将韵母变项中新式所涉及的韵母（33个，含新出现的ə韵母）与声母（18个，除f）的组合情况整理成表5-10。

表5-10　韵母变项中旧式、过渡式和新式与声母组合情况分布表

	p	pʻ	m	t	tʻ	l	ts	tsʻ	s	z	tɕ	tɕʻ	ɕ	k	kʻ	ŋ	h	∅
ɻ								—										
a														—			—	
ə									×/√									
ɛ														—				
æ	+	+	+		+	—			—	+	+					—		—
ʊ	—	—	—	—	—	—			—	+							—	—
ɔ														—		—		
əu						—												+
ei							—	— +	— +						—			—
aŋ				+	+			+								—		
ən		+				—									—	+		—
oŋ		—																
əʔ					—			—	+				—					
i	—		+															
ia											+		+					+
iɛ											+ —	—	—					—
iɔ											+	+						+
ii											+ —	+ —	+ —					+ —
iaŋ											+	+	+					+

（续表）

	p	p'	m	t	t'	l	ts	ts'	s	z	tɕ	tɕ'	ɕ	k	k'	ŋ	h	∅
in																		+
iɪʔ			−		−											−		
iaʔ													−					
u				−			+	−	+									
ua																		+
uæ			+	+	+	+	+	+	+	+							+	+
uei							+	−	+									
uən								+	+								−	
uəʔ									+									
uaʔ																		−
y						+												+
yɪ							−	−										
yn												−						
yəʔ												−	+					

注：① "√"表示拼合，"×"表示不拼合。

② "×/√"表示与旧式不拼合、与新式拼合。

③ "+"表示在原来拼合的基础上增加新音节或同音音节，"−"表示在原来拼合的基础上减少音节或同音音节。

此表显示，原有声韵组合规律在新式中出现了三大改变。

（1）出现新韵母，产生新组合

韵母变项"iɪ/ei/ə"（蛇）旧式为iɪ，过渡式为ei，新式为ə。三种变式的声韵组合分别为：ɕ+iɪ→s+ei→s+ə。"s+ə"组合中出现新韵母ə，也即存在着s与ə的新组合，增加了新音节。同时，韵母变异减少了"ɕ+iɪ"和"s+ei"组合的sei²⁴音节和同音音节ɕiɪ²⁴。

（2）韵母在新式中成系统替换

旧式或过渡式中的韵母在新式中被成系统地替换，即存在系统的对应关系，并且与中古汉语韵母系统向普通话韵母系统转换规律相一致。替换后增加了一些同音音节，也增添了一些新音节。在成系统替换过程中有的声母也同时进行了替换。具体可分为以下两种情况：

① 成系统一对二替换

p、p‘、m、t、t‘、l、ts、ts‘、s、h、ø+ʋ→p、p‘、m、t、t‘、l、ts、ts‘、s、h、ø+æ/uæ：旧式为"pʋ³²（搬）、pʋ⁵⁵（半）、p‘ʋ²⁴（盘）、mʋ²⁴（馒、鳗）、mʋ³¹²（满）、t‘ʋ²⁴（坛）"和"tʋ³²（端）、t‘ʋ²⁴（团）、lʋ³¹²（暖）、lʋ⁵⁵（乱）、tsʋ³²（砖）、ts‘ʋ³²（穿、氽）、ts‘ʋ²⁴（船）、sʋ³²（酸）、sʋ⁵⁵（蒜）、hʋ⁵⁵（换、唤）、ʋ³²（豌）"，新式为"pæ³²（搬）、pæ⁵⁵（半）、p‘æ²⁴（盘）、mæ²⁴（馒、鳗）、mæ³¹²（满）、t‘æ²⁴（坛）"和"tuæ³²（端）、t‘uæ²⁴（团）、luæ³¹²（暖）、luæ⁵⁵（乱）、tsuæ³²（砖）、ts‘uæ³²（穿、氽）、ts‘uæ²⁴（船）、suæ³²（酸）、suæ⁵⁵（蒜）、huæ⁵⁵（换、唤）、uæ³²（豌）"。

在p、p‘、m、t、t‘、l、ts、ts‘、s、h、ø与ʋ组合中减少了"pʋ³²（搬）、p‘ʋ²⁴（盘）、mʋ²⁴（馒、鳗）、mʋ³¹²（满）、tʋ³²（端）、t‘ʋ²⁴（坛、团）、lʋ³¹²（暖）、lʋ⁵⁵（乱）、tsʋ³²（砖）、ts‘ʋ³²（穿、氽）、ts‘ʋ²⁴（船）、sʋ³²（酸）、sʋ⁵⁵（蒜）"等13个音节［另外还减少了ts、tɕ与ʏ组合中"tsʏ³²（砖）、tɕʏ³²（穿）、tɕʏ²⁴（船）"等3个音节］，还减少了"pʋ⁵⁵（半）、hʋ⁵⁵（换、唤）、ʋ³²（豌）"等3个同音音节。

在p、p‘、m、t、t‘、l、ts、ts‘、s、h、ø与æ/uæ组合中相应地增加了"pæ⁵⁵（半）、p‘æ²⁴（盘）、huæ⁵⁵（换、唤）、uæ³²（豌）"等4个同音音节，增添了tuæ³²（端）、t‘uæ²⁴（团）、luæ³¹²（暖）、luæ⁵⁵（乱）、tsuæ³²（砖）、ts‘uæ³²（穿、氽）、ts‘uæ²⁴（船）、suæ⁵⁵（蒜）等8个新音节。

这些调查字在中古属山摄合口一三等字，与中古汉语韵母系统向普通话韵母系统转变规律相一致，只是一个为æ/uæ，一个为an/uan。

② 成系统一对一替换

根据声韵母组合的不同，可细分为以下七种情况。按照旧式中的声母顺序排列，若声母相同则按照韵母顺序排列。

A. ts、ts‘、s+æ→ts、ts‘、s+aŋ

体现在"涨、肠、上"等3字上，其旧式为tsæ³¹²（涨）、ts‘æ²⁴（肠）、sæ⁵⁵（上），新式为tsaŋ³¹²（涨）、ts‘aŋ²⁴（肠）、saŋ⁵⁵（上）。新式的组合减少了tsæ³¹²（涨）、ts‘æ²⁴（肠）、sæ⁵⁵（上）等3个同音音节，相应地增加tsaŋ³¹²（涨）、ts‘aŋ²⁴（肠）、saŋ⁵⁵（上）等3个同音音节。这些调查字中古属宕摄开口三等字，与中古汉语韵母系统向普通话韵母系统转变规律相一致，而且结果也一致。

B. ts、tsʻ、s+ei→ts、tsʻ、s+uei

体现在"嘴、罪、催、岁"等4字上，其旧式为tsei³¹²（嘴）、tsei⁵⁵（罪）、tsʻei³²（催）、sei⁵⁵（岁），新式为tsuei³¹²（嘴）、tsuei⁵⁵（罪）、tsʻuei³²（催）、suei⁵⁵（岁）。新式的组合减少了tsei³¹²（嘴）、tsei⁵⁵（罪）、tsʻei³²（催）、sei⁵⁵（岁）等4个同音音节，相应地增加了tsuei³¹²（嘴）、tsuei⁵⁵（罪）、tsʻuei³²（催）、suei⁵⁵（岁）等4个同音音节。这些调查字中古属蟹摄合口一三等字，与中古汉语韵母系统向普通话韵母系统转变规律相一致，而且结果也一致。

C. tsʻ、s+ən→tsʻ、s+uən

体现在"村、寸、孙、笋"等4字上，其旧式为tsʻən³²（村）、tsʻən⁵⁵（寸）、sən³²（孙）、sən³¹²（笋），新式为tsʻuən³²（村）、tsʻuən⁵⁵（寸）、suən³²（孙）、suən³¹²（笋）。新式的组合减少了tsʻən³²（村）、tsʻən⁵⁵（寸）、sən³²（孙）、sən³¹²（笋）等4个同音音节，相应地增加了tsʻuən³²（村）1个同音音节，增添了tsʻuən⁵⁵（寸）、suən³²（孙）和suən³¹²（笋）等3个新音节。这些调查字中古属臻摄合口一三等字，与中古汉语韵母系统向普通话韵母系统转变规律相一致，而且结果也一致。

D. tɕ、tɕʻ、ɕ、ø+iɛ→tɕ、tɕʻ、ɕ、ø+iaŋ

体现在"讲、墙、香、样"等4字上，其旧式为tɕiɛ³¹²（讲）、tɕʻiɛ²⁴（墙）、ɕiɛ³²（香）、iɛ⁵⁵（样），新式为tɕiaŋ³¹²（讲）、tɕʻiaŋ²⁴（墙）、ɕiaŋ³²（香）、iaŋ⁵⁵（样）。新式的组合减少了tɕiɛ³¹²（讲）、tɕʻiɛ²⁴（墙）、ɕiɛ³²（香）、iɛ⁵⁵（样）等4个音节，增添了tɕiaŋ³¹²（讲）、tɕʻiaŋ²⁴（墙）、ɕiaŋ³²（香）、iaŋ⁵⁵（样）等4个新音节。这些调查字中古属宕江摄开口二三等字，与中古汉语韵母系统向普通话韵母系统转变规律相一致，而且结果也一致。

E. k、h、ŋ+a→tɕ、ɕ、ø+ia

体现在"家、嫁、虾、揶、牙、哑"等6字上，其旧式或旧式/过渡式为"ka³²（家）、ka⁵⁵（嫁）、ha³²（虾）、ŋa³²/a³²（揶）、ŋa²⁴/a²⁴（牙）、ŋa³¹²/a³¹²（哑），新式为tɕia³²（家）、tɕia⁵⁵（嫁）、ɕia³²（虾）、ia³²（揶）、ia²⁴（牙）、ia³¹²（哑），新式中声母同时也做了替换。新式的组合减少了ŋa³²/a³²（揶）、ŋa²⁴/a²⁴（牙）、

ŋa³¹²/a³¹²（哑）等6个音节，增加了ia²⁴（牙）、ia³¹²（哑）等2个同音音节，增添了ɕia³²（虾）、ia³²（挪）等2个新音节。这些调查字中古属假摄开口二等字，与中古汉语韵母系统向普通话韵母系统转变规律相一致，而且结果也一致。

F. k、kʻ、h、ŋ、ø+æ→tɕ、tɕʻ、ɕ、ø+iɪ

体现在"间、碱、铅、咸、苋、淹、颜、眼"等8字上，其旧式或旧式/过渡式为kæ³²（间）、kæ³¹²（碱）、kʻæ³²（铅）、hæ²⁴（咸）、hæ⁵⁵（苋）、ŋæ³²/æ³²（淹）、ŋæ²⁴/æ²⁴（颜）、ŋæ³¹²/æ³¹²（眼），新式为tɕiɪ³²（间）、tɕiɪ³¹²（碱）、tɕʻiɪ³²（铅）、ɕiɪ²⁴（咸）、ɕiɪ⁵⁵（苋）、iɪ³²（淹）、iɪ²⁴（颜）、iɪ³¹²（眼），新式中声母也同时做了替换。新式的组合减少了kæ³²（间）、kæ³¹²（碱）、kʻæ³²（铅）、hæ²⁴（咸）、hæ⁵⁵（苋）等5个同音音节，同时还减少了ŋæ³²/æ³²（淹）、ŋæ²⁴/æ²⁴（颜）、ŋæ³¹²/æ³¹²（眼）等6个音节，相应地增加了tɕiɪ³²（间）、tɕiɪ³¹²（碱）、tɕʻiɪ³²（铅）、ɕiɪ²⁴（咸）、ɕiɪ⁵⁵（苋）、iɪ³²（淹）、iɪ²⁴（颜）、iɪ³¹²（眼）等8个同音音节。这些调查字中古属山咸摄开口二三等字，与中古汉语韵母系统向普通话韵母系统转变规律相一致，只是一个为iɪ，一个为ian。

G. k、kʻ、ŋ、ø+ɔ→tɕ、tɕʻ、ø+iɔ

体现在"教、跤、觉、敲、咬"等5字上，其旧式或旧式/过渡式为kɔ³²（教）、kɔ³²（跤）、kɔ⁵⁵（觉）、kʻɔ³²（敲）、ŋɔ³¹²/ɔ³¹²（咬），新式为tɕiɔ³²（教）、tɕiɔ³²（跤）、tɕiɔ⁵⁵（觉）、tɕʻiɔ³²（敲）、iɔ³¹²（咬），新式中声母也同时做了替换。新式的组合减少了kʻɔ³²（敲）、ŋɔ³¹²/ɔ³¹²（咬）等3个音节和kɔ³²（教）、kɔ³²（跤）、kɔ⁵⁵（觉）等3个同音音节，相应地增加了tɕiɔ³²（教）、tɕiɔ³²（跤）、tɕiɔ⁵⁵（觉）、tɕʻiɔ³²（敲）、iɔ³¹²（咬）等5个同音音节。这些调查字中古属效摄开口二等字，与中古汉语韵母系统向普通话韵母系统转变规律相一致，只是一个为iɔ，一个为iau。

（3）韵母在新式中做个别替换

旧式或过渡式中的韵母在新式中做个别替换。变项中的新式有的为原有组合中已有的音节，即同音音节；有的却为原有组合中没有的音节，即新音节。这样就在声韵组合中减少了一些音节和同音音节，同时也增加了一些同音音节或新音节。共有21种组合情况，分两变式（旧式、新式）和三变式（旧式、过渡式与新式）来进行分析。

① 两变式中新式做个别替换

根据声韵母组合的不同，可细分为以下十四种情况。以下按照旧式中的声母顺序排列，若声母相同则按照韵母顺序排列。

A. p'+oŋ→p'+ən

体现在"朋"字上，其旧式为 p'oŋ²⁴，新式为 p'ən²⁴。新式的组合减少了 p'oŋ²⁴ 这个同音音节，相应地增加了 p'ən²⁴ 这个同音音节。

B. l+u→l、ø+y

体现在"驴、盂"字上，其旧式为 lu²⁴（驴）、lu²⁴（盂），新式为 ly²⁴（驴）、y²⁴（盂），新式中声母也同时做了替换。新式的组合减少了 lu²⁴（驴）、lu²⁴（盂）等 2 个同音音节，增加了 y²⁴（盂）这个同音音节，同时增添了 ly²⁴（驴）这个新音节。

C. l+əʔ→l+y

体现在"绿"字上，其旧式为 ləʔ³¹，新式为 ly⁵⁵。新式的组合减少了 ləʔ³¹ 这个同音音节，相应地增加了 ly⁵⁵ 这个同音音节。

D. l+iɿʔ→z+əʔ

体现在"热、日"字上，其旧式为 liɿʔ³¹，新式为 zəʔ³¹，新式中声母同时做了替换。这样在新式的组合中减少了 liɿʔ³¹ 这个同音音节，相应地增加了 zəʔ³¹ 这个同音音节。

E. s+əʔ→s+uəʔ

体现在"俗"字上，其旧式为 səʔ³¹，新式为 suəʔ³¹。新式的组合减少了 səʔ³¹ 这个同音音节，相应地增加了 suəʔ³¹ 这个同音音节。

F. tɕ'+iɿ→ts'+ei

体现在"车"字上，其旧式为 tɕ'iɿ³²，新式为 ts'ei³²，新式中声母也同时做了替换。新式的组合减少了 tɕ'iɿ³² 这个同音音节，相应地增加了 ts'ei³² 这个同音音节。

G. tɕ'+yn→ts'+uən

体现在"唇"字上，其旧式为 tɕ'yn²⁴，新式为 ts'uən²⁴，新式中声母也同时做了替换。新式的组合减少了 tɕ‘yn²⁴ 这个同音音节，相应地增加了 ts‘uən²⁴ 这个同音音节。

H. ɕ+iɻʔ→ɕ+yəʔ

体现在"薛"字上，其旧式为 ɕiɻʔ³¹，新式为 ɕyəʔ³¹。新式的组合减少了 ɕiɻʔ³¹ 这个同音音节，相应地增加了 ɕyəʔ³¹ 这个同音音节。

I. ɕ、ø+iɻ→s、z+æ

体现在"扇、鳝、染"等3字上，其旧式为 ɕiɻ⁵⁵（扇）、ɕiɻ⁰（鳝）、iɻ³¹²（染），新式为 sæ⁵⁵（扇）、sæ⁵⁵（鳝）、zæ³¹²（染），新式中声母也同时做了替换［"ɕiɻ⁰（鳝）"的声调也做了替换］。新式的组合减少了 ɕiɻ⁵⁵（扇）、ɕiɻ⁰（鳝）、iɻ³¹²（染）等3个同音音节，相应地增加了 sæ⁵⁵（扇）、sæ⁵⁵（鳝）、zæ³¹²（染）等3个同音音节。

J. h+uən→h+ən

体现在"横"字上，其旧式为 huən²⁴，新式为 hən²⁴。新式的组合减少了 huən²⁴ 这个同音音节，相应地增加了 hən²⁴ 这个同音音节。

K. ŋ、ø+ei→ø+əu

体现在"藕、怄"字上，其旧式、过渡式为 ŋei³¹²/ei³¹²（藕）、ŋei⁵⁵/ei⁵⁵（怄），新式为 əu³¹²（藕）、əu⁵⁵（怄），新式中声母也同时做了替换。新式的组合减少了 ŋei³¹²/ei³¹²（藕）、ŋei⁵⁵/ei⁵⁵（怄）等4个同音音节，相应地增添了 əu³¹²（藕）、əu⁵⁵（怄）等2个新音节。

L. ŋ、ø+ən→ø+in

体现在"硬"字上，其旧式、过渡式为 ŋən⁵⁵/ən⁵⁵，新式为 in⁵⁵，新式中声母也同时做了替换。新式的组合减少了 ŋən⁵⁵、ən⁵⁵ 等2个音节，相应地增加了 in⁵⁵ 这个同音音节。

M. ø+ʋ→ø+əu

体现在"茵"字上，其旧式为 ʋ³²，新式为 əu³²。新式的组合减少了 ʋ³² 这个同音音节，相应地增加了 əu³² 这个同音音节。

N. ø+uaʔ→ø+ua

体现在"挖"字上，其旧式为 uaʔ³¹，新式为 ua³²。新式的组合减少了 uaʔ³¹

这个同音音节，相应地增加了 ua^{32} 这个同音音节。

② 三变式中新式做个别替换

根据声韵母组合的不同，可细分为以下七种情况。以下按照旧式中的声母顺序排列，若声母相同则按照韵母顺序排列。

A. p+i→m+iɿʔ→m+i

体现在"秘"字上，其旧式为 pi^{55}，过渡式为 miɿʔ^{31}，新式为 mi^{55}，过渡式和新式中声母也同时做了替换。新式的组合减少了 pi^{55} 和 miɿʔ^{31} 等 2 个同音音节，相应地增添了 mi^{55} 这个新音节。

B. tsʻ+əu→tsʻ+ʮ→tsʻ+u

体现在"初"字上，其旧式为 tsʻəu^{32}，过渡式为 tsʻʮ^{32}，新式为 tsʻu^{32}。新式的组合减少了 tsʻəu^{32}、tsʻʮ^{32} 等 2 个同音音节，相应地增加了 tsʻu^{32} 这个同音音节。

C. tsʻ+uei→tsʻ+ʮ, tsʻ+u→s+u

体现在"鼠"字上，其旧式为 tsʻuei^{312}，过渡式为 tsʻʮ^{312}、tsʻu^{312}，新式为 su^{312}，新式中声母也同时做了替换。新式的组合减少了 tsʻuei^{312}、tsʻʮ^{312} 等 2 个同音音节，相应地增加了 su^{312} 等 1 个同音音节。

D. k+ε→tɕ+iɿ→tɕ+iε

体现在"街、戒"两字上，其旧式为 kε^{32}（街）、kε^{55}（戒），过渡式为 tɕiɿ^{32}（街）、tɕiɿ^{55}（戒），新式为 tɕiε^{32}（街）、tɕiε^{55}（戒），过渡式和新式中声母也同时做了替换。新式的组合减少了 kε^{32}/tɕiɿ^{32}（街）、kε^{55}/tɕiɿ^{55}（戒）等 4 个同音音节，相应地增加了 tɕiε^{32}（街）、tɕiε^{55}（戒）等 2 个同音音节。

E. k+əʔ→tɕ+yəʔ/tɕ+iaʔ→tɕ+iɔ

体现在"角"字上，其旧式为 kəʔ^{31}，过渡式为 tɕyəʔ^{31}/tɕiaʔ^{31}，新式为 tɕiɔ^{312}，过渡式和新式中声母也同时做了替换。新式的组合减少了 kəʔ^{31}、tɕyəʔ^{31}、tɕiaʔ^{31} 等 3 个同音音节，相应地增加了 tɕiɔ^{312} 这个同音音节。

F. h+aŋ→ɕ+iε→ɕ+iaŋ

体现在"巷"字上，其旧式为 haŋ^{55}，过渡式为 ɕiε^{55}，新式为 ɕiaŋ^{55}，过渡式和新式中声母也同时做了替换。新式的组合减少了 haŋ^{55}/ɕiε^{55} 等 2 个同音音节，相应地增加了 ɕiaŋ⁵⁵ 这个同音音节。

G. ∅+yɪ→z+ʊ→z+uæ

体现在"软"字上，其旧式为 yɪ³¹²，过渡式为 zʊ³¹²，新式为 zuæ³¹²，过渡式和新式中声母也同时做了替换。新式的组合减少了1个音节 zʊ³¹² 和1个同音音节 yɪ³¹²，相应地增添了 zuæ³¹² 这个新音节。

2. 韵母变异使韵母系统发生变化

（1）韵母变异对组合规律的影响

ə韵母的出现意味着韵母系统的改变和韵母数量的增加。音节大批量成系统替换，体现出变异的系统性；音节个别替换，属于系统替换完成前的扫尾工作。韵母变异共调查了82组词语中的82个字，有的字音存有旧式和过渡式2～3个音，有的虽是不同的字却是同一个音，这样出现新式之前的音节总共有94个。音节替换减少了39个音节，减少了58个同音音节，增加了48个同音音节，增添了23个新音节。这样共有168个音节发生了变化，具体情况见表5-11。音节数量虽有所减少，但总体上属于此消彼长，有归并有分化，保持了音节格局上整体的平衡（王福堂，2005：3）。

韵母变异中韵母（33个）与声母（18个）组合的牵涉面非常之大，并且有时韵母变异不仅仅单独进行而是伴随着声母变异同时进行，这就使整个语音系统中的声韵组合来了一次大整合。这样大大改变了原有声韵组合规律，改变了原有韵母系统格局，也即打破了原有语音系统。

表5-11 韵母变异中音节数量增减情况统计表

声韵组合	减少音节数	减少同音音节数	增加同音音节数	增添新音节数
p、pʻ、m、t、tʻ、l、ts、tsʻ、s、h、∅+ʊ→p、pʻ、m、t、tʻ、l、ts、tsʻ、s、h、∅+æ/uæ	16	3	4	8
tɕ、tɕʻ、ɕ、∅+ɿ→tɕ、tɕʻ、ɕ、∅+iaŋ	4			4
ts、tsʻ、s+ei→ts、tsʻ、s+uei		4	4	
k、h、ŋ+a→tɕ、ɕ、∅+ia	6		2	2
k、kʻ、ŋ、∅+ɔ→tɕ、tɕʻ、∅+iɔ	3	3	5	

（续表）

声韵组合	减少音节数	减少同音音节数	增加同音音节数	增添新音节数
tsʻ、s+ən→tsʻ、s+uən		4	1	3
ts、tsʻ、s+æ→ts、tsʻ、s+aŋ		3	3	
k、kʻ、h、ŋ、ø+æ→tɕ、tɕʻ、ɕ、ø+iɪ	6	5	8	
h+uən→h+ən		1	1	
pʻ+oŋ→pʻ+ən		1	1	
s+əʔ→s+uəʔ		1	1	
l+əʔ→l+y		1	1	
ɕ+iɪʔ→ɕ+yəʔ		1	1	
ø+ʊ→ø+əu		1	1	
ø+uaʔ→ø+ua		1	1	
ɕ、ø+iɪ→s、z+æ		3	3	
l+u→l、ø+y		2	1	1
tɕʻ+yn→tsʻ+uən		1	1	
tɕʻ+iɪ→tsʻ+ei		1	1	
l+iɪʔ→z+əʔ		1	1	
ŋ、ø+ei→ø+əu		4		2
ŋ、ø+ən→ø+in	2		1	
ɕ+iɪ→sei→sə	1	1		1
k+ɛ→tɕ+iɪ→tɕ+iɛ		4	2	
h+aŋ→ɕ+iɛ→ɕ+iaŋ		2	1	
tsʻ+uei→tsʻ+ʮ/tsʻ+u→s+u		2	1	
tsʻ+əu→tsʻ+ʮ→tsʻ+u		2	1	
ø+yɪ→z+ʊ→z+uæ	1	1		1
p+i→m+iɪʔ→m+i		2		1
k+əʔ→tɕ+yəʔ/tɕ+iaʔ→tɕ+ɔi		3	1	
总数	39	58	48	23

（2）韵母的动态系统与发展趋势

由上我们可以分析得出溧水街上话韵母系统不是一个静态系统而是一个动态系统。据此，我们可以画出其动态系统示意图，见图5-2（左侧图：加方框韵母均为涉及变异的韵母，箭头表示该韵母向所指韵母演变；右侧图：加方框韵母为新出现韵母）。这种动态的韵母系统呈现出的鲜明发展趋势就是既改变了原有的组合又出现一个新韵母ɔ（图5-2中用"□"框出的）。

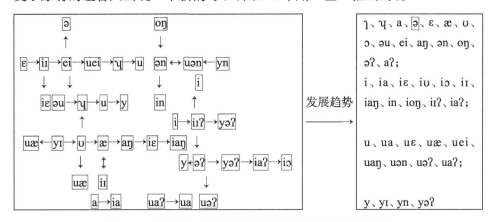

图5-2　溧水街上话韵母的动态系统与发展趋势示意图

3. 小结

由声母变异对声母系统、韵母变异对韵母系统的影响情况分析可知：声母变项新式中声母的归并、腭化和调整，韵母变项新式中音节大批量成系统地替换，大大改变了原有声韵组合规律，改变了原有声韵系统格局，打破了原有语音系统，对街上话原有语音系统产生了深刻的影响。

结合前文街上话语音变异所呈现出的向普通话靠拢的方向性分析和新式与普通话存在较高的接近度分析，我们可以说街上话的语音变异已使其由纯地方话演变成为"带有普通话色彩的地方话"（郭骏，2005：80），简称为"普通地方话"，这是方言向普通话靠拢过程中所形成的一种过渡变体（第六章将做探讨）。

第二节　演变模式分析

前文研究显示，溧水街上话语音变异呈现出不断向普通话靠拢的演变方向。现着重分析其不断向普通话靠拢的演变模式及其具体表现。

一、向普通话靠拢是街上话的演变方向

由前文街上话语音变异特征分析可知，街上话语音变异所呈现出的方向性不是向临近的南京方言靠拢而是向普通话靠拢。由接近度的具体量化分析可知：三种变式在接近度上的差异正反映出街上话向普通话靠拢是一个分步骤进行的过程，平均接近指数过渡式高于旧式、新式高于过渡式，一步一步向普通话靠拢；就新式而言，街上话与普通话在语音上已具有很高的接近度。由此可以说明，街上话这种地方话正逐步向普通话靠拢，换而言之，向普通话靠拢就是街上话的演变方向。

二、系统内部调整是街上话向普通话靠拢的主要演变模式

"新式体现变异的发展方向，因此新式的选择决定了方言向普通话靠拢所采用的演变模式。"（郭骏，2009b：608）依据上文对语音系统制约机制的分析，我们发现：声母变项、韵母变项和声调变项中的新式都是街上话语音系统中原有的声韵调，没有出现一个新声母，除ə韵母（蛇：sə^{24}）外没有出现别的新韵母、没有出现一种新声调，即使是新出现的ə韵母也是原有韵母中的一个音素。这说明新式的产生必须是原有语音系统中与普通话相同或最接近的形式，没有从普通话语音系统中引进任何语音成分，变异也没有改变街上话原有的语音特征。也就是说街上话语音变异要受到自身语音系统的制约，变异只能是沿着向普通话靠拢的演变方向做系统内部调整。可见，系统内部调整是街上话向普通话靠拢的主要演变模式。

三、系统内部调整的具体表现

街上话通过系统内部调整来向普通话靠拢，这是方言向普通话靠拢的一种主要演变模式。那么这种演变模式又有哪些具体表现还需要进行具体分析。依据前文语音变异对语音系统影响情况的分析，我们可以发现系统内部调整的演变模式存在三种具体表现：音位聚合的改变、音位组合的改变和字音归类的改变。

（一）音位聚合的改变

音位是一定语言或方言系统中能区别不同语言符号的最小语音单位，"音位的聚合关系就是根据音位之间的共同特征和不同特征把音位聚合成不同的类"（林焘、王理嘉，1992：195）。系统内部调整改变了音位聚合关系，表现在两个方面：聚合群之间平行对称关系的打破和聚合群之间的转换。

1. 聚合群之间平行对称关系的打破

溧水街上话原有 /ŋ/ 音位，同时处在两个聚合群中，按发音部位，它是舌根聚合群 /k kʻ ŋ/；按发音方法，它又是鼻音聚合群 /m n ŋ/，见图5-3。/ŋ/ 原处于双向聚合中，在结构上具有对称性特点，与其他相对立的音位呈现出平行的、对称的系列。聚合群之间的这种平行的、对称的系列也正是音位系统性的具体表现。而语音变异使 /ŋ/ 音位消失，这样就打破了街上话原有音位聚合群的平行与对称关系。

$$
\begin{array}{ccc}
p & t & k \\
pʻ & tʻ & kʻ \\
m & n & ŋ
\end{array}
$$

图 5-3　/ŋ/ 所处聚合群示意图

2. 聚合群之间的转换

"间、碱、家、嫁、教、觉、角、跤、街、戒，敲、铅，苋、咸、巷、虾"等调查字的声母在旧式中为 k、kʻ、h，在新式中为 tɕ、tɕʻ、ɕ，新式中声母腭化，即中古见系开口二等字声母腭化。这实际上也是一种音位聚合的改变，由 /k kʻ h/ 聚合群转换为 /tɕ tɕʻ ɕ/ 聚合群。

由于每一个音位都处于聚合和组合两种关系中，因此原有聚合关系的改变自然也改变了原有的组合关系，出现了这样一些音位组合的改变（参见表5-12）：第一，调查字的字音中原与 /ŋ/ 组合的 /a/、/ɛ/、/æ/、/ɔ/、/ei/、/aŋ/、/ən/、/əʔ/ 等因 /ŋ/ 的消失而在新式中改变了原有组合规律；第二，调查字的字音中 /k/、/h/、/ŋ/ 原与 /a/ 组合，因聚合群的转换和 /ŋ/ 的消失而在新式中出现 /tɕ/、/ɕ/ 与 /ia/ 组合，改变了原有组合规律；第三，调查字的字

音中 /k/、/kʻ/、/ŋ/ 原与 /ɔ/ 组合，因聚合群的转换和 /ŋ/ 的消失而在新式中出现 /tɕ/、/tɕʻ/ 与 /iɔ/ 组合，改变了原有的组合规律；第四，调查字的字音中 /k/、/kʻ/、/h/、/ŋ/ 原与 /æ/ 组合，因聚合群的转换和 /ŋ/ 的消失而在新式中出现 /tɕ/、/tɕʻ/、/ɕ/ 与 /iɪ/ 组合，改变了原有组合规律。

（二）音位组合的改变

音节是音位和音位组合起来构成的最小的语音结构单位，在汉语里一个汉字通常就代表一个音节。汉语的音节通常可以分为声、韵、调三部分，"声母和韵母由音质音位构成，声调由非音质音位中的调位构成"（叶蜚声、徐通锵，1997：81-82），声韵调的组合实际上就是音位组合。依据前文语音变异对语音系统影响情况的分析，再结合上文原有音位聚合关系的改变对音位组合关系的影响情况，我们发现街上话语音变异改变了系统内部一系列的音位组合规律，即声韵组合规律。成系统性改变的主要有五组，具体见表5-12。

表5-12　声韵组合规律改变情况表

组别	原有的声韵组合	变异后的声韵组合
1	p、pʻ、m、t、tʻ、l、ts、tsʻ、s、h、ø+ʊ	p、pʻ、m、t、tʻ、l、ts、tsʻ、s、h、ø+æ/uæ
2	ts、tsʻ、s+æ、ei、ən	ts、tsʻ、s+ aŋ、uei、uən
3	tɕ、tɕʻ、ɕ、ø+iɛ	tɕ、tɕʻ、ɕ、ø+iaŋ
4	k、kʻ、h、ŋ+a、ɛ、ɔ、æ	tɕ、tɕʻ、ɕ、ø+ia、iɛ、iɔ、iɪ
5	ŋ+ a、ɛ、æ、ɔ、ei、aŋ、ən、əʔ	ø+ a、ɛ、æ、ɔ、ei、aŋ、ən、əʔ

资料来源：引自郭骏（2009b：609）表2，略做调整。

（三）字音归类的改变

前文语音变异对语音系统影响情况的分析显示：街上话语音变异使一大批字的字音在没有整体改变原有音位聚合和组合规律前提下，在系统内部进行重新归类。此属非系统性调整。声母变异中，有"秘、蛇、车、扇、鳝、跪、热、日、芮"等字在新式中调整其在音位聚合和组合中的归属；韵母变异中，有"横、朋、俗、绿、薛、驴"等字在新式中调整其在音位聚合和组合中的归属。由此可见，语音变异在大规模改变街上话原有音位聚合和组合规律的同时，又通过字音归类的方式进行音位组合的调整，使街上话逐步向普通话靠拢。

1.声母变异中字音归类的改变

有的调查字因音位聚合群的转换而改变音位组合中的归属。如因 /tɕʻ/、/ɕ/ 聚合群转换为 /tsʻ/、/s/ 聚合群而使其音位组合的归属做了调整，"车"：tɕʻir³²→tsʻei³²；"蛇、扇、鳝"：ɕir²⁴、ɕir⁵⁵、ɕir⁰→sei²⁴/sə²⁴、sæ⁵⁵、sæ⁵⁵。又如因 /l/、/z/ 所属聚合群的转换而使其音位组合的归属做了调整，"热、日"：lirʔ³¹→zəʔ³¹。再如因同一聚合群内的音位转换而使音位组合做了调整，"芮"：suei⁵⁵→zuei⁵⁵。

有的调查字只是改变其音位组合的归属。如"跪"原为 /kʻ/ 与 /uei/ 组合，现改为 /k/ 与 /uei/ 组合，即 kʻuei³¹²→kuei⁵⁵；又如"秘"原为 /p/ 与 /i/ 组合，现改为 /m/ 与 /irʔ/、/i/ 组合，即 pi⁵⁵→mirʔ³¹/mi⁵⁵。

2.韵母变异中字音归类的改变

韵母变异在不改变系统中原有组合规律的前提下，只改变音位组合中的归属。主要涉及6个调查字：（1）"横"原由 /h/ 与 /uən/ 组合，现改为与 /ən/ 组合，即 huən²⁴→hən²⁴，未改变原有系统中 /h/ 与 /uən/ 的组合规律；（2）"朋"原由 /pʻ/ 与 /oŋ/ 组合，现改为与 /ən/ 组合，即 pʻoŋ²⁴→pʻən²⁴，未改变原有系统中 /pʻ/ 与 /oŋ/ 的组合规律；（3）"俗"原由 /s/ 与 /əʔ/ 组合，现改为与 /uəʔ/ 组合，即 səʔ³¹→suəʔ³¹，未改变原有系统中 /s/ 与 /əʔ/ 的组合规律；（4）"绿"原由 /l/ 与 /əʔ/ 组合，现改为与 /y/ 组合，即 ləʔ³¹→ly⁵⁵，未改变原有系统中 /l/ 与 /əʔ/ 的组合规律；（5）"薛"原由 /ɕ/ 与 /irʔ/ 组合，现改为与 /yəʔ/ 组合，即 ɕirʔ³¹→ɕyəʔ³¹，未改变原有系统中 /ɕ/ 与 /irʔ/ 的组合规律；（6）"驴"原由 /l/ 与 /u/ 组合，现改为与 /y/ 组合，即 lu²⁴→ly²⁴，未改变原有系统中 /l/ 与 /u/ 的组合规律。

四、小结

依据前文分析，我们可以通过示意图（见图5-4）清楚地展示出方言向普通话靠拢的具体演变模式与演变进程：向普通话靠拢，是方言的演变方向；系统内部调整，是方言向普通话靠拢的演变模式。方言与普通话之间存在着过渡状态，在过渡状态中存在着一种过渡变体——"普通地方话"。"普通地方话"的产生是通过系统内部调整来实现的。"普通地方话"仍将不断向普通话靠拢。

图5-4 演变模式与演变进程示意图

第六章　过渡语类型探析

学界已有研究表明，在方言向标准普通话过渡中存在着一种过渡语，称为"地方普通话"。前文溧水街上话演变模式与演变进程分析又显示，在方言与普通话之间还存在着另一种过渡语，称为"普通地方话"。这就需要对这两种不同类型的过渡语进行深入地分析研究。为此，我们既要分析研究"普通地方话"的性质、形成条件、语音系统、存在的普遍性，又要分析研究"地方普通话"的性质、成因、语音特征以及与"普通地方话"的联系和区分，同时还要构建方言与普通话之间两种过渡语类型和双言四层级分布体系。

第一节　"普通地方话"的性质与形成条件

一、中介语理论

中介语理论（interlanguage theory）创立于20世纪60年代末70年代初，是在认知心理学的基础上发展起来的。学界一般把美国学者塞林格（Selinker）发表的《中介语》（interlanguage）一文看作是中介语理论走向成熟的标志。所谓"中介语"就是介于母语与目标语之间的独立的语言系统，是第二语言习得者创造的语言系统。其主要特点有三：第一，中介语是一个独立的语言系统，"它既不同于母语，又不同于目的语"，是介于母语和目的语之间的一种语言。它"是一个合法的语言系统，它有一套自己的规律"，这套规律是习得者创造的。第二，中介语是一个动态的语言系统，是"不断引入新的规则以改进、转换和扩大已建立起来的过渡系统的渐进的过程"。第三，"中介语不是直线向目

的语靠拢的，而是曲直地发展"。（于根元，1999：75—76）

此理论对推广普通话过程中所出现的中间状态的研究有着十分重要的意义。过去我们把较多的精力投入到方言和标准普通话的研究之中，却忽略了对方言向标准普通话过渡的中间状态的研究。而这个过渡的中间状态（一般称为"地方普通话"）就是中介语。地方普通话可分为好的、较好的、较差的三个等级。这三个不同等级都是中介语。三种不同等级的地方普通话会随着学习者普通话水平的提高而不断向前发展，好的向标准普通话靠拢，较差的和较好的向较好的和好的靠拢。在这个属于过渡状态的地方普通话中，有许多现象需要运用中介语理论加以研究（于根元，1999：81）。

但我国学术界对"interlanguage"这一术语的翻译不完全一致，或译成"中介语"，或译成"中间语""过渡语"（于根元，1999：73），而且在对概念的理解上存在两种不完全相同的诠释。

一种是区分"中介语"与"过渡语"。如陈建民、陈章太在《从我国语言实际出发研究社会语言学》一文中区分"过渡语"与"中介语"。对"中介语"的解释是"在两种或多种语言或方言接触的地区出现的不同语言成分互相吸收、混合而成的交际用语"，"是民族杂居地区或方言混杂地区的一种交际工具"。"两三种语言或方言在接触中都会出现语言成分的借出和输入，因此中介语是民族之间或不同方言区的人之间相互靠拢的一种'非此非彼'的交际用语"。（陈建民、陈章太，1988：115—116）对"过渡语"虽未下准确定义，但指出带有地方味儿的不纯正的普通话，即"地方普通话"，是方言向普通话过渡的产物，属于"过渡语"。对照作者对"中介语"的解释，"地方普通话"不是民族之间或不同方言区的人之间相互靠拢的一种"非此非彼"的交际用语，而是方言向普通话靠拢所出现的一种过渡状态，可见"过渡语"是指方言与普通话之间的过渡状态。可陈章太在《关于普通话与方言的几个问题》一文中又指出地方普通话是一种"中介语"[①]（陈章太，2005a：111），又将"中介语"与

[①]　陈章太的《关于普通话与方言的几个问题》一文在《语文建设》（1990年，第4期）发表时，表述为"地方普通话是方言区的人学习普通话过程中必然产生的语言现象"（第29页），并没有提及"中介语"。该文在收入《语言规划研究》时改为"地方普通话是一种中介语，是方言区的人学习普通话过程中必然产生的语言现象"（第111页）。

"过渡语"视为同一个概念而不加区分。

另一种是不区分"中介语"与"过渡语"，将它们视为同一概念的不同名称。如冯志伟指出"地方普通话是带有地方色彩的普通话，它是介于地方方言和标准普通话之间的一种中介状态的语言，是一种过渡语"（冯志伟，1999：144）。于根元也指出"方言向普通话过渡，就存在过渡的中间状态，我们称之为地方普通话，地方普通话就是中介语"（1999：81）。这样就把"中介语"与"过渡语"等同起来看待。

笔者采用陈建民、陈章太在《从我国语言实际出发研究社会语言学》一文中的观点，将"地方普通话"这类处于方言与标准普通话之间的中间状态视为"过渡语"，即采用"过渡语"这一术语。限于篇幅暂不对"中介语"与"过渡语"的区分问题做详细辨析。

二、"普通地方话"的性质

依据前文所析，语音变异使溧水街上话这样一种方言在不同人群中出现不同状态：一是原有状态和过渡状态，即旧式和过渡式，为"老街上话"；一是最新状态，即新式，为"新街上话"。这种具有浓重普通话色彩的新街上话就是溧水"普通地方话"。

说街上话的居民有意识地或无意识地将自己的语言向标准普通话的方向靠拢。在语音方面表现为不断调整自己的语音以便更接近标准普通话的语音，在词汇方面表现为方言词语与普通话词语的替换，在语法方面表现为方言语法特征的消失和普通话语法特征的出现（郭骏，2007：140）。这是交际适应理论中的"靠拢"现象（徐大明等，1997：243）。这种不断的"靠拢"形成了这种"普通地方话"。其形成过程实际上是一种自觉的调整过程，主要选择方言中原有的与标准普通话最为接近的形式来进行系统内部的调整。

普通地方话是"具有普通话色彩"的"最新派方言"，就其实质而言是方言与标准普通话之间所出现的过渡语。它跟民族语言与汉语之间所出现的第二语言有所不同，如傣语（母语）与汉语（目标语）之间的"傣汉语"和汉语

（母语）与傣语（目标语）之间的"汉傣语"这两种第二语言（陈保亚，1996：10），其母语傣语或汉语依然存在。原有方言与"普通地方话"不是两种不同的语言，而是一种方言在不同人群中所存在的两种不同的状态。

三、"普通地方话"形成的内外部条件

我们拟从地理位置、语言现状、语言态度、发展方向等四方面分析其形成条件。此四方面构成了街上话在标准普通话的不断影响和渗透下积极地自我调整，不断向普通话靠拢，逐渐演变成为"普通地方话"的内部条件和外部条件。

（一）内部条件

1.语言现状：原有方言与标准普通话存在一定的接近度

前文语言态度与语言使用调查表明，在城镇居民依据城镇与乡村这种行政上的二元对立把溧水全县方言划分为两种——"街上话"与"乡下话"。这种对立彰显出街上话作为城镇方言的权威地位，意味着街上话不可能受到乡镇方言的影响。前文街上话与普通话语音系统的比较显示，街上话的原有形式与普通话已有一定的接近度，在音质上具备了与标准普通话的相似性，为向标准普通话靠拢所进行的内部选择提供了前提和保障，也是成为"普通地方话"的必备条件。再加上城镇方言本来就"更容易接受外来的影响，更容易放弃方言特点"（王福堂，2005：172），又成了促进"普通地方话"形成的另一必备条件。

由此可见，"普通地方话"的形成从语言现状看，原有方言必须是当地的权威方言，否则就不会成为人们关注的对象，说此方言的人只会放弃它而不会去调整它、改变它；同时原有方言与标准普通话之间还必须要存在一定的接近度，否则很难进行自我调整来向普通话靠拢，自然就很难产生与标准普通话具有较高接近度的普通地方话。

2.发展方向：原有方言不断向普通话靠拢

语言态度与语言使用情况调查数据反映出街上话正处于发展变化的过程

中，原有的方言特色逐渐消失，普通话开始在家庭使用，小一辈开始说普通话，街上话有向普通话转变的趋势。前文街上话与标准普通话的接近度分析[旧式（1.92）<过渡式（2.42）<新式（4.09）]，已清楚地显示出街上话正处于不断向标准普通话逐渐靠拢的发展过程中。

由此可见，"普通地方话"的形成从发展方向看，原有方言必须处于一个发展变化的过程中，而且这个过程必须是一个逐渐向标准普通话靠拢的过程，否则原有方言就不可能成为"普通地方话"。因为如果原有方言不是向标准普通话靠拢而是向临近的大中城市或中心城市的方言靠拢，那么其方言内部所进行的系统调整就不可能以标准普通话为调整目标而是以某个临近的大中城市或中心城市的方言为调整目标。

（二）外部条件

1. 地理位置：大中小城市或城镇

溧水县城在城镇原本就是全县政治、经济、文化的中心。新中国成立以来尤其是改革开放以来，随着经济发展的加快、人口流动的增加、对外交往的频繁、文化教育的普及、标准普通话的大力推广和积极普及、电视的普及，标准普通话对街上话的影响力和渗透力逐渐加大加强。语言态度与语言使用调查显示：居民中会说普通话的人数不断增加，已占81.48%；说普通话的几率也不断增大，与外地人或说普通话的人交谈有83.33%的人用普通话；98.15%的人要求子女在学校说普通话，53.70%的人要求子女在家说普通话；受访者觉得"侄儿、侄女不说在城话，说普通话"，"自己说在城话，孙子辈说普通话"，"孙子辈对自己说的街上话觉得难听"；在城话"有向普通话转变的趋势""向普通话发展"（郭骏，2007：137—139）。

由此可见，"普通地方话"的出现从地理位置来看，都是出现在大中小城市或城镇，它们是当地政治、经济、文化等的中心。由于人员流动量大，为便于交际自然会出现对内用原有方言、对外用具有普通话色彩的地方话或地方普通话的情况，形成内部语言和外部语言两种。又由于文化教育的迅速发展，居民尤其是青少年在不断提高文化教育程度的同时自然也提高了自身的普通话水平，再加上大中小城市或城镇标准普通话普及率高、各种媒体的覆盖面大，因此受标准普通话的影响早而且大，大中城市尤为显著。据中国人民大学舆论研究所1998年的调查，全国大中城市普通话的普及率就已达到71%（陈章太，2002b：31）。

2. 语言态度：对原有方言与标准普通话均有认同且后者高于前者

前文的语言态度与语言使用调查显示，居民对街上话与标准普通话存在着双项认同，后者比前者认同度要高。具体表现为：第一，居民对街上话和标准普通话的情感价值评价都很高，说明县城居民对街上话和标准普通话存在着双项认同，并且后者的认同度要高于前者；第二，居民对街上话可懂度有比较高的评判，反映出居民对街上话交际功能的一种认同，不局限于本地人之间的交流，还可用于与外地人之间的交流；第三，居民认为街上话与标准普通话较为接近的观点也从侧面反映出居民对标准普通话的认同；第四，对于日常用语和教育用语的选择，几乎所有受访者都认为教育用语应用标准普通话，一半以上的人认为子女在日常用语中也要用标准普通话，近一半人认为子女在家要用街上话，这也说明居民对标准普通话与街上话存在着双项认同，前者高于后者（郭骏，2007：139）。从街上话与标准普通话的同时使用与双项认同可见，街上话作为一种地域方言与标准普通话作为民族共同语在在城镇这个言语社区内并存共用。这说明溧水县城居民的语言生活是地域方言与民族共同语并存并用，以地域方言为主导的双言制（郭骏，2007：140）。

由此可见，"普通地方话"的形成从语言态度看，居民对原有方言与标准普通话必须均有认同，而且对后者的认同度要高于前者。如果只对原有方言有认同而对标准普通话没有认同，那么原有方言就不一定要向标准普通话靠拢，或许要向临近的大中城市方言靠拢，或者基本上保持不变。如果只对标准普通话有认同而对原有方言没有认同，那么居民就有可能放弃原有方言，改说标准普通话或别的权威方言，也就不可能出现"普通地方话"。如果对原有方言与标准普通话虽然均有认同，但不分彼此或对原有方言的认同度高于标准普通话，那么标准普通话对方言的影响度自然就会大大减弱，同时居民对标准普通话的接受程度也会大大减弱，自然也就难以形成向标准普通话靠拢的发展态势，即也难以形成普通地方话。因此，居民对原有方言与标准普通话必须均有认同，并且对后者的认同度要高于前者，这两个条件缺一不可。

四、"普通地方话"的语音系统分析

（一）声韵调系统分析

由前文可知，新街上话这种普通地方话的语音系统是专指街上话语音变项新式中的声韵调系统，它是处于街上话原有状态跟标准普通话语音系统之间的一种中间状态系统。

这里所论普通地方话的声韵调系统与前文所论街上话整体上的动态系统既有联系又有区别。前文所论街上话整体上的动态系统是指街上话共时状态下所存在的一种动态的系统，涵盖了语音变项旧式、过渡式和新式等三种变式中声韵调的呈现状态，而这里所论普通地方话的声韵调系统是专指语音变项新式中的声韵调的呈现状态。但在分析新式中所出现的声韵调的具体情况时还必须考虑因未发生变异而未做调查的原有声韵调系统中的声韵调情况。

下面就普通地方话的声韵调系统做简要分析，并与前文所分析的声母动态系统和韵母动态系统做简要比较。

1. 声母系统

街上话声母变项中新式与标准普通话声母的靠拢情况显示，新式有与标准普通话声母相同的，也有相近的。普通地方话的声母（18个）系统为：p、p'、m、(f)、t、t'、(l)、ts、ts'、s、z、tɕ、tɕ'、ɕ、k、k'、h、ø。f在所调查的字音中未出现，但仍然是客观存在的一个声母，用括号标示出；l虽只在旧式中出现，在新式中没有出现，但它仍是客观存在的一个声母。

普通地方话声母系统与声母动态系统比较：声母动态系统中ŋ声母属于即将消失还尚未消失的一个声母；普通地方话声母系统中ŋ声母已经消失。

2. 韵母系统

街上话韵母变项中新式与标准普通话韵母的靠拢情况显示，新式有与标

准普通话韵母相同的，也有相近的。普通地方话的韵母（37个）系统为：(ɿ)、a、(ɛ)、æ、ɔ、ə、ɤu、ei、aŋ、ən、(oŋ)、əʔ、(aʔ)，i、ia、iɛ、(iu)、iɔ、iɪ、iaŋ、in、(ioŋ)、(iɪʔ)、(iaʔ)，u、ua、(ɤu)、uæ、uei、(uaŋ)、uən、uəʔ、(uaʔ)，y、(yɪ)、(yn)、yəʔ。ɿ、ɛ、iu、ioŋ、ɤu、uaŋ等6个韵母在调查字音中未出现，但仍然是客观存在着的韵母，用括号标示出；oŋ、aʔ、iɪʔ、iaʔ、uaʔ、yɪ、yn等7个韵母虽然在新式中没有出现，但仍是客观存在着的韵母。

普通地方话韵母系统与韵母动态系统比较：韵母动态系统中有ɿ和ʊ两韵母，没有ə韵母；普通地方话韵母系统中ɿ和ʊ两韵母已消失，出现ə韵母，入声韵出现率大幅降低。

3. 声调系统

街上话声调变项中新式与标准普通话声调的靠拢情况显示，新式与普通话声调没有完全相同的，只有相近的，即调类相同调值不同。所调查街上话音节中的新式只有三个还保留入声调，说明普通地方话的语音系统中入声调几乎要萎缩殆尽。普通地方话的声调（5个）系统为：阴平 [˧˨]32、阳平 [˨˦]24、上声 [˧˩˨]312、去声 [˥]55、入声 [˧˩]31。

（二）声韵调系统中原有方音特征的保留及发展趋势分析

该语音系统仍以老街上话的声韵调为主要构成部分，主要有：第一，n、l不分，一律读l；第二，只有ts、tsʻ、s、z一套；第三，除aŋ外不分前后鼻音韵尾，只有ən、in，没有əŋ、iŋ；第四，标准普通话的an、uan、ian韵仍读不带鼻音韵尾的单元音、复元音韵母æ、uæ和iɪ；第五，仍保留带喉塞音韵尾的韵母，如əʔ、uəʔ、yəʔ等；第六，仍保留入声调，其他调类与标准普通话相同，但调值仍不同。

依据前文分析可知，在新街上话仍保留着的老街上话的主要语音特征中，前四项特征仍未见出现变动的迹象，表明在今后一个相当长的时间内可能仍将继续保持下去。第五项特征已出现了萎缩的态势，有可能在不长的时间内带喉塞音韵尾韵母将要消失。第六项特征与第五项特征是紧密相连的，随着带喉塞音韵尾韵母的消失，入声一般也将随之而消失。入声的消失则意味着新街上话与标准普通话在调类上达到一致。当然，要达到与标准普通话在调值上的一致，可能还需要相当长的时间。

五、"普通地方话"其他例证：新南京话

（一）南京话的传统方言学调查

20世纪80年代鲍明炜在《六十年来南京方音向普通话靠拢情况的考察》一文中专就南京话向普通话的靠拢情况做了具体考察。为了解南京话的现状，观察南京话向普通话靠拢的情况，"调查的对象以出生在南京的青少年为主，因为他们说的话才足以代表今天南京话的面貌"（1980：242）。

鲍明炜分别考察了"n、l的分混""尖团音的分混""a、ai两韵的开齐问题""撮口韵的有无""ɒ韵的读法""e韵的读法""e、ai两韵的分混""鼻音韵尾的读法""其他一些字音"等九个方面，得出结论："六十年来，随着社会的发展，南京话发生了急剧的变化"，"经过几十年的发展演变，沿着向普通话靠拢的道路，在老南京话的基础上形成了新南京话，并且已经取得了支配地位"（1980：241—245）。

新南京话的语音仍以旧南京话声韵调为主要构成部分，如"n、l不分""an和aŋ、ən和əŋ、in和iŋ不分""仍保留入声调"等。但同时按照向普通话靠拢的要求，抛弃了方言性特强的一部分，如尖音并于团音，从i韵分出y韵，以ɑ韵取代ɒ韵，以及一些其他特殊的字音。就其性质而言，新南京话"还不是普通话"，是"由老南京话到普通话的一种过渡形式，它将有一定的稳定性"（鲍明炜，1980：244—245）。

鲍明炜对新南京话形成的原因也做了简要分析。新中国成立以前，南京话自然地向前发展，但发展缓慢，"老南京话还能自成系统，固守在城南一隅"。新中国成立以后，原来主要说老南京话的家庭妇女和老年人大多参加工作以及其他社会活动，南京话开始明确地向普通话靠拢，前进的速度比新中国成立前快得多。1957年以后，由于普通话的推广，老南京话的特点越来越少。青少年甚至已能分辨n和l、i和y、an和aŋ了，只有极少数的老年人还能说程度

不同的老南京话。"一字多音是现阶段南京话的一个特色"（1980：245）。

（二）南京话的社会语言学调查

徐大明、付义荣等于2002年11月对南京城区语言使用情况进行过调查。针对城市中语言调查点的取样代表性问题，采用"地图抽样法"确定10个调查区点。为克服问卷调查中被调查者自报答案的主观性偏差，采用"问路调查法"。调查员在调查区内以寻路陌生人的形象出现，选择街上结伴而行的路人为观察对象，以"用普通话问路"为手段，观察调查对象回答问路时语言的选用情况。除了记录路人回答时用的"外部语言"（即"对不认识的社区成员使用的语言"），还记录路人与其同伴交谈所用的"内部语言"（即"对熟人所使用的语言，如亲友、同学、同事、熟悉的生意伙伴等等"）（徐大明、付义荣，2005：146；张璟玮、徐大明，2008：45）。"内部语言"与"外部语言"是根据人们在说话时常常依据对方与自己关系的亲疏远近来选择不同语言这一实际情况而划分出的两个概念（付义荣，2004：52）。每个调查组对所调查区点的中小学生、中青年、老年3个不同年龄组每组至少要调查男女各5人（徐大明、付义荣，2005：145）。

调查发现，在使用外部语言的300人中，153人（51%）使用南京话，90人（30%）使用普通话，57人（19%）使用外地话；在使用内部语言的265人中，167人（63%）讲南京话，29人（11%）讲普通话，69人（26%）讲外地话。由此得出：在南京城区用普通话问路，有半数的回答者用的是南京话，有三分之一的回答者用的是普通话；以街上行人为代表的城区人口在与熟识的人交谈时只有一成讲普通话，六成或六成以上讲南京话，三成或接近三成讲的是各种"外地话"。据此可以将南京定性为"普通话城市"[①]。因为在南京言语社区成员当中，"普通话和南京话都被认为是社区范围之内通用的语言变体"，说明南京言语社区成员对普通话和南京话都存在着认同，同时对普通话的接受程度和积极使用的程度都很高，对普通话的接受程度已接近100%，而且相当大

---

① 研究者指出："2002年11月以后，我们对南京市的普通话使用情况继续进行了调查，近年来的情况是普通话使用的比例持续升高"（徐大明、付义荣，2005：149）。

一批人已将普通话用作与不熟识的人交流的"外部语言"（徐大明、付义荣，2005：147—148）。

鉴于南京城区人口对普通话的使用存在着较大的内部分歧，调查者运用"变项规则分析法"对可能对语言选用产生影响的社会制约条件进行了检验。检验发现，在地区、性别和年龄3个因素中，地区和年龄都对普通话的使用有显著影响：比较靠北、比较接近市中心的地区使用普通话的概率较高，越是年轻的年龄组使用普通话的概率越高（老年：0.361，中青年：0.495，中小学生：0.730）。与此同时，"内部语言"为普通话的人"外部语言"也为普通话，"内部语言"为南京话的人比"内部语言"为"外地话"的人更少使用普通话，这显然与"南京话所具有的本社区主要语言变体的地位"有关（徐大明、付义荣，2005：148）。由此可见，"南京话依然是南京市的主体语言"（付义荣，2004：53）。

（三）普通地方话的确认

上述两项调查显示，南京话仍是南京城区的"主要语言变体"。同时南京音系是"江淮方言中最接近北京音系的"，尤其是新南京话，其"语音特点比老南京话更接近北京音，如尖团不分，[an ɑŋ]两韵，'哥、棵、河'[o]韵改读[ə]韵"（刘丹青，1994：98），而且也正处于一个逐渐向普通话靠拢的过程中。

南京作为省会城市原本就是全省政治、文化中心，新中国成立以来尤其是改革开放以来随着经济的快速发展、大量外来人口的流入、对外交往的频繁、教育文化水平的提升、普通话的普及等等，普通话对南京话的发展产生了极大的影响。

南京市民对南京话与普通话的同时使用与双项认同，表明南京话作为一种地域方言与普通话作为民族共同语在南京城区这个言语社区内并存共用。说明南京城区居民的语言生活是地域方言和民族共同语并存并用、以地域方言为主导的双言制。

六十年来南京话发展的实际，居民对南京话与普通话的认同以及对普通话的接受程度和使用情况等几方面都充分说明，新南京话与新街上话一样符合"普通地方话"的特征，也是一种"普通地方话"。这同时也说明"普通地方话"是一种普遍存在着的语言现象。

第二节　"地方普通话"的性质、成因与语音特征

一、"地方普通话"的性质

地方普通话是一种既非标准普通话又非地方方言的语言现象（陈亚川，1991：12）。就其性质而言是一种中介语（陈章太，2005a：111），是方言向标准普通话过渡的中间状态（于根元，1999：81）。"它既有方言成分，又有普通话成分，但基本摆脱了方言而进入普通话范畴"，是一种低层次的普通话（陈章太，1990：29）。吕叔湘也曾指出过普通话包括"带地方色彩的，像广东腔普通话、四川腔普通话"（1990：6）。不过这里还有一个方言成分和普通话成分的比重问题，既然已属于"普通话范畴"，那么其普通话成分的比重应大于方言成分，否则难以划入普通话范畴。

陈章太在《再论语言生活调查》一文中指出："普通话在方言区的使用，又因受方言的影响，常常发生地方变异，使其带有不同程度的方言色彩，形成各种地方化的普通话，人们俗称为某地普通话，如四川普通话、湖南普通话、上海普通话、广州普通话、台湾普通话，等等。"（1999：28）他在另一文中指出"不标准的普通话是标准普通话的地方变体，是带有不同程度的方言色彩的普通话。对不标准的普通话，各地有些不同的叫法，过去称为'蓝青官话'，后来有的叫'地方普通话''方言普通话''带方言腔的普通话'，新近还有说'塑料普通话'的，我们暂且采用'地方普通话'的说法"（1990：29）。从陈章太的这两段论述可以得出"地方普通话"的定义：地方普通话是标准普通话的地方变体，是带有不同程度的方言色彩的普通话。这种不标准的普通话有许多不同的名称，现一般称之为"地方普通话"①。

---

①　周有光称是陈建民给取的名，见周有光《关于"大众普通话"问题》，原载香港《语文建设通讯》，1999年，第4期；现见周有光《周有光语文论集》（第四卷），上海：上海文化出版社，2002年版，第285页。

地方普通话是普遍存在和广泛使用的一种语言现象，"今天，我国大陆各方言区流通的普通话，台湾国语，海外华侨社区的华语，大多是带有方言色彩甚至是浓厚的方言色彩的地方普通话"（陈章太，1990：29）。所以来自不同方言区的人说的就是带有不同方言特色的普通话，如竺可桢说浙江普通话、沈从文说湖南普通话、叶圣陶说苏州普通话等等（周有光，2002：286）。"地方普通话"已有很多研究案例，如"闽南普通话"（陈亚川，1987）、"上海普通话"（姚佑椿，1988）、"荆州普通话"（王群生、王彩豫，2001）等等。

二、"地方普通话"的成因

地方普通话是"方言区的人学习普通话过程中必然产生的语言现象"（陈章太，1990：29）。方言区的人在学习标准普通话的过程中"自觉不自觉地比照方言类推地学"（李如龙，1988：68），受到自身方言母语的干扰大，从而形成了以标准普通话成分为主也带有自身方言母语成分的"地方普通话"。这是形成"地方普通话"的最主要原因。正如周有光所说，对大众来说，学习"规范普通话"（即标准普通话），实际得到的收获往往是"方言普通话"（即地方普通话）（2002：290）。

除了母语方言干扰外，还有普通话知识的干扰，"由于学习者掌握普通话知识不足，把所学的不全面的有限的普通话知识加以套用，以致产生偏误"。另外"由于语言现象的复杂性和语言教学的主客观条件限制，在教材或教师课堂的讲解中，都可能讲得不很周全，不很恰当，不很标准，成为产生偏误的根源"，语言训练的缺陷也成了产生"地方普通话"的原因之一。（陈亚川，1991：14—15）

三、"地方普通话"的主要语音特征

参照学界的已有研究，结合个人的分析和思考，可归纳出地方普通话所具有的语音特征。主要有以下四项特征。

（一）语音成分上的多样性

地方普通话既有标准普通话的语音成分，并以此为主，又有少量的方音成分，还有较特别的语音成分，既不是标准普通话的语音成分也不是方音成分。这些均体现出语音成分的多样性。地方普通话的语音成分既不完全等于标准普通话，也不同于方言，说明它具有方言与标准普通话之间过渡状态的语音特征。

（二）整体构成上的系统性

主要体现在两方面：一是地方普通话语音的主要构成成分为标准普通话的语音成分，这本身是成系统的；另一方面地方普通话语音中少量方言成分也是成系统的，如入声的进入等，都是成系统的。当然，成系统出现的方言成分并不固定。

（三）存在状态上的动态性

标准普通话已经定型，而地方普通话这个非标准普通话则一直"处于变动之中"，是一个"动态的过程"（陈章太，1999：29）。整体构成上虽然存在着系统性，但"本身很不稳定，经常处于变动之中"（陈章太，1990：29），"表现在具体的每个学习普通话的人身上是一种动态的、不断变化的"的语言系统（陈亚川，1991：13）。

（四）发展趋势上的方向性

"地方普通话实际是普通话的低级形式，它的发展趋势是逐渐向标准普通话靠拢，而不大可能形成新的方言，更不可能回到原来的方言上去，这是受我国语言生活状况和语言演变总趋势所制约，是不以人的意志为转移的"（陈章太，1990：29）。这说明地方普通话的发展趋势是逐渐向标准普通话靠拢，存在着鲜明的方向性。

四、"地方普通话"的等级

《普通话水平测试实施办法（试行）》将普通话水平划分为三级六等（刘照雄，1994：3）。陈章太参照此划分方法，也给地方普通话划分了等级范围：

如果说"一级就是标准普通话，二级是比较标准的普通话，三级是不标准的普通话"，那么地方普通话可以看作"二级偏下和不标准的三级普通话"（1990：29），即在二级乙等以下至三级乙等之间。也有人认为，二级甲等、二级乙等、三级甲等、三级乙等水平的普通话都属于地方普通话（王群生、王彩豫，2001：34）。

地方普通话同样也存在着不同的层次，从语音的角度根据方音所占比重的大小可以分为较差、较好和好三个等级（于根元，1999：81）。比重较大的则为地方普通话三级，即较差级；比重一般的则为地方普通话二级，即较好级；比重较小的则为地方普通话一级，即好级。

第三节　"普通地方话"与"地方普通话"的联系与区分

一、"普通地方话"与"地方普通话"的联系

"普通地方话"与"地方普通话"两者存在着这样一些共同点：第一，两者都是处于方言与标准普通话之间的过渡状态，都为方言与标准普通话之间的过渡语；第二，两者都含有标准普通话语音成分和方音成分；第三，两者都存在着鲜明的方向性，其发展趋势都是逐渐向标准普通话靠拢；第四，两者都处于动态的变化过程中。

二、"普通地方话"与"地方普通话"的区分

"普通地方话"与"地方普通话"两者之间虽然存在着一些共同点，但两者毕竟不是同一性质的语言现象。试从以下五方面将两者做具体区分。

（一）所属范畴

"地方普通话"是带有方言色彩的普通话，是一种不够标准的普通话，"低层次的普通话"，但它已"基本摆脱了方言而进入普通话范畴"（陈章太，1990：29），"跟方言向普通话靠拢的变化发展不同"（于根元，1990：7）。而"普通地

方话"则是带有普通话色彩的地方话，是一种向普通话靠拢的地方话，因此属于方言的范畴。

（二）产生原因

"地方普通话"是学习标准普通话时受到自身方言影响而产生的偏误，即说普通话时不自觉地带了自身方言母语的某些特点。"普通地方话"则是在普通话对方言不断产生影响和逐渐渗透情况下，说话人对普通话有着普遍的认同，说话人学习和掌握普通话后对方言产生影响，是说话人有意识地或下意识地向标准普通话靠拢的结果。由此可见，"普通地方话"向标准普通话的靠拢是一种自觉的调整；"地方普通话"中方言色彩的保持或保留则是一种不自觉的行为。

（三）语音系统的稳定程度

虽然两者的语音系统都是一个动态系统，但稳定程度有所不同。"普通地方话"语音系统相对比较稳定，当然在年龄、性别、社会阶层、交际对象等方面也存在着一定的差异性。"地方普通话"中方音所占成分的多少则很不稳定。对此，陈亚川曾在《闽南口音普通话说略》一文中指出："口音有轻有重，跟文化程度、生活经历、时代背景、年龄大小以至个人素质有关，简直可以说是一个人一个样。"（1987：151）

（四）标准普通话语音成分与方音成分占比

"地方普通话"中以标准普通话语音成分为主，"普通地方话"中则以方音成分为主，这也是属于不同范畴的一个重要依据。

（五）发展阶段

虽然"普通地方话"与"地方普通话"的发展方向均为标准普通话，但两者所处发展阶段有所不同。"普通地方话"处于方言向标准普通话发展的初级阶段，而"地方普通话"则处于向标准普通话发展的高级阶段。正因如此，"普通地方话"先要经过"地方普通话"这个阶段然后才能成为标准普通话，并且"要达到像'地方普通话'这种程度，不知还得多少年"（陈亚川，1991：13），而"地方普通话"可直接发展成为标准普通话。

第四节　方言与普通话之间过渡语类型的构建

一、"绍兴市城区普通话"案例分析

（一）调查情况

基于对普通话作为民族共同语在实际生活中所处地位、使用频率、人们（特别是方言区居民）的态度以及发展趋势等一系列问题的考虑，学界很有必要从社会语言学研究双语现象的角度去实地调查分析我国各地区普遍存在的双（多）方言现象。1988年夏，陈松岑（1990）用社会语言学的研究方法对绍兴市城区普通话的社会分布状况、城区绍兴话／普通话双语者的语言态度进行实地调查，并就绍兴话对普通话的影响、绍兴话／普通话双语者的语言使用类型、绍兴市城区双语现象的发展趋势等问题做了具体分析。

陈松岑调查发现，绍兴市城区60岁以下的居民绝大多数能听懂普通话，有半数以上的人能用不够标准的普通话与外地人交谈，年龄越大，掌握普通话的人越少；居民都是绍兴话与普通话的双语者，对本地人以说绍兴话为主，对外地人以说普通话为主；年龄层次上，少年组兼用双语比例最高，中青年其次，老年组最低；职业上，教育界（包括教师与学生）掌握和使用普通话的比例最高，工人比例最低。

就绍兴市城区双语者的语言态度而言，大多数被调查者表现出矛盾心态。一方面，觉得普通话作为汉民族共同语社会威望较高，会说普通话意味着接受过一定的教育，也是件很光彩的事；另一方面，又觉得绍兴话听来更亲切，特别是在与本地人交往时，说普通话则显得关系疏远，能不用则尽量不用。

（二）绍兴市城区普通话的等级划分

陈松岑依据200多份现场隐蔽录音材料和30多名发音合作人朗读字表、

短文的记音材料，按照受绍兴话影响程度的大小将绍兴市城区普通话依次划分为一级、二级、三级、四级、五级等五个等级。同时也做了说明："由于双语社会中从方言到标准语在实际生活中往往是一条连续的语言过渡带，人为地划分成五个等级并不表明各级之间存在泾渭分明的界限"，"特别是体现为某个具体的说话人的话语时，往往全出现不同级的语音特征"，"但就说话人大量话语的总体材料来看，我们还是可以把它归属于一个特定的级别"（1990：44）。

现依据陈松岑（1990：45）表七"绍兴市城区普通话的分级和它们的语音特征"，分析比较其所划分出的绍兴市城区五个不同等级的普通话各自的语音特征。

一级普通话最接近标准普通话。只在声调方面保留了绍兴话声调的部分特征，如"去声念成平调，全浊上变来的去声调仍念成上声调""上声调缺少曲折，往往只有中升而不下降""阳平调调值类似去声调""入声调的字念得短促"。

二级普通话已具有明显的方言特征。除保留了绍兴话声调的部分特征外，"复元音单元音化""前鼻音韵尾脱落，韵腹鼻化""前鼻音韵尾与后鼻音韵尾相混"。

三级普通话大体相当于当地部分人自称的"绍兴普通话"（简称"绍普"）。除具有前两级所具有的方言特征之外，"舌尖前声母与舌尖后声母相混或无舌尖后声母""舌根清擦音念成唇齿清擦音""舌尖后浊擦音念成边音或卷舌元音""零声母字在韵母前添加喉塞音"。

四级普通话是"绍兴官话"。除具有前三级所具有的方言特征之外，"保留整套的全浊声母""保留入声韵尾的喉塞音"。

五级普通话是流行在有文化的绍兴人口头的绍兴"书面语"。除具有前四级所具有的方言特征之外，"部分合口韵丢失韵头""缺少撮口韵"。

（三）普通话语音水平标准

普通话与方言的区分问题是学术界有争论的问题（苏金智，1999：7），常出现令人尴尬的局面：同一个人说的话，有人认为是普通话，有人认为是方言（付义荣，2004：53）。鉴于此，宋欣桥（1991）为探讨人们学讲普通话口语的语音应达到的最低要求，即从讲方言过渡到讲普通话，最起码应达到的普通话语音水平，试图在普通话与非普通话之间寻求一条语音分界线，逐步确立一个普通话口语语音的普及标准，为普通话语音教学和普通话水平测试提供参考和依据。

针对学讲普通话过程中方音色彩的遗留情况，宋欣桥做了具体分析：第一，没有掌握普通话完整的语音系统，缺少普通话语音中某类或某个音质音素或声调，如没有舌尖后音、唇齿音、撮口呼韵母、鼻辅音韵尾，声调缺某个调型等；第二，保留了原有方言系统固有的而普通话没有的某类或某个音质音素，如保留舌叶音声母、入声韵尾、鼻化韵母等；第三，方言与普通话的语音系统有共同的某类或某个声母或韵母，但在方言里声母与韵母的拼合关系不同于普通话；第四，汉字字音的归属与普通话不同；第五，声母、韵母、声调等受到原方音的影响，发音不到位，有误差，如舌尖后音发音部位靠前，边音带有鼻化色彩，阳平带有明显曲折等。

根据学讲普通话过程中遗留的方音色彩是否有碍用普通话进行口语交际，直接或间接地影响到辨义的标准，宋欣桥提出两类要求：如有碍用普通话进行口语交际，则在普及普通话的语音标准中作"限定要求"，属于必须掌握的内容和范围；如不影响，则在普及普通话的语音标准中"暂不作要求"，留待进一步提高时作要求。宋欣桥从声母、韵母和声调三个方面分"限定要求"和"暂不作要求"两类拟定了具体的可操作性标准，可将声韵调系统的"限定要求"归纳成表6-1（宋欣桥，1991：20—21），双音节及多音节词的"限定要求"暂未列入表中。该"限定要求"为普通话口语语音的普及划定了一个最基本的标准，即不能达到"限定要求"则不能称为普通话，达到这个要求则可以说已达到了普通话的最低要求了。实际上宋欣桥在普通话与非普通话之间划出了一条大致的分界线。

表6-1 普及普通话的语音标准的具体"限定要求"

声母系统的限定要求	韵母系统的限定要求	声调系统的限定要求
1. 区分ts组与tṣ组	1. 区分前鼻音和后鼻音韵母	1. 阴平调保持平调调型，调值不低于中平调33
2. 区分n、l	2. 区分介音i、u、y	2. 阳平保持升调调型，调值起头在2—3度之间，中间不出现大的曲折
3. 区分f、x	3. 掌握撮口呼韵母的发音	3. 上声调基本读作低调
4. 区分送气与不送气	4. 区分口型宽窄韵母	4. 去声调保持降调调型，调值起头不低于3度
	5. 大体上丢掉入声韵尾	

（四）绍兴市城区五级普通话分析

下面我们将参照宋欣桥提出的普通话的最低标准，结合绍兴话对绍兴普通话的影响情况，就陈松岑所划分的绍兴市城区五级普通话做具体分析。

依据王福堂的调查（记录的是绍兴东头埭话），绍兴城区话的声韵调系统为：声母29个（含零声母），包括p、pʻ、b、m、f、v、t、tʻ、d、n、l、ts、tsʻ、ʥ、s、z、tɕ、tɕʻ、ʥ、ɕ、ȵ、z、k、kʻ、g、ŋ、h、ɦ、ø；韵母57个，包括ɿ、a、ɛ、ɤ、ɒ、o、æ̃、ẽ、ø̃、aŋ、əŋ、ɒŋ、oŋ、aʔ、æʔ、eʔ、əʔ、øʔ、oʔ、i、ia、iɛ、iɤ、iɒ、io、iæ̃、iẽ、iø̃、iaŋ、iŋ、iɒŋ、ioŋ、iaʔ、ieʔ、iøʔ、ioʔ、u、ua、uɛ、uo、uæ̃、uẽ、uõ、uaŋ、uɒŋ、uoŋ、uaʔ、uæʔ、ueʔ、uøʔ、uoʔ、y、m̩、n̩、ȵ̩、ŋ̩、l̩；声调8个，包括阴平[˥˨]52、阳平[˨˧˩]231、阴上[˧˧˥]335、阳上[˩˩˧]113、阴去[˧]33、阳去[˩]11、阴入[˥]45、阳入[˨˧]23（王福堂，2008：1）。

最接近标准普通话的一级普通话，受绍兴话影响最小，只保留绍兴话声调的部分特征。但仍超出了宋欣桥所提出的"声调系统的限定要求"：一级普通话阳平由中升变为中降（[˧˥]→[˥˩]），没有保持升调调型；上声缺少曲折，只有中升没有下降；去声为平调（方言中的阴去和阳去都为平调：[˧]、[˩]），没有保持降调调型；依然保留短促的入声调。可见一级普通话并未达到普通话的最低标准，还不属于普通话。二至四级普通话，所保留的绍兴方言特征是越来越多，更是没有达到普通话的语音标准的具体"限定要求"，也都不属于普通话。

　　这一至四级普通话既不属于普通话又不属于绍兴话，又应该属于哪一种语言现象呢？我们认为是属于带有绍兴话色彩的普通话，也可称之为"绍兴普通话"。其实它们的许多语音特征都与吴语区的人说普通话（如"上海口音普通话"）时所呈现出的共同特征相同，如"前鼻音韵尾和后鼻音韵尾相混""复元音单化""入声特征""舌尖前音和舌尖后音的混淆""零声母和其他声母相混""上声和去声的调值发得不足"等（姚佑椿，1988：127）。甚至有些语音特征都与闽语区的人说普通话（如"闽南口音普通话"）时所呈现出的特征相同，如"[tʂ、tʂʻ、ʂ]与[ts、tsʻ、s]不分""部分零声母字带上辅音""以齐齿呼或合口呼代替撮口呼""入声字读成近似又短又急的去声调"等（陈亚川，1987：152—155）。从绍兴市城区居民的语言态度看，他们也已经把陈松岑所称的三四级普通话称为"绍兴普通话"和"绍兴官话"。这样根据陈松岑提出的绍兴话语音在四个等级中所占比重的大小，参照于根元的划分（1999：81），可以把"绍兴普通话"依次划分为好、较好、较差三个等级：一级普通话为好级，二级普通话为较好级，三四级普通话为较差级（绍兴人对三四级普通话出现"绍兴普通话""绍兴官话"混称，可见应属于一类）。

　　就"五级普通话"而言，"语音与绍兴音系无差异"，只是"剔除了绍兴特有的方言词语，语法基本与普通话一致"，而汉语方言与普通话的差别又主要体现在语音方面，因此，"这种书面语只能算是受普通话影响较大的绍兴话"（陈松岑，1990：42），可见五级普通话不应属于地方普通话而应属于方言。这种"流行在有文化的绍兴人口头上的绍兴书面话"（陈松岑，1990：42），尽管其语音特征已经完全与绍兴音系一致，但毕竟在语法方面与普通话保持一致，也已不是纯绍兴话。由于陈文对绍兴话语音未做具体分析，五级普通话的语音特征是否与绍兴话语音有差异还得参照别的材料才能解释清楚。王福堂（2008）《绍兴方言同音字汇》一文提出绍兴话有四个重要的语音特征：第一，有一整套浊辅音声母：b、d、g、ʥ、ʥ、v、z、ʑ、ɦ；第二，阴调类字零声母前有一个喉头闭塞成分ʔ；第三，除单元音y外，没有其他撮口韵韵母；第四，平上去入调各分阴阳。依据陈文所述"五级普通话蕴含了一、二、三、四级普通话的语音特征"（1990：44），很显然五级普通话与绍兴话在语音特征上还是有一定差异的，最起码在声调上只有阴平、阳平、上声、去声和入声5个声调，而不是阴上去入各分阴阳8个声调。依据陈文表七"绍兴市城区普通话的分级和它们的语音特征"，可见全浊上已变为去声调（1990：45）。基于五级普通话这种绍兴书面话是绍兴文化人口头上常说的一种话而不是学说普通话时才这样说之实际，这五级普通话应该是受读书音（普通话）的影响而形成的一种具有一定普通话色彩的地方话，属于前文所论的"普通地方话"。

（五）绍兴市城区语言使用实态分析

陈松岑对绍兴市城区普通话所划分出的五级普通话实际上涵盖了"普通地方话"和"地方普通话"两类，形成了一条连续的语言过渡带，也真实地展示出绍兴市城区的语言使用实态。由此我们可以归纳出浙江绍兴市城区居民语言使用的实际情况，包括：绍兴话、五级普通话、四级普通话／三级普通话、二级普通话、一级普通话、标准普通话（绍兴市人民广播电台播音员说的）。绍兴市城区形成了方言→过渡语→标准普通话的语言使用格局，具体来说就是：方言（绍兴话）→普通地方话（五级普通话）→地方普通话（四级普通话／三级普通话、二级普通话、一级普通话）→标准普通话。

二、方言与普通话之间过渡语类型的构建

（一）学界对方普之间过渡语的划分

陈建民、陈章太曾指出"建国以来，人们只注意研究方言和标准普通话两端的情况"，"方言向普通话过渡的中间状态却很少研究"（1988：115），其实，从方言到普通话在实际生活中常常是一条连续的语言过渡带（陈松岑，1990：44）。对于这个过渡带的语言状况，学术界存在两种不同的划分。第一种笼统地称为"过渡语"，即"地方普通话"。如李如龙指出"在方言和普通话之间，存在着一种既不是方言、又不是普通话的过渡语"，"由于历史的原因，在全国范围内，普通话还远没有普及，方言区会说普通话的人说得好的只是少数，大多数人说的正是方言和普通话之间的过渡语"（1988：62、68）。陈

建民、陈章太明确指出这种"带地方味儿的普通话，也叫地方普通话（即过渡语），它是方言向普通话过渡的产物"，是"介乎方言与标准普通话当中的过渡语"（1988：115）。于根元指出在标准的普通话和方言之间存在着很大的过渡地带，"我们可以把这一过渡地带中的普通话称为方言普通话或地方普通话"（2003：108）。第二种将其细分为两类。陈亚川在《"地方普通话"的性质特征及其他》一文中把过渡带语言状况划分为两类，一类是"方言区的人学习非母方言的共同语（即普通话）的过程中产生的中介语现象"，即"地方普通话"，另一类是"方言的演变问题"；并明确指出"地方普通话"与"方言向普通话靠拢"两者不是一回事儿（1991：13）。这样比笼统划分为"过渡语"要来的细致，但可能由于该文重点探讨"地方普通话"的性质特征，而未对处于过渡状态的属于"方言向普通话靠拢"的语言现象加以归类。另外，于根元在《普通话与方言问题学术讨论会上的总结发言》一文中也指出"地方普通话跟方言向普通话靠拢的变化发展不同"（1990：7）。

（二）方普之间两种过渡语类型的构建

李如龙曾指出"过渡语是方言和普通话这一对立统一物之间的中介，是方言和普通话之间相互影响的中间环节"，"普通话影响方言，为方言输送新词语、新句型，方言影响普通话，造成某些不规范的现象或提供有表现力的方言词语、句型"（1988：62）。标准普通话与方言"处于不断丰富、融合的过程中""方言在语音、词汇等方面逐渐向普通话靠拢"①。

方言区的人学习普通话受其母语方言的影响而形成的过渡语是具有地方味儿的普通话，即"地方普通话"。母语方言受普通话的影响而向普通话靠拢所形成的过渡语，依据上文对溧水街上话语音变异的调查分析，是具有普通话色彩的地方话，即"普通地方话"。这就说明方言与标准普通话之间的过渡状态并不只存在着一种"地方普通话"，还存在着另一种"普通地方话"。即"地

---

① 《〈国家通用语言文字法〉讲解》，见全国人大科教文卫委员会教育室、教育部语言文字应用管理司编写：《〈中华人民共和国国家通用语言文字法〉学习读本》，北京：语文出版社，2001年版，第47—48页。

方普通话"与"普通地方话"均属于方言与标准普通话之间的过渡状态。这就意味着在方言与标准普通话之间存在着"地方普通话"与"普通地方话"两种过渡语类型。

三、方言与普通话之间双言四层级分布体系的构建

由汉语方言与标准普通话之间发展变化的各种状态分析，我们自然就想到了地域语言使用的共时状态问题。某一地域的语言使用实态应该是复杂的、多层面的，而决非是单一的，应该包括方言、普通地方话、地方普通话和标准普通话等四个层面，而不仅仅是"方言——地方普通话——标准普通话，……不同的三个层面"（于根元，1999：81）。据此，我们可按照普通话语音成分占比大小构建出方普两端、包含四个层面的层级分布体系，即"双言四层级分布体系"。"双言"指方言与普通话，"四层级"指原有方言、普通地方话、地方普通话、标准普通话。"原有方言"与"普通地方话"属于方言范畴，"地方普通话"与"标准普通话"属于普通话范畴。四层级体现出的是地域语言使用的四种实际状态。

绍兴市城区居民语言的实际使用状况就是明证。依据上文分析，绍兴市城区居民的语言使用就属于"双言四层级分布体系"。"双言"为绍兴话和普通话；"四层级"为原有方言（绍兴话）、普通地方话（五级普通话）、地方普通话（一至四级普通话）、标准普通话。

同时就绍兴市城区居民绍兴话与普通话的使用而言，也可看出其复杂性与多层性。依据陈松岑的调查与分析，影响绍兴话与普通话使用的社会因素"主要是交际对象，其次是话题，最后才是交际场合"（1990：46）。绍兴人在家庭中对本地人主要使用绍兴话，对外地人主要使用普通话；在工作或学习环境中对本地人使用绍兴话，也兼用普通话，对外地人主要使用普通话；在一般公共场所对本地人使用绍兴话，对外地人使用普通话（1990：43）。另依据陈松岑对245名双语使用者的调查分析可发现，不同的个体对绍兴话与普通话的选择也有所不同，大致存在三种类型：一消极型，"他们不仅在一切场合、一

切话题中对本地人使用绍兴话，而且在各种场合非正式性话题中对外地人也使用绍兴话，只有在各种场合的正式性话题中才不得不对外地人使用普通话"；二应用型，"他们按照交际对象是本地人还是外地人而在一切场合、一切话题中分别使用绍兴话或普通话"；三积极型，"对外地人一律使用普通话，而且进一步在各种场合的正式性话题中，对本地人也使用普通话，只有在这些场合的非正式性话题中，才对本地人使用绍兴话"（1990：46）。

鉴于以上分析，我们可以根据"普通地方话"与"地方普通话"两种过渡语的实际状况，大致勾画出"双言四层级分布体系"中原有方言与标准普通话之间两种过渡语的发展变化示意图（图6-1）。

图6-1 原有方言与标准普通话之间的发展变化示意图

现将图6-1的标注情况做简要说明。我们在原有方言与标准普通话之间划一条"虚拟分界线"，假设这条线上的语言状态是原有方音成分与标准普通话语音成分各占一半。依据上文分析，"普通地方话"原有方音成分占比大、标准普通话语音成分占比小，应处于"原有方言"与"虚拟分界线"之间，其发展方向（用右向箭头标明）是向标准普通话靠拢；"地方普通话"原有方音成分占比小、标准普通话语音成分占比大，应处于"虚拟分界线"与"标准普通话"之间，其发展方向（用右向箭头标明）也是向标准普通话方向靠拢。"地方普通话"同时标注了一个左向箭头，表明"地方普通话"在随着标准普通话语音成分的逐渐增多而不断向标准普通话靠拢的同时，还会随着其原有方音成分保留数量的增多，呈现出向原有方言发展的倾向。这里双向箭头的标注体现出"地方普通话"语音系统中方音成分占比不够稳定的特征，即始终处于一个时而向标准普通话靠拢、时而又可能向原有方言发展，这样一种左右摇摆、极不稳定的状态。"普通地方话"的语音系统虽然也是一个动态系统，并且在年龄、性别、社会阶层、交际对象等方面也存在一定的差异性，但与"地方普通话"相比较，其语音系统相对比较稳定；同时"普通地方话"由"原有方言"发展而来，也不存在再退向原有方言的情况，所以只标注了一个右向箭头。

第七章　社会语言学价值

溧水街上话语音变异研究，按照社会语言学的调查要求进行调查样本的选择、理论与方法的运用、变异语料的收集与调查数据的统计；采用变异语言学的方法重点分析语言变项与语言变式的汉语模式、变异特征与社会因素的相关性、制约机制与演变模式的系统性；依据过渡语理论针对样本的过渡语类型着重分析过渡语的性质特征、不同类型与呈现状态。

现从方言变异、方普关系和研究方法三个视角具体分析溧水街上话语音变异研究的社会语言学价值。

第一节　方言变异视角下的社会语言学价值

溧水街上话语音变异研究着眼于语音变异的整体性，方言语音的系统性，汉语音节特征，提出了新观点，构建了新模式，推动语言变异与变化研究走向深入。现从方言变异视角探讨街上话样本的社会语言学价值。

一、语言变项与语言变式研究的拓展

（一）语言变项与语言变式的已有研究

1.语音变异研究的代表性案例

语言变异既可以反映在语音、词汇、语法等方面，又可以反映在语段特征、叙述语体的组织结构等较大的语言结构方面（徐大明等，1997：100），也可以反映在构成语音系统的音素与音位、构成词的语素和构成句子的词与句式等较小的语言结构方面。

社会语言学变异研究起始于语音变异研究，如最早的马萨葡萄园岛音变研究。自然语音变异研究"受到关注最多，取得的成果也最为丰硕"（徐大明，2006b：93）。已有研究主要集中在元音变异、辅音变异和超音段音位变异三个层面。

语音变异的代表性研究案例主要有：拉波夫（Labov，1963、1966）的马萨葡萄园岛双元音（ay）和（aw）央化研究与纽约市辅音（r）变异研究，米尔罗伊（Milroy，1980）的贝尔法特市8个语音变项研究，盖伊等（Guy et al.，1986）、布里顿（Britain，1992）、耶格尔-德罗（Yeager-Dror，1996）、莱夫科维茨（Lefkowitz，1997）等有关声调变异的研究（转引徐大明，2006b：93），Xu（1992）的包头昆都仑鼻音韵尾变异研究。

2. 语言变项与语言变式的具体确定

《语言变异与变化》（徐大明，2006b）阐述了确定语言变项的两个具体的可操作性步骤。

第一个步骤是初步确定。对于已研究过的变体，"可以利用社会语言学家和方言学家已经做过的研究"。对于未研究过的变体，"可以通过非正式的观察，凭借语感来发现可能具有研究价值的变项"，"这种语感可以通过一些预研究（pilot study）来得到加强"，"预研究的范围不必太大，也不需要十分系统地进行"（徐大明，2006b：95—96）。

第二个步骤是最终确定。语言变项初步确定后，收集并分析语料，测定变异范围，同时确定语言变项中的语言变式。可采用听觉测定法和仪器测定法两种方法来加以测定。听觉测定法通过听录音，依靠研究者的听觉来加以判断；仪器测定法则是使用实验语音仪器对声学符号进行分析。米尔罗伊关于（o）变项及其变式的确定，先对纽卡斯尔32名讲话人进行录音，获取大量语料，再通过听录音的方式最终获得语音变项（phonological variable）（o）的四个语音变式（phonological variant）：[œ]、[oː]、[o]、[ou]（转见徐大明，2006b：96—97）。徐大明关于鼻韵尾变异的研究确定了四个变式（以"三"字的读音为例）：没有弱化的形式（san）、鼻化的形式（sãn）、省略的形式（sã）、省略加非鼻化（sa）（徐大明等，1997：125）。

（二）语言变项与语言变式研究的具体拓展

1. 语言变项研究的拓展

溧水街上话的个案研究，在语言变项的确定上拓展了社会语言学有关语言变项确定的研究，构成具有汉语特色的语言变项研究样式。

汉语是音节制语言，与音位制语言（如英语）不同，每一个音节都代表一个基本意义单位——语素，每个汉字又都可以读成一个音节（戚雨村等，1993：425）。汉语（方言）的音节由声母、韵母和声调构成。从音节是由一系列音位构成的语音结构角度看，汉语音节中的声母由辅音音位（C）构成，韵母由元音音位（V）或元音音位+辅音音位（VC）构成，声调由超音段音位（音高）构成。

溧水街上话语音变异研究是一项综合性、多变项研究，几乎涵盖街上话在声母、韵母和声调三方面的各种变异情况。其语音变项的确定也采用了社会语言学语言变项的确定步骤。利用溧水街上话已有研究成果（郭骏，2004：238—256），全面收集溧水街上话已有调查中涉及一字两读或多读（同义不同音）的例字，即汉语方言学调查中常标示为文白分读的字、文读和白读再两读的字。

由于汉语是音节制语言，溧水街上话语音变异研究又是一项综合研究，涉及街上话的整体语音系统，所以对其语音变项的确认不能直接移用已有代表性案例的确认方法，还必须结合汉语自身的语音结构和此次研究的具体情况来加以确认。汉语语音变异已不宜用元音变异、辅音变异、超音段音位变异等三分的研究框架来加以分析，更适宜采用声母变异、韵母变异和声调变异等三分的研究框架来加以分析。声母变异为辅音变异，韵母变异为元音变异或元音+辅音变异，声调变异则为超音段音位（音高）变异。

这样依据调查结果，声母变异确定为7个方面11个声母变项，韵母变异确定为17个方面32个韵母变项，声调变异确定为4个方面6个声调变项，具体情况见前文。

2.语言变式研究的拓展

语言变项一定有"两种以上的实现形式"，即"一个变项由一组变式构成，两个以上变式才能构成一个变项"（徐大明，2006b：4）。溧水街上话语音变异研究有关语音变式的确认对社会语言学语言变式研究也是一个拓展。主要体现在以下两个方面。

（1）变式类型的扩展

社会语言学家将同一语言变项中的两个语言变式划分为"旧形式"（the older form）（即原有的形式）和"新形式"（the newer form）（即新出现的形式）（Labov，2007：66）。我们将其简称为"旧式"和"新式"。

一个语言变项如有三个及以上的变式，变式之间的关系如何确定？如仍采用新旧式来做简单的归类处理肯定不妥。而在已有研究（尤其是汉语语音变异研究）中缺乏可供借鉴的案例。到底该如何处理？

语音变异中存在着连续变项（continuous variable），即"变项的各个变式之间有着较强的连续性，似乎是在某个语音维度的两点之间连续性地变化"（徐大明，2006b：93）。大量研究案例显示，在语言演变过程中存在着大量的"中间状态"，如方言向标准普通话靠拢中所呈现出的中间状态"地方普通话"就是一种过渡语（陈建民、陈章太，1988：115）。鉴于语音变异连续变项的存在和语言演变的中间状态（即过渡语）的存在，我们大胆尝试将旧式与新式之间的中间变式称为"过渡形式"（简称"过渡式"）。这种旧式与新式之间的过渡式可以是一个变式，也可以是两个以上的变式。这便使语言变式类型由旧式、新式两类扩展为旧式、过渡式和新式三类。

（2）不同变式的确认

我们主要从整体音节层面对旧式、过渡式和新式三类变式加以具体确认。从受访者年龄差异、新老派方言对应关系、受访者主观判断、历史文献资料、语音演变规律等五个方面对语音变项中的三种变式类型加以具体确认。如参照钱伯斯（Chambers，2013）语言变式与年龄相关性的标准模型，依据受访者年龄差异对变式类型的确认。两种变式类型的确认：最年长一代人到最年轻一代人中出现频率越来越高者应为新式，反之则为旧式。三种或三种以上变式类型的确认：先确认新式与旧式，剩下的即为过渡式。由于过渡式涵盖整个中间状态，所以可以是一个变式，也可以是两个甚至三个变式。

音节构成层面也可对声母变项、韵母变项和声调变项中的旧式、过渡式和新式三类变式加以具体确认（参见郭骏，2008：137—138）。

（三）语言变项与语言变式研究的影响

汉语方言学界在20世纪90年代就曾提出过"声母变异"、"韵母变异"和"声调变异"的概念，是作为方言的语流音变而提出的。"语流音变是方言在一定的语境中所发生的共时变异"，分为音段音变和超音段音变。音段音变分为三小类："声母变异、韵母变异和音节变异"。超音段音变分为四小类："声调变异、音长变异、音强变异和语调变异"。声母变异是指"音节中的声母在一定的语音环境中发生变化"；韵母变异是指"同一个语素中的韵母因语音环境发生变化而变化"；声调变异是指"方言里单字调进入连字组后，声调的调值要发生变化"，"在有的方言里，用单字的声调变化来表示附加的派生意义"（游汝杰，2000：145—147）。这里既没有区分语音变异与语音变化，也不属于严格意义上的社会语言学语音变项的概念。

结合汉语音节结构构建汉语方言语言变项的三大框架，既强化了国际社会语言学理论与汉语传统理论的融合，又推动了国际社会语言学理论的中国化。同时，本研究将语音变式区分为"旧式、新式、过渡式"，这是社会语言学变异研究的一项创新内容。

此后，声母变异、韵母变异和声调变异这个汉语方言变异研究中的语言变项确定框架在中国社会语言学界与汉语方言学界逐渐使用开来。如声母变异，有《溧水"街上话"声母变异分析》（郭骏，2010）、《鼻边音声母变异研究：以江汉油田话为例》（孙德平，2012）、《外部因素主导的语音变异——以江汉油田话卷舌音声母变异为例》（孙德平，2013a）、《工业化过程中的语言变异与变化——江汉油田调查研究》（孙德平，2013b）、《汉语阳泉方言声母变异的社会语言学分析》（李伟，2013）、《浅析山西阳曲县地方普通话的声母变异》

（王利、张慧，2017）等；又如声调变异，有《平顶山方言古入声字向普通话靠拢现象的调查》（段纳，2007）、《乌鲁木齐市维吾尔族汉语使用声调变异状况的声学分析》（朱学佳，2007）、《江汉油田话"潜"字声调变异调查研究》（孙德平，2009）、《招远方言声调格局的变异》（亓海峰，2011）、《声调变异中的发音与感知机制——以香港粤语为例》（梁源，2017）等等。

二、语言变异特征研究的拓展

瞿霭堂指出："语音演变的研究是从时间上对语音变化的观察，而任何一个限定的时段，都可以成为我们观察语音演变的窗口。任何一种语音的演变在历史的变化中都会呈现出时间上的层级性和发展上的阶段性。"（2004：3）现简要分析街上话样本在语言变异特征研究方面的拓展情况，包括阶段性特征、层次性特征和方向性特征。

（一）阶段性特征研究的拓展

拉波夫（Labov，2007）曾指出语言变异是一个新旧式竞争的过程，存在着初始、中间和最后三个阶段。

鉴于语音变异中"各个变项中的新旧式呈现出较大的差异性，体现出变异的不均衡性"（郭骏，2009a：124），本研究既采用社会语言学已有的研究框架又结合汉语方言语音演变研究的已有成果，从声母变项、韵母变项和声调变项三个方面详细揭示其新旧式竞争的阶段性特征，即分为初期、发展和后期三个阶段。语音变异的阶段性特征充分表明语音变异的过程就是一个新旧变式不断竞争的过程——新式弱旧式强→新式旧式相持→新式强旧式弱，直至"最后新旧式中的新式战胜旧式"（Labov，2007：301）。

语音变异的阶段性特征研究，无论是研究方法的运用还是新旧变式竞争过程的揭示均有一定的突破。

（二）层次性特征研究的拓展

这里的层次性是指新式出现的时间层次，属于社会语言学在共时变异中找出语言变化的显象时间研究。层次性特征分析以拉波夫划分的全方位英语口语习得的六个阶段中的第四个阶段（语体变化阶段：15岁以上的年轻人）为推算新式出现的时间起点，并按照显象时间研究模式开展推算。确定三项控制条件：第一，不用现在的说法推断；第二，不用对子女的说法推断；第三，不对新进入的普通话词语从出现年龄上推断。通过变异时间的推算揭示新式在出现时间上所呈现出的层次性特征。

具体而言，从声母变项中新式出现的时间层次，韵母变项和声调变项中新式出现的时间层次，声母变项、韵母变项和声调变项中新式出现的时间层次的对应关系三个方面详细地分析推断出所有新式出现的时间层次。

本研究丰富了语言变异层次性特征研究的内涵，深化了语言变异特征研究，同时也推动了微观社会语言学研究走向深入。

（三）方向性特征研究的拓展

已有研究显示，汉语方言的演变主要围绕着"城市方言"和"标准语"两个中心进行，具体表现为"小方言向大方言靠拢，地域方言向地点方言靠拢，乡村的方言向城镇的方言靠拢，城镇方言向大中城市或中心城市的方言靠拢，所有方言向民族共同语靠拢"（陈章太，2005b：51），呈现出鲜明的方向性。

溧水为南京的郊县。南京话是本地区的强势方言，街上话自然存在着向南京话靠拢的可能性。同时，一般而言县城方言也会受到普通话的极大影响，也存在着向普通话靠拢的可能性。街上话语音变异所呈现出的演变方向是向南京话靠拢还是向普通话靠拢需要做详实的论证。

我们对于街上话语音变异方向的论证，先进行街上话与普通话和南京话的语音系统比较，街上话与普通话的接近度分析，然后再利用比较和分析结果，同时结合已有研究成果，最终加以综合确定。

1. 语音系统比较

街上话与普通话的语音系统比较显示：街上话与普通话存在一定的接近度。街上话与南京话的语音系统比较显示：声母，街上话与南京话差异较小，南京话更接近普通话；韵母，街上话与南京话差异很大，比南京话更接近普通话；声调，调类相同，调值近似。

2. 接近度的分析

设立量化标准，开展接近度分析。按照量化指数得出街上话语音变异中的旧式、过渡式、新式与普通话语音接近度之间的差异：旧式<过渡式<新式。

3. 多方综合确定

第一，通过语音变异中的变项比较确定其演变的方向性。通过街上话语音变项中的新式与南京话、普通话的比较发现，新式与南京话的共同点少、接近度低，与普通话的共同点多、接近度高。通过街上话语音变项中的三种不同变式与老南京话（含最老派与老派）、新南京话（含新派和最新派）语音特点比较发现，街上话与老南京话、街上话的新式与新南京话共同点极少。两项比较表明：街上话并没有向强势方言——南京话靠拢，而是向标准语——普通话靠拢。

第二，通过街上话与普通话接近度分析结果确定其向普通话靠拢的演变方向。

第三，通过已有研究进一步证明其演变的方向。街上话u元音变异单项研究显示新旧式交替所呈现出的方向是不断向标准语——普通话靠拢（郭骏，2005：75）。

第四，通过县城居民的语言态度与语言使用情况的调查材料确定其演变是向普通话靠拢而不是南京话（郭骏，2007：140）。

城镇方言的语音演变不一定都是围绕"城市方言"，也可能是围绕"标准语"，即不向邻近的大城市方言靠拢而是直接向普通话靠拢，这是一个非常有趣而又很值得做进一步研究的问题（郭骏，2009a：127）。接近度的量化研究，是方言与方言、方言与普通话之间接近度与互懂度研究的一次新探索。

第二节　方普关系视角下的社会语言学价值

溧水街上话语音变异研究提出语音变异是在原有语音系统内部开展的，系统内部调整是方言向普通话靠拢的主要演变模式，构建了方言与标准普通话之间两种过渡语类型和双言四层级分布体系，推动方言与普通话关系问题研究向纵深发展。现从方普关系视角探讨溧水街上话样本的社会语言学价值。

一、制约机制与演变模式研究的拓展

（一）制约机制研究的拓展

制约，即语言变化的可能条件，是语言变化研究必须要回答的几个基本问题之一。语言演变既可能要受到语言结构内部因素的制约，也可能要受到语言外部因素的制约，有时是受到内部因素与外部因素的共同制约。

拉波夫纽约市百货公司 car、four 和 fourth 等词中元音后辅音（r）的变异研究，揭示出社会阶层、语体风格等社会因素对变异具有制约性。拉波夫马萨葡萄园岛双元音（ay）和（aw）中的第一个元音央化的变异研究表明，央化要受到年龄分布、历史发展以及社会背景等多种社会因素的制约（孙金华，2009：27）。徐大明包头昆都仑区鼻韵尾的变异研究，揭示出语言结构因素（包括鼻辅音省略、拖长音节、强调重音、鼻化等）与语言使用者的社会特征因素（包括家庭因素、家乡因素、社会网络因素、职业因素等）均具有制约性（徐大明等，1997：124—130）。

溧水街上话语音变异制约机制研究，既再次印证语言变异的制约机制是语言结构与社会特征的双重制约，又拓展了制约机制的研究。其拓展主要表现在语音系统与语音变异的双向制约研究和词汇类型对语音变异的制约研究。

1.语音系统与语音变异的双向制约

语音变项中的新式都是原有语音系统中的声母、韵母和声调或原韵母中的音素。新式均以街上话语音系统中与普通话相同的原有形式、最接近普通话的原有形式为来源，充分体现出原有语音系统对语音变异的制约。

前文研究已表明，声母变项中的声母涉及其声母系统中 19 个声母中的 14 个，占全部声母的 73.7%；韵母变项中的韵母涉及其韵母系统中 38 个韵母中的 32 个，占全部韵母的 84.2%，且出现新韵母ə。语音变异涉及声母、韵母范围大、数量多，必然要对其原有语音系统产生反向制约。

本研究详细揭示出语音变异对语音系统的反制约情况：声母变异改变了原有声韵组合，出现声母的归并、腭化和调整，对原有声母系统产生重大影响；韵母变异改变了原有声韵组合和原有韵母的格局，对原有韵母系统产生重大影响。可见，语音变异不是"永远不会涉及整个系统，而只涉及它的这个或那个要素，只能在系统之外进行研究"（索绪尔，1980：127）。

2. 词汇类型对语音变异的具体制约

徐大明指出："我们可以看到的变化中既有音系的制约也有词汇约束"（冯胜利、叶彩燕，2014：95），两者共存。词汇对语音变异是否有制约作用以及如何制约？2012年5月16日，香港中文大学举办了拉波夫与王士元关于语音变化前沿问题的学术对话。王士元与拉波夫及各位参加对话的学者就词汇扩散问题展开了深入的讨论。

本研究针对词汇对语音变异是否有制约作用以及如何制约问题，采用定量分析的理论原则开展定量分析。先将方言词汇类型划分为固有词、普入词和方普词三类，再对不同词汇类型对新式选用情况做定量分析。词汇类型对新式选用的作用值显示：词汇对语音变异具有制约作用，印证了拉波夫所说"词汇扩散的强劲形式对音系学是一种抑制"（冯胜利、叶彩燕，2014：96）；不同词汇类型对语音变异的制约具有差异性——方普词>普入词>固有词；并由此揭示出普通话对方言语音影响的途径、方式和进程。这是语音变异制约机制研究的一种深入与拓展。

词汇扩散理论提出词汇扩散是一种重要的音变方式。本研究显示语音变项中的新式确实呈现出在词语中不断扩散的态势，但在不同词汇类型的词语中其扩散率存在着较大的差异性。这说明新式的扩散对于不同词汇类型不是任意选择，而是分类型选择，且呈现出渐进性与方向性。这一状况与拉波夫所说的"词汇扩散的核心特性是词汇项目的任意选择性"（冯胜利、叶彩燕，2014：98）有所不同。

（二）演变模式研究的拓展

模式就是范式，指具有典型性的形式和方式（瞿霭堂，2004：10）。语言演变模式就是指语言演变中具有典型性的形式和方式。

历史语言学十分关注语言演变的发展进程。丁崇明（2001）曾运用语言变异理论探讨语言演变的过程模式，即语言演变一般所要经历的不同阶段的大致模式。由旧结构演变为新结构主要有两种演变的过程模式。第一种，个体无意识变异（无序变异）→部分人有意识/无意识模仿变异（准有序变异）→群体有意识/无意识变异（有序变异）→泛群体无意识自然变异（准无序变异）→全社团无序变异（第五步），以汉语判断句的演变过程为例。第二种，第一步为个别人有意识变异（无序变异），其他均同于第一种过程模式，以二十世纪七八十年代出现的副词+名词现象为例。

本研究提出语音演变的方式模式，即演变方式是语音系统的内部调整。这是有关方言与普通话关系问题研究的一种新观点。语音变项、语音变式与语音制约机制分析显示，其新式（除ə韵母外）均为街上话原有语音系统中的声韵调，即使新出现的ə韵母也是原有韵母中的一个音素。其语音变异方式是通过系统内部调整而进行的。具体表现为：第一，改变音位聚合，打破了聚合群之间的平行对称关系，聚合群之间出现转换；第二，改变音位组合，改变了系统内一系列音位组合规律；第三，改变字音归类，一批字的字音在系统内部进行重新归类。这是从语音系统本身来观察语音演变的方式模式的，就语音演变模式而言也是一种拓展。

二、过渡语类型研究的拓展

（一）拓展了过渡语类型

陈建民、陈章太指出，交际语言是社会语言学一项重要研究课题，我国当前的交际语言非常值得研究。我国的交际语言包括民族共同语、地方共同语、方言、过渡语、中介语以及少数民族语言。地方普通话是介于方言与标准普通话之间的过渡语（1988：114—115）。这是中国语言学界首次正式提出方言与标准普通话之间的过渡语类型——地方普通话，并由此推开了20世纪90年代的地方普通话研究。学界着重就地方普通话的性质、成因、语音特征、等级划分等诸方面展开较为深入的研究。

溧水街上话u元音变异状况调查发现u元音变异是一种"进行中的变化"，该变化大大改变了其原有的语音面貌，这表明溧水街上话已经转变为"带有普通话色彩"的地方话（郭骏，2005:80；GuoJun，2006:335）[①]，简称"普通地方话"。

本研究显示，溧水街上话在不同人群中其变式的使用呈现出两种不同状态：一种是原有状态，包括旧式和过渡式，为"老街上话"；另一种是最新状态，即新式，为"新街上话"。这种带有浓重普通话色彩的"新街上话"就是溧水"普通地方话"。本研究以"新街上话"为例分析了"普通地方话"的性质、形成的内外部条件和音系特征。

普通地方话的性质：是具有普通话色彩的最新派方言，是溧水老街上话向普通话靠拢进程中的一种过渡语。其形成的内部条件有两个：一是原有方言与标准普通话之间必须存在一定的接近度，二是原有方言必须不断向标准普通话靠拢。其形成的外部条件也有两个：一是必须是大中小城市或城镇，二是居民对原有方言与标准普通话均有认同且后者高于前者。音系特征表现为两个方面：一是声韵调系统处于原有系统与标准普通话系统之间的一种中间状态；二是原有系统特征逐渐萎缩甚至消失，与此同时不断吸收标准普通话的语音成分。

同时对新南京话的性质、形成条件和语音系统加以分析，证明新南京话与新街上话一样符合"普通地方话"的性质特征，也是一种"普通地方话"，进而推断"普通地方话"是一种普遍存在的语言现象，是地方方言向普通话靠拢进程中的一种过渡语。这就意味着在地方方言与标准普通话之间除"地方普通话"外，还存在另一种过渡语——普通地方话，即存在着两类过渡语类型。

---

① 曹志耘的《汉语方言：一体化还是多样性？》一文曾论及：各地方言的自创性演变（自我演变）逐渐停止下来，而改为以普通话或强势方言为方向的演变。在此过程中，各地方言将发展为"带普通话特色的方言"或"带强势方言特色的方言"。这跟"带方言特色的普通话"（俗称"地方普通话"）不同，后者是在推广普通话过程中产生的语言现象（2006:1—2）。

　　本研究具体分析了"普通地方话"与"地方普通话"两类过渡语的联系与区别。两类过渡语的共同点：一是都处于地方方言与标准普通话之间的过渡状态，二是都含有方音成分和标准普通话语音成分，三是都存在向标准普通话靠拢的发展趋势，都处于变化过程中。两类过渡语的不同点：一是所属范畴不同，普通地方话属于方言范畴，地方普通话属于普通话范畴；二是产生原因不同，普通地方话是向普通话靠拢的一种自觉调整，地方普通话是方言色彩保持或保留的一种不自觉行为；三是语音系统的稳定程度不同，普通地方话语音系统相对比较稳定，地方普通话中方言成分的占比很不稳定；四是发展阶段不同，普通地方话处于方言向标准普通话发展的初级阶段，地方普通话则处于方言向标准普通话发展的高级阶段。

　　"普通地方话"概念的提出与两类过渡语类型的构建都是对过渡语类型研究的一种拓展与创新。

（二）构建了双言四层级分布体系

　　我们按照普通话语音成分所占比重构建出方普两端四层面的层级分布体系，即"双言四层级分布体系"。"双言"为方言与普通话，"四层级"分别为原有方言、普通地方话、地方普通话、标准普通话。我们按照方言向普通话靠拢的发展方向标示为：原有方言→普通地方话→地方普通话→标准普通话（参见前文图6-1）。从各层级归属类别看，"原有方言"与"普通地方话"属于方言，"地方普通话"与"标准普通话"属于普通话。从各层级语音系统的稳定性看，"标准普通话"稳定，"原有方言"相对稳定，"普通地方话"与"地方普通话"都处于变化之中，相对而言，前者比后者要稳定。

　　绍兴市城区居民语言的实际使用状况就属于"双言四层级分布体系"。"双言"为绍兴话和普通话，"四层级"为原有方言（绍兴话）、普通地方话（五级普通话）、地方普通话（一至四级普通话）、标准普通话（参见前文）。

　　"从方言到标准语在实际生活中往往是一条连续的语言过渡带"（陈松岑，1990：44）。方言与普通话双言四层级分布体系的构建，既是对原有"地方方言→地方普通话→标准普通话"三层级分布体系的丰富与拓展，也是方普关系问题研究上的突破与创新。同时，对于全面而准确地揭示地域语言使用的实际状态也具有指导意义。

此后，刘俐李、唐志强（2017）提出了当代汉语普通话与方言存在"四阶连续体"①之说，即方言、趋普方言、地方普通话、普通话，"趋普方言"与"普通地方话"对应。以合肥、南京和北京三地为例的城市化进程中本地居民和外来移民的语言适应行为研究也同样指出，"我们预测在未来的城市生活中普通话和方言的发展轨迹是：标准普通话→地方特色普通话→杂糅的普通话→新混合语；地道方言→普通地方话→杂糅的地方话→新方言"（王玲，2012a：84）。这里也以设想的方式提出普通话与方言之间的四个层级问题②，未加以论证。

第三节　研究方法视角下的社会语言学价值

溧水街上话语音变异研究既按照社会语言学"异质有序"观来调查研究街上话的内部差异和演变规律，采用抽样的方法对受访者进行调查，又采用方言学全面调查语音、归纳研究语音系统的方法设计调查词表，为社会语言学的研究方法在汉语研究上的运用、汉语方言学与社会语言学的结合进行了可贵的尝试。现从研究方法视角探讨街上话样本的社会语言学价值。

一、汉语方言学常用的研究方法

汉语方言研究始于西汉末年的扬雄，其《輶轩使者绝代语释别国方言》为中国第一部汉语方言学专著。中国现代方言学起始于20世纪20年代，是在西方描写语言学的直接影响下诞生和发展的。赵元任的《现代吴语的研究》《南京音系》等著作是"用现代语言学知识研究汉语方言的划时代的经典著作"

---

①　该文注："本文曾在'动态普通话：变异与规范首届学术研讨会'（2014.12.1，澳门大学）宣读。"刘俐李教授在此次会议的主旨报告中论及"四阶连续体"划分时专门提及笔者已构建的"原有方言、普通地方话、地方普通话、标准普通话双言四层级分布体系"。

②　该文引用"普通地方话"，但未标明其出处。

（游汝杰，2000：267），"所创立的调查记录和分析汉语方言的规范一直为后来的方言学工作者所遵循"（游汝杰，2004b：237）。汉语方言研究不是"想证明方言中存在着一些'古'的东西"，而是"要对现代语言进行静态的研究"（王力，1981：200）。关注方言描写，严式音标记音，分析语音系统，又不纯粹是描写语言学，而是将描写语言学理论与中国传统音韵学相结合，形成汉语方言学自己的特色（郭骏，2013b：46）。

依据汉语方言学界对汉语方言研究方法的论述（王福堂，1998；李如龙，2001；袁家骅等，2001；侯精一，2002；游汝杰，2004b），汉语方言学常用的研究方法主要有五种。一是实地调查法，要求"调查者面对面地调查和记录发音合作人的方言"，在合作人的选择与数量（调查一个地点方言的语音，始终只用同一个发音人）、记音要求等方面形成学术研究规范（游汝杰，2004b：55、58）。二是描写法，对汉语方言的语音、词汇和语法特征加以详细描写。语音描写方法较为成熟并形成规范。三是比较法，揭示方言的内部差异、具体特征、古今差异、方普差异等。四是考证法，通过查证语言学文献以揭示方言特征。五是其他方法，如方言地图绘制方法。

二、社会语言学常用的研究方法

研究方法的选择和运用对于城市方言变异与变化研究十分重要。因为"只有正确地掌握并熟练地运用社会语言学的研究方法，才能获取有关语言使用的各种有用信息，才能加深对语言变异与变化的认识和理解"（徐大明，2006b：16）。

依据社会语言学界对变异语言学研究方法的论述（祝畹瑾，1992；桂诗春、宁春岩，1997；徐大明等，1997；陈松岑，1999；游汝杰、邹嘉彦，2004；戴庆厦，2004；徐大明，2006b），变异语言学常用的研究方法主要包括样本抽取的方法、语料收集的方法、统计与分析语料的方法等三个方面（陈松岑，1999；徐大明，2006b）。

三、社会语言学与汉语方言学研究方法的有机结合

社会语言学的诞生使传统方言学面临新的挑战，社会语言学成为方言学发展的新阶段（游汝杰，2005：113）。西方方言学从广义角度看包括欧洲的方言地理学、北美的描写方言学和社会语言学。方言学和社会语言学虽在理念、旨趣和调查方法等方面有许多不同，但都以实际使用中的语言为研究对象，都以探索语言的演变与发展为目的（游汝杰，2007：37）。

鉴于此，笔者在开展溧水街上话样本的社会语言学研究时引入汉语方言学的有关研究方法，将社会语言学研究方法与汉语方言学研究方法相结合。这两者的有机结合既丰富和发展了社会语言学研究方法，又可从方法运用角度促进具有中国特色的社会语言学研究范式的形成。社会语言学与汉语方言学研究方法的有机结合体现在调查方法和分析方法两个方面。

（一）调查方法的有机结合

本研究采用了社会语言学研究语言变异的方法，界定总体，科学抽样，关注样本的社会特征；摒弃汉语方言学人为选定少数典型发音合作人的方法，"避免了以个别样本来代表整体的做法，增加了样本的代表性和语言调查的科学性"（孙德平，2011a：69）；运用"社会语言学访谈"和"问卷调查"收集溧水街上话语音变异语料。

在"社会语言学访谈"中采用汉语方言学调查语音系统最常用的技巧——"念词表"。一张词表可确保每一位受访者的语料中都包含相同的变项，提高了调查的效率，同时还能简洁而明了地显现出某一方言的整个语音系统。在溧水街上话方言学调查（郭骏，2004：233—262）所发现的语音变异的基础上编制出100组调查词表。调查词表内容的选择，既充分利用《汉语方言词语调查条目表》选择了包括"天文""地理""时令、时间""农业""植物""动物"等23类常用词语或习惯说法以确保其语义的覆盖面，又注意调查字声韵组合的涵盖面以反映出语音系统的整体面貌，同时还注意到所选词语的来源和调查的可操作性。

可见，溧水街上话样本的调查充分体现出社会语言学和汉语方言学方法的有机结合。

（二）分析方法的有机结合

从溧水街上话语音变异的整体分析看，其方法的运用充分体现出社会语言学和汉语方言学的有机结合。我们将社会语言学有关语言变项与语言变式、语言变异特征、相关社会因素分析的理论方法和汉语方言学音节结构分析、音位系统分析结合在一起，充分揭示出溧水街上话的语音变异状况及其演变规律。分析语音变异与词汇类型之间的相关性采用社会语言学的变项规则分析法；街上话向标准普通话靠拢的演变模式的揭示又采用了汉语方言学的描写法和对比法。描写法和对比法同时也用来描写街上话和普通话的语音系统，比较街上话向普通话靠拢的发展过程，揭示方言之间、方普之间的联系与区别。

从溧水街上话语音变异的局部分析看，其方法的运用也能体现出社会语言学和汉语方言学的有机结合。如语音变项的确定与语音变式的确认，尤其是语音变式中旧式、过渡式、新式，利用方言间对应关系、方言文献资料、方言语音演变规律等汉语方言学的理论、方法和成果来加以辨析和论证。这一研究过程充分体现出社会语言学和汉语方言学方法在具体问题分析上的有机结合。

本研究将社会语言学与汉语方言学相结合，是"社会语言学研究上的一次新尝试"，也是溧水街上话语音变异研究的"一大亮点和特色"（孙德平，2011a：70）。

第八章　城市方言研究的新视角

随着城市化进程的不断加快，城市流动人口的大量进入，城市方言出现了许多新现象与新问题，正面临着一系列新挑战。城市方言研究则迫切需要适应新形势，迎接新挑战，研究新现象，解决新问题。为此，城市方言研究需要选取新的研究视角，拓展新的研究思路，在继续开展城市方言变异与变化研究的基础上，推动微观研究与宏观研究相结合。现从城市方言面临的新挑战与研究的新视角两方面做具体分析，并提出研究展望。

第一节　城市方言面临的新挑战

快速发展的城市化仍是当今中国社会最为突出的变化，而流动人口的涌现则是城市化进程中的重要事件和不可逆转的趋势。中国自20世纪90年代以来发生了全球最大规模的人口流动。第五次至七次全国人口普查显示：中国大陆流动人口总数，2000年1.02亿，2010年2.21亿，2020年3.76亿。主要流动方向是农村向城市集聚。人口流动催生出城市语言生活系列新变化（李宇明，2012b；郭熙，2019），包括语言选择、语言使用、语言态度、语言变异等诸方面。这自然也包含了城市方言的使用与发展。已有研究案例显示，城市流动人口的大量存在助推城市普通话使用率的快速提升，普通话使用率的快速提升又不断促使城市方言的使用格局、使用环境、语言评价、自身系统、使用能力等诸方面发生变化，城市方言正面临着一系列的新挑战。

一、使用格局出现调整

进入21世纪，普通话普及率快速提升，2000年53.06%，2015年73%，2020年达80.72%，实现全国范围内基本普及目标。普通话的使用率城市远高于农村。2010年国家语委开展的河北、江苏、广西普通话普及情况专项调查显示城镇高于乡村。其城乡数据比：河北82.24%∶69.38%，江苏79.11%∶63.13%，广西91.30%∶78.31%（谢俊英等，2011b）。江西上饶、鹰潭、抚州、赣州四城市语言使用情况调查显示（2018年数据）：四城市居民能用普通话进行交流的达95.5%，工作场所用普通话进行交流的达87.7%（刘楚群，2018）。

大量调查案例显示，20世纪80年代之前，城市常住人口绝大部分都是本地人，城市语言主要是本地方言。但大量外部人口的流入提升了城市普通话的使用率，调整了城市语言的使用格局，由城市本地方言单用（或多方言并用）变为本地方言（或本地某一方言）与普通话并存分用。外部交际普通话为主、本地方言为辅，内部交际本地方言为主、普通话为辅，甚至有少数新兴城市（如深圳、东营①），普通话在内部交际中也成为使用主体。城市语言生活由单一化到多元化，绝大多数城市都已形成本地方言与普通话双语社区。这种语言使用格局业已成为城市语言生活新常态。詹伯慧曾坦言，这种主次分明的状况将"始终在这并存并用的语言格局中显示出共同语和方言不可逾越的永恒关系"（1997：34）。

广州的城市语言使用状况多项调查（郭熙、曾炜、刘正文，2005；徐晖明、周喆，2016；单韵鸣、李胜，2018）揭示出其语言使用格局的改变历程。20世纪80年代为多方言并用，以粤语为主、客家话和潮汕话为辅；随着大量流动人口的进入和普通话使用率的提升，客家话和潮汕话逐渐被边缘化，渐次形成粤语与普通话并存分用的新格局。广东深圳、珠海和汕头三大经济特区城市居民语言使用调查（李莉亚、黄年丰，2017）也显示普通话与粤语（或潮汕话）并存分用。具体表现为：居民用普通话进行交流的分别为93.35%、93.45%和85.00%；普通话使用率在工作场所分别为90.86%、86.93%和57.22%，

---

　① 参见汤志祥、梁燕霞（2005）、张晶晶（2012）。

家庭生活中分别为55.28%、48.72%和25.98%。

南昌的城市语言使用状况调查（江燕、刘静，2013）也同样显示20世纪80年代，城市语言使用以南昌话为主。大街小巷不绝于耳的基本都是南昌话，尤其是日常生活中很少有人使用普通话，个别人偶尔说几句普通话往往会被讥笑为"打官腔"。与80年代相比，2013年南昌市民日常生活中南昌话的使用频率明显下降，小学生减少了54.29%，中学生减少了57.90%，成年人减少了50.00%（江燕、刘静，2013）。普通话已经频繁地出现在市民的学习、工作和日常生活中，逐步成为一种"高频语言"。

二、语言评价大幅降低

语言评价主要包括情感评价、功能评价和地位评价。我们依据已有调查案例中有关城市本地方言与普通话的语言评价数据整理成表8-1。表中涉及华南、华中、华东和西南四个地区的11座城市：广东的汕头、深圳和珠海（李莉亚、黄年丰，2017），广西北海（陈朝珠，2012）；湖南岳阳（曾炜，2010），湖北潜江（孙德平，2011b）；浙江义乌（黄珂、朱萍，2017），江苏的南京、苏州、常州（俞玮奇，2011b）；重庆（马宇、谭吉勇，2016）。岳阳、南京、苏州、常州的语言评价采用五级量表的评价均值，其他城市均采用百分比。南京、苏州、常州、北海的调查对象为青少年，潜江的调查对象为潜江油田人（含潜江本地人）。城市方言为城市本地方言或本地主要使用的方言（如广州、深圳、珠海为粤方言，汕头为潮汕话）。部分城市的情感评价细分为好听程度与亲切程度，表中数据为两者的均数。

表8-1　全国部分城市本地方言与普通话的语言评价情况

地区及城市		语言评价	情感评价		功能评价		地位评价	
			城市方言	普通话	城市方言	普通话	城市方言	普通话
华南	广东	汕头	65.9%	43.9%	15.0%	22.1%	15.4%	33.0%
		深圳	42.7%	58.6%	27.6%	17.1%	21.9%	23.2%
		珠海	42.1%	49.4%	21.8%	20.3%	25.9%	28.6%
	广西	北海	54.6%	86.3%	59.8%	88.2%	45.3%	69.7%

（续表）

地区及城市		语言评价	情感评价		功能评价		地位评价	
			城市方言	普通话	城市方言	普通话	城市方言	普通话
华中	湖南	岳阳	2.87	3.85	2.94	4.40	2.39	3.37
	湖北	潜江	10.3%	86.7%	9.4%	95.6%	4.1%	53.3%
华东	浙江	义乌	80.8%	74.1%	79.9%	98.1%	——	——
	江苏	南京	3.59	4.04	3.66	4.39	3.58	4.06
		苏州	4.37	3.99	4.17	4.64	3.98	4.33
		常州	3.69	4.23	3.79	4.59	3.59	4.15
西南	重庆	重庆	74.7%	84.5%	74.0%	87.3%	42.6%	87.1%

　　表8-1显示，地位评价上，本地方言均低于普通话；功能评价上，除深圳和珠海外，本地方言均低于普通话；情感评价上，除汕头、义乌、苏州外，本地方言均低于普通话。由此可见，除少数城市某项语言评价本地方言高于普通话外，城市居民对本地方言的语言评价总体上都低于普通话。这说明城市居民对于本地方言的语言评价正在大幅下降。

　　其实还有一些研究案例由于不能完全对应三项评价故暂未列入，但也同样能说明问题。如合肥科学岛调查数据（王玲，2012a）显示：情感评价，普通话比合肥话更亲切、更文雅、更好听的占36.5%；功能评价，普通话比合肥话更有用的占65%；地位评价，普通话比合肥话更有身份的占43%。上海市常住人口的语言选择和语言使用度研究（端木三等，2016）显示：上海居民对上海话的关注度低于普通话。

三、使用空间受到挤压

　　《中华人民共和国通用语言文字法》规定的普通话使用范围，实际上给语言使用划分出几个领域，主要有"政府公务""学校教育""新闻出版""广播电视""公共服务"等五大领域。就城市居民的语言生活而言，其实还存在一个"日常生活"领域。政府公务、新闻出版、广播电视等领域与居民的语言生活关系并不是很大。日常生活、公共服务、学校教育等领域则与居民的语言生活密切相关。日常生活领域主要包括家庭生活和日常工作两方面，公共领域一般指商场、银行、市场、公共交通、餐饮等从事公共服务的场所。

城市方言与普通话并存分用的城市语言使用格局，影响了城市方言在日常生活、公共服务和学校教育等领域中的使用率，一定程度上挤压了城市方言的使用空间。

以普通话为主导的社会语言环境催生了家长的语言期望，促使其着力为孩子营造学习和使用普通话的家庭语言环境。家庭生活本是城市方言最为重要的使用领域，但普通话已快速进入家庭生活。我们把有关南京、苏州和常州家庭语言使用状况调查数据（俞玮奇，2011b）整理成表8-2，可清晰地看出城市方言与普通话在城市居民家庭生活中的使用情况。在南京和常州，普通话已成为使用主体；在苏州，苏州话还略占优势①，主要体现在父母苏州话的使用率高于普通话。

表8-2　南京、苏州和常州家庭语言使用状况（%）

城市语言 使用对象	南京		苏州		常州	
	普通话	南京话	普通话	苏州话	普通话	常州话
父亲	56.1	29.9	36.7	47.2	47.8	39.2
母亲	58.0	28.6	36.6	47.7	48.1	40.1
学生对父亲	57.5	29.0	48.5	36.5	59.6	28.6
学生对母亲	58.8	28.5	48.2	36.0	59.9	28.4
学生对祖父母	48.2	31.7	34.2	48.9	38.4	44.8
总的百分比	55.7	29.5	40.8	43.3	50.8	36.2

资料来源：引自俞玮奇（2011b：29）表4.1，内容略做调整。

南京市本地青少年公共服务与学校教育中的语言使用情况调查数据（俞玮奇，2012b）显示（见表8-3）：公共服务和学校教育领域中，场合越正式，普通话使用比例越高，南京话则越低；南京话在公共服务和学校教育领域的使用已非常有限。

---

① 上海市民语言生活状况调查（薛才德，2009）也显示上海话在家庭生活中仍占据一定的优势。

表8-3　南京市本地青少年公共服务与学校教育中的语言使用情况（%）

使用领域	使用对象	普通话	南京话	普通话和南京话
公共服务	在集贸市场	50.9	45.5	3.0
	在商场超市	77.5	19.5	3.0
	在银行邮局	87.6	10.4	2.0
学校教育	课后与同学	53.5	42.4	4.1
	课后与老师	86.1	11.4	2.5
百分比		71.1	25.8	2.9

资料来源：引自俞玮奇（2012b：92）表1，表题与内容略做调整。

四、方音系统正在改变

前文研究显示，街上话声母变项、韵母变项和声调变项中的新式均为原有语音系统中的声韵调。在街上话语音变异中，组合系统发生了改变，构成系统虽略有调整（出现ə韵母和ŋ/ø归并）但并未接受普通话或其他方言成分；原有语音系统虽已打破，但其主要语音特征仍基本保持。语音演变方式是系统内部调整。其实，系统内部调整只是城市方言变异的一种情况。有的城市方言原有语音特征渐次消失，有的城市方言接受普通话成分并改变其原有的组合系统与构成系统。

儿化韵原是南京话九大特征中第九大特征（赵元任，2002：295）。随着城市化进程的加快和普通话的影响，新派南京话的儿化韵比以前有所减少（江苏省地方志编纂委员会，1998：33），最新派已不成系统（刘丹青，1994：86）。南京话城区28个儿化词变异状况调查（丁存越，2015）进一步显示儿化累计率达54.1%，表明儿化仍是南京话的语音特点；非儿化累计率已达45.9%，表明儿化韵正逐渐消失。大量儿化韵的非儿化反映出南京话儿化韵系统已发生重大改变。南京郊区江宁话儿化韵的变化也与城区相同，仅有少部分词保留（如"今儿个、明儿个、后儿个、昨儿个、对眼儿、肚脐眼儿、小气鬼儿"），大量儿化词（如"碗儿、碟儿、盘儿、杯儿"）变成单音节词或加"子"尾，儿化韵正逐渐消失（南京市江宁区地方志编纂委员会，2014：357—358）。

　　f/x混读和n/l不分原是江苏省连云港市本地话的重要语音特征，如"房＝黄、飞＝灰"，"牛＝刘、老＝恼"。大多数情况下前者都读f，后者都读l，故《江苏省志·方言志》"连云港音系"中声母的构成系统中没有n（1998：80）。连云港市连云区连岛话调查（李荣刚，2011）发现，原有混读状况正朝着普通话分读方向演变，出现了原有构成系统中没有的x和n，原有语音系统正在发生改变。现依据90位连岛居民的调查数据将其表1整理成表8-4。表8-4显示30岁以下年龄组，x已普遍使用，n已出现并有一定的使用率。

表8-4　连云港连岛话x、n出现情况

年龄组	人数	次数（次）				占比（%）	
		f	x	l	n	x	n
30岁以下	26	84	202	259	27	70.6	9.4
31～45岁	20	136	84	0	0	38.2	—
46～60岁	33	290	73	361	2	20.1	0.6
61岁以上	11	110	11	0	0	9.1	—
总计	90	620	370	961	29	37.4	2.9

　　资料来源：引自李荣刚（2011：97）表1，表题与内容略做调整。

五、方言能力逐渐下降

　　关于城市方言使用率的下降、普通话与方言的消长等问题，曹志耘（2001）曾指出，由于受到普通话的强烈冲击，一些小城镇出现了突变型的方言变化，如浙江的淳安、龙游、遂昌、庆元等县的县城。呈现出的变化特征是老年人用本地话，中青年本地话与普通话并用，青少年用普通话，政治、文化、商贸等场合通用普通话。汪平（2003）调查发现，苏州的年轻人说的最熟练的是普通话，而20世纪50年代学生百分之百说苏州话。他担心将来苏州话会基本退出交际领域。除苏州外，还有一些城市的本地方言出现不同程度的萎缩，如徐州、怀化、上海、厦门、广州等（付义荣，2012a：80）。詹伯慧（1997：34）也指出"方言和共同语的未来发展，必然是共同语越来越普及，而方言在共同语强大力量的冲击下，有的'弱小'方言可能就逐渐丧失自己的特点而融入到共同语中去"。

俞玮奇、杨璟琰（2016）将2000、2005、2007和2015年上海本地学生的四次调查数据进行比较，数据显示：用上海话与人交谈97.6%（2000）──→用上海话与人交谈94.6%（2005）；上海话流利使用54.3%、能熟练使用40.3%（2005）──→上海话流利使用28.9%、最流利使用普通话70.2%（2007）──→上海话流利使用28.1%、能熟练使用45.4%、能使用但不熟练13.3%、不太会说13.2%（2015）；最流利使用普通话83.8%、上海话11.1%（2015）。由此可见，上海青少年的方言能力正在逐渐下降[①]，这无疑会对方言的代际传承产生一定的影响。

湖北省襄阳市出现父辈双言（普通话和方言）与子辈单言（普通话）的语言使用格局。就子辈而言，已基本属于"无方言"群体（刘群，2019）。我们依据其调查内容将半本土家庭（夫妻一方为本地人，一方为外地人）与本土家庭（夫妻双方均为本地人）中父辈与子辈的本地方言能力调查数据整理成表8-5。

表8-5　襄阳市父辈与子辈的城市方言能力比较表（%）

城市方言能力	本土家庭		半本土家庭	
	父辈	子辈	父辈	子辈
熟练	100		100	
会一点		16.9		8.1
基本不会		83.1		91.9

资料来源：引自刘群（2019：54）表4，表题与内容做了调整。

表8-5显示，子辈对于城市方言已不能熟练掌握，方言能力极弱。即使是本土家庭，也仍有83.1%的人基本不会。不过调查也显示，子辈虽然方言能力极弱，但仍具有听辨方言的能力，尚不存在交际困难和交际障碍。

---

① 孙晓先等（2007）曾就学生上海话使用率下降问题提出不同的看法：青少年家庭中上海话的使用率会随着年龄的增长逐渐上升，并接近上一代人。我们认为青少年方言能力的减退应该是无法回避的客观事实。

六、方言艺术面临挑战

全国各地历史悠久、以本地方言为载体的地方曲艺（即方言艺术）是地方文化的代表与象征，属非物质文化遗产，也是语言遗产。目前全国各地的地方曲艺在传承方面都存在着一定问题，有的已处于濒危状态，急需有效保护和有序传承。保护和传承曲艺艺术就是在保护非物质文化遗产。

江苏的南京白局产生于明朝末年，是南京云锦工人自编自唱、自娱自乐，用南京话进行表演的地方性说唱艺术。南京白局说的是南京方言，唱的是明清俗曲，表现形式生动诙谐，内容通俗易懂，深受民众欢迎。其流行范围除南京市区外，还有南京的六合、江浦、江宁等郊区以及安徽的来安、天长等地。它是南京地区唯一的地方性古老曲种，是南京民俗文化的重要组成部分，2004年被列入江苏省民族民间文化保护工程，2008年被列入第二批国家级非物质文化遗产名录（朱雅薇，2011；薛雷，2011、2016）。

南京白局目前仍面临着生存与发展的严峻考验（朱雅薇，2011）。就其存在困境的原因而言，除自身存在不具备专业团体、曲子艺术性不强、内容脱离时代等影响因素外，就是演唱的语言问题。白局演唱使用南京话，而南京话在快速发展的城市化与普通话的大力普及两大重要社会因素影响下快速向着普通话方向演变；再加上90后的南京人从小就接受普通话教育，使得"老南京腔"大打折扣；语言变迁增加理解难度，唱者难以拿捏其中韵味。这就失去了其朴质美感和地域韵味。再加上现代传媒形式的冲击，南京白局的传承与发展自然要受到挑战。

河南的地方曲艺有着悠久的历史，用河南地方话演唱的曲艺形式有300余种。有兴于巩义市流行于洛阳市的河洛大鼓，有南阳市的南阳大鼓，有初盛行于开封市后流传于洛阳市、南阳市等地的大调曲子，有形成于南阳市的三弦书等。河南的地方曲艺也与江苏的南京白局一样，传承发展也面临着举步维艰的现状：受众群体越来越少，演出场次逐渐减少；老一辈民间艺人年岁渐长，新一代年轻人寥寥无几（宋红豫等，2019）。

第二节　城市方言研究的新视角

上文分析显示，随着城市化进程的进一步加快、城市普通话使用率的进一步提升，城市方言面临着使用格局的调整、语言评价的降低、使用空间的挤压、方音系统的改变、方言能力的下降、方言艺术的濒危等一系列挑战。面对城市方言出现的新现象与新问题，除继续开展城市方言变异与变化的微观研究之外，还需要拓展研究思路，选取新的研究视角开展城市方言的宏观研究。从城市特征视角，开展城市方言在不同城市类型中的使用状况及其相互之间的差异性等问题研究；从城市规划视角，开展城市方言总体规划、社区规划以及家庭规划研究；从城市治理视角，开展城市公共管理、城市应急服务中的城市方言问题研究。

一、城市特征视角

在我国，不同城市在人口规模、所属区域、建城历史、语言特征等方面呈现出不同的特征，依据不同特征可以划分出不同城市类型。依据规模特征可划分出超大城市、特大城市、大城市、中等城市和小城市等不同城市类型；依据地域特征可划分出东部城市、中部城市和西部城市等不同城市类型；依据历史特征可划分出历史古城、新兴城市等不同城市类型；依据语言特征，主要是汉语方言特征，可划分出属于不同方言区的城市类型。

笔者（2019）曾依据24座城市[①]2005—2016年语言使用状况调查资料，

① 包括上海（端木三等，2016）、广州（郭熙等，2005）、深圳（汤志祥、梁燕霞，2005）、重庆（马宇、谭吉勇，2016）、武汉（董福升，2008）、南京（王玲，2012a）、溧水（郭骏，2007）、江宁（刘芳，2014）、苏州（俞玮奇，2010、2012a）、常州（孙锐欣，2007）、江阴（刘俐李，2013）、徐州（苏晓青等，2007）、杭州（杜晓红，2016）、西安（任海棠、杨娜，2012）、青岛（邵丽英、刘春霞，2014）、东营（张晶晶，2012）、南昌（江燕、刘静，2013）、赣州（刘楚群、黄玲玲，2016）、泉州（林华东、徐贺君，2009）、唐山（张妍，2017）、岳阳（曾炜，2010）、北海（陈朝珠，2012）、武威（赵颖，2014）、阿克苏（曹巧红，2016），涉及上海、广东、重庆、湖北、江苏、浙江、陕西、山东、江西、福建、河北、湖南、广西、甘肃、新疆等15个省、自治区、直辖市。

从城市特征视角分析普通话在城市内外部交际用语中的使用情况，以揭示城市特征与普通话使用之间存在着的相关性。规模特征、地域特征、历史特征和方言特征与城市普通话使用的相关性分析，印证了学界业已形成的一些共识：第一，外部交际用语使用率高，内部交际用语使用率低；第二，中部城市使用率高，西部城市使用率低，东部城市使用率处中间；第三，新兴城市使用率高，历史城市使用率低。与此同时，也揭示出一些未被学界发现的相关性特征。一是城市规模与普通话使用呈现出正反相关并存的状况，以大城市为界，城市规模越小普通话使用率越低（大城市＞中等城市＞小城市），呈现出正相关；城市规模越大普通话使用率越低（大城市＞特大城市＞超大城市），呈现出负相关。二是普通话作为方言区城市外部交际用语概率：赣方言区①＞闽方言区＞粤方言区＞湘方言区＞吴方言区＞官话方言区，官话方言区使用率最低②。三是普通话作为官话方言不同片区③城市外部交际用语的概率：江淮片＞冀鲁片＞西南片＞胶辽片＞中原片＞兰银片，中原片使用率几乎最低。

　　透过城市特征这一视角观察普通话在不同类型城市使用中的分布状况、呈现特征及其差异性，清晰地勾画出全国主要城市普通话使用率分布图，既为普通话普及找到关注点和突破点，也为普通话普及政策的制定提供重要的依据。

　　同样，我们也可从城市特征视角分析研究城市方言在不同城市类型中的使用状况、语言地位、呈现特征及其发展趋势，清晰地勾画出全国主要城市方言的生存态势图。同时综合分析城市方言与普通话在城市类型分布特征上的异同，研究普通话与城市方言并存分用、和谐相处的真实状况，为城市和谐语言生活的构建提供科学支撑，为城市语言治理提供决策参考。

---

　　①　李如龙（2017：28）曾指出"赣方言已经被称为没有多少特色的方言"，此次研究可作为旁证。

　　②　"官话区的学校不排斥本地方言"（李如龙，2017：29）或许是官话方言区城市普通话使用率不高的重要原因之一。

　　③　《汉语官话方言研究》（钱曾怡，2010：10—16）将官话方言划分为北京、胶辽、冀鲁、中原、兰银、西南、江淮和晋语等8个片区，调查案例中缺北京官话和晋语2个片区。

二、城市规划视角

国家十分重视城市规划工作，颁布了《中华人民共和国城乡规划法》，城市人民政府须依法制定城市规划。城市语言生活，小而言之，涉及城市居民"运用和应用语言文字的各种社会活动和个人活动"（眸子，1997：39）；大而言之，涉及文化教育、经济社会、精神文明、和谐社会构建等诸方面。"语言文字在城市规划中，在建立城市规划的中国话语、中国学术、中国知识体系中，应有其重要地位"，但目前在城市规划中"对于语言文字的考虑是不全面、不系统、不自觉的"，甚至可以说是一个短板（李宇明，2021：104、110）。

城市语言规划是城市规划的应有内容，城市方言则是城市语言规划的核心内容之一。语言学界尤其是社会语言学界已开展城市规划视角下的城市方言研究工作。

笔者（2018）曾从城市语言规划（主要涉及地位规划和功能规划）视角探讨了城市方言的使用实态与生存状况、城市方言与普通话的相互关系、城市和谐语言生活的构建等问题。研究得出：第一，普通话在城市语言使用中处于主导地位，为主导性语言；城市方言为城市居民的主体语言。第二，城市语言使用实态是普通话为主导，城市方言为主体，正式场合普通话为主，非正式场合城市方言为主，也印证了当下城市语言使用的总体格局是普通话与城市方言并存分用。第三，城市方言与普通话处于一种既有使用领域的大致划分、界限又不是十分清晰的柔性状态，这种柔性状态正是普通话与城市方言关系和谐的表现。

俞玮奇、杨璟琰（2016）与李如龙（2017）探讨了城市方言习得与传承的家庭语言规划问题。针对汉语方言（包括城市方言）结构系统和使用功能的萎缩状况，李如龙提出家庭语言规划要立足家庭这一方言传承的基本场所，鼓励传承方言，发挥方言认知教化作用。面对城市中青少年方言能力不断下降之状，俞玮奇、杨璟琰提出树立科学语言观，重视家庭语言规划，培养孩子的多语多言能力，营造普通话和城市方言并存共用的和谐多语生活。

汪卫红、张晓兰（2017），方小兵（2018），王晓梅（2019）等提出鉴于社区小环境和社会大环境等外部因素对城市方言习得与传承产生的影响，家庭语言规划要与社区语言规划相互融合。

薛雷（2016）、李如龙（2017）、宋红豫等（2019）针对方言艺术的保护与传承问题提出保护措施与发展构想。

三、城市治理视角

城市治理是国家治理的一项中心任务。城市公共管理与城市应急处置是城市治理的重要内容，城市公共语言服务与城市应急语言服务则是城市公共管理与城市应急处置的重要工作。

王海兰（2018）提出开展城市语言保护工程、做好城市方言的传承与保护服务是城市公共语言服务的一项重要内容。杨晖等（2019）研究了城市方言能力对移民创业决策与创业收入的影响情况，提出拥有城市方言能力能显著增加城市移民创业的概率与创业收入，城市公共语言服务需要开展城市移民的城市方言能力培训。李宇明（2021）也提出城市中外地进城务工人员需要接受本市语言的培训。

鲍青青（2017）调查了国内公共交通工具电子方言报站分布状况，探究城市方言的表达功能与公共服务功能。2022年上海两会有人大代表建议上海地铁全线增设上海话报站，采用"普通话-上海话-英语"报站[①]，以期促进公共场合多语并用的和谐文化生态建设。城市方言在城市公共服务领域中的定位、功能与作用需要从城市治理视角开展进一步的深入研究。詹伯慧（2014：2）指出方言本身存在着许多应用的空间，需要开展探索，寻求解决的路径。

2010年广州发生了较大规模的语言冲突事件，即"保卫粤语"事件。事发后语言学界从城市突发应急事件处置视角进行了多项研究。肖好章（2010）从语域、文化和社会三个层次分析广州多语语境下的语用争论问题；屈哨兵

---

①　该信息来自2022年1月23日的《今日语情》。

（2011）提出从语言生活、学界学理、社会公众文化、政治等不同层面进行妥善应对和积极处置；詹伯慧（2011）从城市语言治理视角提出应该以此为契机大力加强语言应用服务工作，在语言知识普及和语言政策、语言法律的宣传教育方面多下功夫；祝晓宏（2011）从社会语言学、"国家–社会"框架和批评话语分析的角度分析了该事件的成因，即地方综合实力弱化的心理反弹，地方社会对自身利益的关注和诉求，地方媒体的建构；王玲、刘艳秋（2013）分析了此次语言冲突产生的深层原因，并从城市语言生活的治理与和谐社会的构建角度提出应对了策略。

2020年初，新冠肺炎疫情在武汉暴发。援鄂医护人员与当地讲武汉方言的患者交流出现障碍。山东大学齐鲁医院医疗队进驻武汉 48 小时后编出《武汉方言实用手册》《武汉方言音频材料》（李宇明、饶高琦，2020）。中国语言学人自发组建"战疫语言服务团"，用武汉、襄阳、宜昌、黄石、荆州、鄂州、孝感、黄冈、咸宁等9地市的主体方言和普通话对应录制出《抗击疫情湖北方言通》，提供了切实的应急语言服务（李宇明等，2020）。智能语音技术成为其重要的科技支撑（汪高武等，2020）。城市方言如何在城市突发公共事件防控中发挥应急服务功能非常值得研究。

参考文献

白岩记录整理 2005 《李荣先生在汉语方言学会第二届年会上谈话摘要》，全国汉语方言学会第13届年会暨汉语方言国际学术研讨会材料。

鲍明炜 1980 《六十年来南京方音向普通话靠拢情况的考察》，《中国语文》第4期。

鲍青青 2017 《从公共交通工具电子方言报站看强势方言区》，《现代商贸工业》第36期。

秘光祥主编 1990 《在城镇志》，内部出版。

曹巧红 2016 《阿克苏市国家通用语言使用情况抽样调查研究》，《现代语文》第9期。

曹志耘 2001 《关于濒危汉语方言问题》，《语言教学与研究》第1期。

曹志耘 2006 《汉语方言：一体化还是多样性？》，《语言教学与研究》第1期。

陈保亚 1996 《语言接触与语言联盟——汉越（侗台）语源关系的解释》，北京：语文出版社。

陈保亚 1999 《20世纪中国语言学方法论：1898～1998》，济南：山东教育出版社。

陈朝珠 2012 《北海市区中小学生语言使用情况调查与分析》，《东方企业文化》第8期。

陈恩泉 1999 《中国施行双语制度刍议》，载陈恩泉主编：《双语双方言与现代中国》，北京：北京语言文化大学出版社。

陈恩泉主编 1999 《双语双方言与现代中国》，北京：北京语言文化大学出版社。

陈建民、陈章太 1988 《从我国语言实际出发研究社会语言学》，《中国语文》第2期。

陈立平 2011 《常州市民语言态度调查》，《解放军外国语学院学报》第4期。

陈敏之 1983 《论城市的本质》，《城市问题》第2期。

陈松岑 1988 《一个新兴的"热门"学科——社会语言学简介》，《语文建设》第6期。

陈松岑 1990 《绍兴市城区普通话的社会分布及其发展趋势》，《语文建设》第1期。

陈松岑 1999 《语言变异研究》，广州：广东教育出版社。

陈亚川 1987 《闽南口音普通话说略》，《语言教学与研究》第4期。

陈亚川 1991 《"地方普通话"的性质特征及其他》，《世界汉语教学》第1期。

陈章太 1990 《关于普通话与方言的几个问题》，《语文建设》第4期。

陈章太 1994 《语文生活调查刍议》，《语言文字应用》第1期。

陈章太 1999 《再论语言生活调查》，《语言教学与研究》第3期。

陈章太　2001　《近期中国社会语言学的几个热点》,《世界汉语教学》第1期。

陈章太　2002a　《中国社会语言学在发展中的问题》,《世界汉语教学》第2期。

陈章太　2002b　《略论我国新时期的语言变异》,《语言教学与研究》第6期。

陈章太　2005a　《语言规划研究》,北京:商务印书馆。

陈章太　2005b　《论语言生活的双语制》,载陈章太:《语言规划研究》,北京:商务印书馆。

程　序　2006　《鄱阳方言语音变异研究》,《中国社会语言学》第2期。

戴庆厦主编　2004　《社会语言学概论》,北京:商务印书馆。

戴　妍、高一虹　1996　《大学生对普通话和上海方言变语的评价》,《新乡师专学报》(社会科学版)第4期。

邓　彦　2012a　《巴马言语社区壮汉双语接触过程探析》,《广西民族大学学报》(哲学社会科学版)第2期。

邓　彦　2012b　《广西巴马壮语濒危现象调查》,《湖南科技大学学报》(社会科学版)第5期。

丁崇明　2001　《语言演变的过程模式》,《北京师范大学学报》(人文社会科学版)第6期。

丁存越　2015　《南京城市方言儿化音变异的实证研究》,《语言文字应用》第3期。

董福升　2008　《普通话与武汉方言接触状况调查》,《赤峰学院学报》(汉文哲学社会科学版)第6期。

董洪杰、李　琼、高晓华　2011　《社会语言学研究的新视角:城市语言调查》,《西安文理学院学报》(社会科学版)第1期。

杜晓红　2016　《城镇化进程中杭州地区语言发展对策研究》,《浙江传媒学院学报》第5期。

端木三、张瀛月、董　岩、周逸雯　2016　《上海市常住人口的语言选择和语言使用度研究》,《全球华语》(Global Chinese)第2期。

段　纳　2007　《平顶山方言古入声字向普通话靠拢现象的调查》,载徐大明主编:《中国社会语言学新视角——第三届中国社会语言学国际学术研讨会论文集》,南京:南京大学出版社。

[荷]范德博　2005　《活力、认同和语言传播:以上海话为例》,《中国社会语言学》第2期。

方小兵　2018　《从家庭语言规划到社区语言规划》,《云南师范大学学报》(哲学社会科学版)第6期。

风笑天　2001　《社会学研究方法》,北京:中国人民大学出版社。

冯胜利、叶彩燕　2014　《拉波夫与王士元对话——语音变化的前沿问题》,北京:北京大学出版社。

冯志伟　1999　《应用语言学综论》,广州:广东教育出版社。

[美]Ferguson,C.A.　1983　《双言现象》,李自修译,《国外语言学》第3期。

付义荣　2004　《南京市语言使用情况调查及其思考》,《南京航空航天大学学报》(社会科学版)第3期。

付义荣　2005　《傅村语言调查：言语社区和语言变化研究》，南京：南京大学博士学位论文。

付义荣　2006　《试论言语社区的界定》，《中国社会语言学》第2期。

付义荣　2008　《社会流动：安徽无为傅村父亲称谓变化动因》，《中国语文》第2期。

付义荣　2012a　《论汉语方言的萎缩——以安徽无为县傅村为例》，《集美大学学报》（哲学社会科学版）第3期。

付义荣　2012b　《关于农民工语言研究的回顾与反思》，《语言文字应用》第4期。

付义荣、严振辉　2017　《论城市方言的社会分布——基于对厦门市的快速匿名调查》，《东南学术》第6期。

高莉琴、李丽华　2008　《乌鲁木齐农民工语言调查研究》，《新疆大学学报》（哲学·人文社会科学版）第5期。

高玉娟　2018　《大连方言阴平调变异的社会语言学分析》，《辽宁师范大学学报》（社会科学版）第5期。

桂诗春、宁春岩　1997　《语言学方法论》，北京：外语教学与研究出版社。

郭　骏　1990　《溧水县志·第二十九编方言》，载溧水县地方志编纂委员会编：《溧水县志》，南京：江苏人民出版社。

郭　骏　1993　《溧水方言记略》，载江苏省政协文史委员会、溧水县政协文史委员会编：《江苏文史资料》第71辑。

郭　骏　1995　《溧水境内吴方言与江淮方言的分界》，《南京社会科学》第6期。

郭　骏　2004　《溧水方言探索集》，北京：科学技术文献出版社。

郭　骏　2005　《溧水"街上话"[u]元音变异分析》，《中国社会语言学》第1期。

郭　骏　2006　《溧水"街上话"语音变异研究》，南京：南京大学博士学位论文。

郭　骏　2007　《语言态度与方言变异——溧水县城居民语言态度与语言使用情况的简要调查》，《南京社会科学》第8期。

郭　骏　2008　《语言变项中不同变式的确认》，《南京社会科学》第10期。

郭　骏　2009a　《方言语音变异特征分析》，《南京社会科学》第12期。

郭　骏　2009b　《系统内部调整：方言向普通话靠拢的演变模式——以溧水"街上话"语音变异为例》，《语言科学》第6期。

郭　骏　2009c　《异质语言观与方言音系研究》，《江海学刊》第6期。

郭　骏　2010　《溧水"街上话"声母变异分析》，《南京晓庄学院学报》第2期。

郭　骏　2011　《词汇类型对语音变异的制约——以江苏溧水"街上话"为例》，《语言文字应用》第3期。

郭　骏　2013a　《关于城市语言调查的几点思考》，《语言文字应用》第4期。

郭　骏　2013b　《二十世纪以来的南京方言研究》，《南京晓庄学院学报》第5期。

郭　骏　2018　《主导与主体：普通话和城市方言的语言地位辨析》，《南京晓庄学院学报》

第1期。

郭　骏　2019　《从城市特征观察普通话的使用》,《光明日报》1月26日12版。

郭　蕊、丁石庆　2007　《北京市典型蒙语社区蒙古族语言使用情况调查》,《西北第二民族学院学报》（哲学社会科学版）第1期。

郭　熙　2004　《中国社会语言学》（增订本），杭州：浙江大学出版社。

郭　熙　2019　《七十年来的中国语言生活》,《语言战略研究》第4期。

郭　熙、曾　炜、刘正文　2005　《广州市语言文字使用情况调查报告》,《中国社会语言学》第2期。

国家语言资源监测与研究中心编　2007　《中国语言生活状况报告（2006）（下编）》，北京：商务印书馆。

贺　巍　1985　《河南山东皖北苏北的官话（稿）》,《方言》第3期。

［英］赫德森　1990　《社会语言学》，丁信善等译，北京：中国社会科学出版社。

侯精一主编　2002　《现代汉语方言概论》，上海：上海教育出版社。

黄　珂、朱　萍　2017　《义乌本地居民语言态度与语言使用调查分析》,《产业与科技论坛》第19期。

姬桂玲　2013　《南京市人口增长及城市发展态势分析》，载叶南客主编:《南京市经济社会发展蓝皮书（2013—2014）》，南京：南京出版社。

季华权主编　1998　《江苏方言总汇》，北京：中国文联出版公司。

江苏省地方志编纂委员会　1998　《江苏省志·方言志》，南京：南京大学出版社。

江苏省和上海市方言调查指导组编　1960　《江苏省和上海市方言概况》，南京：江苏人民出版社。

江　燕、刘　静　2013　《现代城市语言生活状况调查报告——普通话和南昌话使用比例在南昌的消长研究》,《旅游纵览》12月下半月刊。

孔　珍　2018　《国际语言景观研究现状与发展趋势分析》,《中南大学学报》（社会科学版）第2期。

［美］拉波夫　1985　《纽约市百货公司（ｒ）的社会分层》，载祝畹瑾编:《社会语言学译文集》，北京：北京大学出版社。

李莉亚、黄年丰　2017　《广东省经济特区居民语言态度调查分析》,《语言文字应用》第4期。

李荣刚　2011　《城市化对乡村语言变化的影响》,《重庆社会科学》第10期。

李如龙　1988　《论方言和普通话之间的过渡语》,《福建师范大学学报》（哲学社会科学版）第2期。

李如龙　2001　《汉语方言学》，北京：高等教育出版社。

李如龙　2017　《现代汉语方言的萎缩和对策研究》,《语言战略研究》第4期。

李　伟　2013　《汉语阳泉方言声母变异的社会语言学分析》，载苏金智、夏中华主编:《语言、民族与国家》，北京：商务印书馆。

李现乐　2010　《试论言语社区的层次性》，《东北大学学报》（社会科学版）第3期。

李宇明　2010　《当前语言生活的热点问题》，载《华夏文化论坛》第5辑，长春：吉林大学出版社。

李宇明　2012a　《中国语言生活的时代特征》，《中国语文》第4期。

李宇明　2012b　《当代中国语言生活中的问题》，《中国社会科学》第9期。

李宇明　2021　《城市语言规划问题》，《同济大学学报》（社会科学版）第1期。

李宇明、饶高琦　2020　《应急语言能力建设刍论》，《天津外国语大学学报》第3期。

李宇明、赵世举、赫　琳　2020　《"战疫语言服务团"的实践与思考》，《语言战略研究》第3期。

李占芳、单慧芳　2013　《语言变异研究：方法及应用》，《北京科技大学学报》（社会科学版）第4期。

溧水县地方志编纂委员会　1990　《溧水县志》，南京：江苏人民出版社。

溧水县地方志编纂委员会　1996　《溧水年鉴（1986—1995）》，南京：江苏年鉴杂志社。

溧水县地方志编纂委员会　2001　《溧水年鉴（1996—2000）》，内部出版。

溧水县地名委员会编　1982　《溧水县地名录》，内部出版。

梁　源　2017　《声调变异中的发音与感知机制——以香港粤语为例》，《中国语文》第6期。

林华东、徐贺君　2009　《闽南地区双言现象与语言生活和谐问题——以泉州市区市民语言使用状况为例》，《漳州师范学院学报》（哲学社会科学版）第1期。

林　焘、王理嘉　1992　《语音学教程》，北京：北京大学出版社。

刘楚群　2018　《江西上饶、鹰潭、抚州、赣州语言文字使用调查研究》，北京：中国社会科学出版社。

刘楚群、黄玲玲　2016　《赣州市语言文字使用情况调查分析》，《语言文字应用》第1期。

刘丹青　1994　《〈南京方言词典〉引论》，《方言》第2期。

刘丹青编纂　1995　《南京方言词典》，南京：江苏教育出版社。

刘　芳　2014　《试论普通话和方言在城市的发展趋势——以南京市江宁区为例》，《集美大学学报》（哲社版）第1期。

刘　虹　1993　《语言态度对语言使用和语言变化的影响》，《语言文字应用》第3期。

刘　慧　2020　《城中村语言景观与农民工身份认同研究——以广州石牌村为例》，《语言战略研究》第4期。

刘　坚主编　1998　《二十世纪的中国语言学》，北京：北京大学出版社。

刘俐李　2013　《江阴吴语近二十年的变化》，《语言研究》第1期。

刘俐李、唐志强　2017　《论当代汉语四阶连续体》，《中国语文》第6期。

刘俐李、王洪钟、柏　莹编著　2007　《现代汉语方言核心词·特征词集》，南京：凤凰出版社。

刘　群　2019　《"无方言"家庭语言规划状况调查与研究》,《湖北文理学院学报》第9期。

刘祥柏　2007　《江淮官话的分区（稿）》,《方言》第4期。

刘勋宁　2004　《"多元一极"模式与中国的语言社会》,《中国社会语言学》第2期。

刘　艳　2011　《言语社区构成要素的探讨——以超女语言和白领群体招呼语使用调查为例》,《语言教学与研究》第2期。

刘　艳　2018　《农业转移人口子女语言研究述评》,《晋中学院学报》第1期。

刘　艳　2020　《农业转移人口子女语言状况与城市融合——以合肥市调查为例》,《安徽农业大学学报》（社会科学版）第2期。

刘　英、徐大明　2012　《移民城市语言变异的本土化——以包头昆都仑区鼻韵尾变异为例》,《语言研究》第1期。

刘玉屏　2009a　《农民工语言使用与语言态度调查——以浙江省义乌市为个案》,《农业考古》第6期。

刘玉屏　2009b　《农民工语言再社会化分析——以浙江省义乌市为个案》,《中国农村观察》第6期。

刘玉屏　2010a　《农民工语言再社会化实证研究——以浙江省义乌市为个案》,《语言文字应用》第2期。

刘玉屏　2010b　《正在进行中的汉语方言接触实证研究——义乌市农民工使用义乌方言成分情况调查》,《语言文字应用》第4期。

刘玉屏　2010c　《农民工语言行为的社会学研究》,《求索》第8期。

刘照雄主编　1994　《普通话水平测试大纲》（修订本），长春：吉林人民出版社。

陆书伟　2011　《言语社区演进模式探讨》,《宁夏师范学院学报》（社会科学）第1期。

陆学艺主编　2002　《当代中国社会阶层研究报告》，北京：社会科学文献出版社。

吕叔湘　1990　《普通话与方言问题学术讨论会上的发言》,《语文建设》第4期。

马　宇、谭吉勇　2016　《重庆市民语言生活现状研究》,《甘肃广播电视大学学报》第4期。

毛力群　2009　《语言资源的价值——以浙江义乌的语言生活为例》,《云南师范大学学报》（哲学社会科学版）第4期。

毛力群　2013　《国际化市场背景下的语言选择——以义乌中国小商品城经营户语码转换情况为例》,《语言文字应用》第4期。

毛力群、孙怡玲　2011　《从模因视角看咆哮体的流行》,《常熟理工学院学报》（哲学社会科学）第5期。

毛力群、朱赟昕　2020　《义乌淘宝村语言景观的多模态分析》,《浙江师范大学学报》（社会科学版）第6期。

眸　子　1997　《语言生活与精神文明》,《语文建设》第1期。

南京市江宁区地方志编纂委员会编　2014　《南京市江宁区志》（第四册），北京：方志出版社。

牛文元主编　2012　《中国新型城市化报告2012》，北京：科学出版社。

戚雨村、董达武、许以理、陈光磊　1993　《语言学百科词典》，上海：上海辞书出版社。

亓海峰　2011　《招远方言声调格局的变异》，《汉语学报》第2期。

齐沪扬、朱琴琴　2001　《上海市徐汇区大中小学生称谓语使用情况调查》，《语言文字应用》第2期。

钱曾怡主编　2010　《汉语官话方言研究》，济南：齐鲁书社。

屈哨兵　2011　《广州"撑粤语"事件引发的思考》，《云南师范大学学报》（哲学社会科学版）第1期。

瞿霭堂　2004　《语音演变的理论和类型》，《语言研究》第2期。

全国人大教科文卫委员会教育室、教育部语言文字应用管理司编写　2001　《〈中华人民共和国国家通用语言文字法〉学习读本》，北京：语文出版社。

任海棠、杨　娜　2012　《西安地区普通话与陕西话的社会功能调查与解读》，《西北大学学报》（哲学社会科学版）第3期。

［美］萨丕尔　1985　《语言论：言语研究导论》，陆卓元译，陆志韦校订，第2版，北京：商务印书馆。

沙　平　1988　《"变语配对"实验方法的应用》，《语文建设》第3期。

单韵鸣、李　胜　2018　《广州人语言态度与粤语认同传承》，《语言战略研究》第3期。

尚国文、周先武　2020　《非典型语言景观的类型、特征及研究视角》，《语言战略研究》第4期。

邵丽英、刘春霞　2014　《青岛市民有声语言使用状况调查与分析》，《青岛农业大学学报》（社会科学版）第3期。

施春宏　1999　《语言调节与语言变异（下）》，《语文建设》第5期。

宋红豫、李晓敏、常民强　2019　《乡村振兴视域下河南省传统曲艺文化现状调研》，《乡村科技》第30期。

宋欣桥　1991　《普及普通话的语音标准框架》，《语文建设》第10期。

苏金智　1999　《中国语言文字使用情况调查准备工作中的若干问题》，《语言文字应用》第1期。

苏金智、夏中华主编　2013　《语言、民族与国家》，北京：商务印书馆。

苏晓青、付维洁、周兵兵　2007　《徐州市民语言使用情况的初步考察》，《徐州教育学院学报》第3期。

孙德平　2009　《江汉油田话"潜"字声调变异调查研究》，《语言研究》第1期。

孙德平　2011a　《社会语言学和方言学有机结合的力作——读〈方言变异与变化：溧水街

上话的调查研究〉》,《南京晓庄学院学报》第2期。

孙德平 2011b 《语言认同与语言变化:江汉油田语言调查》,《语言文字应用》第1期。

孙德平 2012 《鼻边音声母变异研究:以江汉油田话为例》,《宁波大学学报》(人文科学版)第5期。

孙德平 2013a 《外部因素主导的语音变异——以江汉油田话卷舌音声母变异为例》,《语言文字应用》第3期。

孙德平 2013b 《工业化过程中的语言变异与变化——江汉油田调查研究》,北京:中国社会科学出版社。

孙金华 2009 《拉波夫的语言变化观》,南京:南京大学出版社。

孙锐欣 2007 《方言存在维度的探索与常州市区语言使用状况调查》,《常州工学院学报》(社科版)第3期。

孙晓先、蒋冰冰、王颐嘉、乔丽华 2007 《上海市学生普通话和上海话使用情况调查》,《长江学术》第3期。

[瑞]索绪尔 1980 《普通语言学教程》,高名凯译,北京:商务印书馆。

汤志祥、梁燕霞 2005 《深圳商业员工语言使用和语言取向:典型移民城市语言变迁调查报告之一》,《中国社会语言学》第2期。

[英]特鲁杰 1985 《性别、潜在声望和诺里奇市英国英语的变化》,载祝畹瑾编:《社会语言学译文集》,北京:北京大学出版社。

汪高武、庞博、李晨光、杨豆豆 2020 《讯飞语言输入法方言识别在新冠疫情防控中的应用评估》,《语言战略研究》第5期。

汪 平 2003 《普通话和苏州话在苏州的消长研究》,《语言教学与研究》第1期。

汪卫红、张晓兰 2017 《中国儿童语言培养的家庭语言规划研究:以城市中产阶级为例》,《语言战略研究》第6期。

王福堂 1998 《二十世纪的汉语方言学》,载刘坚主编:《二十世纪的中国语言学》,北京:北京大学出版社。

王福堂 2005 《汉语方言语音的演变和层次》(修订本),北京:语文出版社。

王福堂 2008 《绍兴方言同音字汇》,《方言》第1期。

王海兰 2018 《城市公共服务的内涵与评估框架构建》,《云南师范大学学报》(哲学社会科学版)第2期。

王理嘉 2003 《汉语拼音运动与汉民族标准语》,北京:语文出版社。

王 力 1981 《中国语言学史》,太原:山西人民出版社。

王 立 2004 《汉口话[ŋ]声母字读音变异及其原因探析》,《语言文字应用》第1期。

王 立 2008 《语言期望与中小学生的语言成长》,《语言文字应用》第4期。

王 利、张 慧 2017 《浅析山西阳曲县地方普通话的声母变异》,《长治学院学报》第6期。

王　玲　2005　《"有+VP"句式使用情况调查》,《中国社会语言学》第2期。

王　玲　2009a　《言语社区内的语言认同与语言使用——以厦门、南京、阜阳三个"言语社区"为例》,《南京社会科学》第2期。

王　玲　2009b　《言语社区基本要素的关系和作用——以合肥科学岛社区为例》,《语言教学与研究》第5期。

王　玲　2010　《农民工语言认同与语言使用的关系及机制分析》,《北华大学学报》（社会科学版）第3期。

王　玲　2012a　《城市化进程中本地居民和外来移民的语言适应行为研究——以合肥、南京和北京三地为例》,《语言文字应用》第1期。

王　玲　2012b　《城市语言研究的理论与方法》,北京：中国社会科学出版社。

王　玲、刘艳秋　2013　《城市语言环境变化与城市语言冲突事件》,《安徽师范大学学报》（人文社会科学版）第5期。

王　玲、徐大明　2009　《合肥科学岛言语社区调查》,《语言科学》第1期。

王群生、王彩豫　2001　《略论"带地方色彩的普通话"》,《荆州师范学院学报》（社会科学版）第6期。

王伟超、许晓颖　2010　《南京言语社区语言态度调查报告》,《东南大学学报》（哲学社会科学版）增刊。

王晓梅　2019　《家庭语言规划应该放在言语社区中研究》,《语言战略研究》第2期。

王晓梅　2020　《语言景观视角下的海外华语研究》,《云南师范大学学报》（哲学社会科学版）第2期。

王远新　2011　《锡伯族地区"城中村"的语言生活——察布查尔镇宁古齐村语言使用、语言态度调查》,《满语研究》第1期。

王远新　2013　《城市"牧民社区"的语言生活——二连浩特市星光小区语言使用和语言态度调查》,《满语研究》第1期。

邬美丽　2008　《在京少数民族大学生民汉双语态度调查》,《语言教学与研究》第6期。

吴翠芹　2008　《上海市"问路"调查》,《现代语文》第6期。

吴先泽　2013　《言语社区理论视角下的大学生网络社区》,《广西民族师范学院学报》第2期。

夏　历　2007a　《农民工言语社区探索研究》,《语言文字应用》第1期。

夏　历　2007b　《城市农民工普通话水平调查研究》,《淮阴师范学院学报》（哲学社会科学版）第3期。

夏　历　2009a　《城市农民工的语言资源和语言问题》,《云南师范大学学报》（哲学社会科学版）第4期。

夏　历　2009b　《"言语社区"理论的新思考——以在京农民工言语共同体为例》,《语言教学与研究》第5期。

夏　历　2010　《东北地区农民工语言状况调查研究》,《北华大学学报》(社会科学版)第3期。

夏　历　2012　《城市农民工语言态度调查研究》,《社会科学战线》第1期。

夏　历　2015　《新市民语言的城市化》,《沈阳师范大学学报》(社会科学版)第5期。

夏　历　2018　《农民工语言城市化进程研究》,《沈阳师范大学学报》(社会科学版)第3期。

夏　历、力　量　2007　《城市农民工语言学习研究》,《修辞学习》第5期。

夏　历、谢俊英　2007　《农民工的语言状况》,《长江学术》第3期。

肖好章　2010　《社会语境中的语言文化"冲突"分析——以"推普"与"捍卫粤语"之争为例》,《福建论坛》(人文社会科学版)第12期。

谢俊英　2006　《中国不同民族群体对普通话的态度差异分析》,《语言文字应用》第3期。

谢俊英　2011a　《城市化进程中的农民工语言问题》,《云南师范大学学报》(哲学社会科学版)第3期。

谢俊英等　2011b　《普通话普及情况调查分析》,《语言文字应用》第3期。

邢福义主编　1991　《现代汉语》,北京:高等教育出版社。

徐大明　1999　《新加坡华社双语调查——变项规则分析法在宏观社会语言学中的应用》,《当代语言学》第3期。

徐大明　2001　《北方话鼻韵尾变异研究》,载董燕萍、王初明编:《中国的语言学研究与应用——庆祝桂诗春教授七十华诞》,上海:上海外语教育出版社。

徐大明　2004　《言语社区理论》,《中国社会语言学》第1期。

徐大明　2006a　《中国社会语言学的新发展》,《南京社会科学》第2期。

徐大明主编　2006b　《语言变异与变化》,上海:上海教育出版社。

徐大明主编　2007　《中国社会语言学新视角——第三届中国社会语言学国际学术研讨会论文集》,南京:南京大学出版社。

徐大明　2008　《语言的变异性与言语社区的一致性——北方话鼻韵尾变异的定量分析》,《语言教学与研究》第5期。

徐大明主编　2010　《社会语言学实验教程》,北京:北京大学出版社。

徐大明　2020　《城市语言管理与城市语言文明建设》,《云南师范大学学报》(哲学社会科学版)第3期。

徐大明、付义荣　2005　《南京"问路"调查》,《中国社会语言学》第2期。

徐大明、高海洋　2004　《"行/成"变异一百年》,南京大学汉语言文字学学科《南大语言学》编委会编:《南大语言学》第一编,北京:商务印书馆。

徐大明、陶红印、谢天蔚　1997　《当代社会语言学》,北京:中国社会科学出版社。

徐大明、王　玲　2010　《城市语言调查》,《浙江大学学报》(人文社会科学版)第6期。

徐晖明、周　喆　2016　《广州青少年语言使用与语言态度调查与分析》,《语言文字应用》

第3期。

徐通锵　1989　《变异中的时间和语言研究》，《中国语文》第2期。

徐通锵　1991　《历史语言学》，北京：商务印书馆。

徐通锵整理　1984　《美国语言学家谈历史语言学》，北京大学中文系《语言学论丛》编委
　　会编：《语言学论丛》（第十三辑），北京：商务印书馆。

薛才德　2009　《上海市民语言生活状况调查》，《语言文字应用》第2期。

薛　雷　2011　《南京白局的历史与现状》，《江苏教育学院学报》（社会科学）第5期。

薛　雷　2016　《南京白局传承构想》，《南京艺术学院学报》（音乐与表演）第4期。

杨晋毅　1997　《洛阳市普通话和方言的分布与使用情况》，《语言文字应用》第4期。

杨晋毅　1999　《试论中国新兴工业区语言状态研究》，《语言文字应用》第1期。

杨晋毅、孙永庆、潘桂英　1997　《洛阳市现代语言形态的产生原因和理论意义》，《语文研
　　究》第1期。

杨荣华　2011　《英国华人言语社区的结构模式研究》，《华文教学与研究》第3期。

杨荣华、宋楚婷　2021　《南京城市公共服务领域的语言文明考察》，《中国语言战略》第2
　　期，南京：南京大学出版社。

杨　晔、朱　晨、谈　毅　2019　《方言能力、语言环境与城市移民创业行为》，《社会》第
　　1期。

姚华松　2012　《关于城市发展和城市化的十个问题》，《城市问题》第4期。

姚佑椿　1988　《上海口音的普通话说略》，《语言教学与研究》第4期。

叶蜚声、徐通锵　1997　《语言学纲要》，第3版，北京：北京大学出版社。

叶南客主编　2013　《南京市经济社会发展蓝皮书（2013—2014）》，南京：南京出版社。

游汝杰　2000　《汉语方言学导论》，第2版，上海：上海教育出版社。

游汝杰　2004a　《汉语方言学与社会语言学》，《中国社会语言学》第1期。

游汝杰　2004b　《汉语方言学教程》，上海：上海教育出版社。

游汝杰　2005　《汉语方言学的现状和愿景》，《暨南学报》（哲学社会科学版）第5期。

游汝杰　2007　《汉语方言学的传统、现代化和发展趋势》，《中文自学指导》第1期。

游汝杰、邹嘉彦　2004　《社会语言学教程》，上海：复旦大学出版社。

于根元　1990　《普通话与方言问题学术讨论会上的总结发言》，《语文建设》第4期。

于根元主编　1999　《应用语言学理论纲要》，北京：华语教学出版社。

于根元主编　2003　《应用语言学概论》，北京：商务印书馆。

俞玮奇　2010　《普通话的推广与苏州方言的保持——苏州市中小学生语言生活状况调查》，
　　《语言文字应用》第3期。

俞玮奇　2011a　《市场领域的语言生活状况——在南京、苏州和常州农贸市场的非介入式
　　观察》，《语言文字应用》第4期。

俞玮奇　2011b　《普通话和方言的关系：南京、苏州和常州的城市语言状况研究》，南京：南京大学博士学位论文。

俞玮奇　2012a　《城市公共领域语言使用状况的社会差异——在南京和苏州百货公司的匿名观察》，《语言教学与研究》第1期。

俞玮奇　2012b　《城市青少年语言使用与语言认同的年龄变化——南京市中小学生语言生活状况调查》，《语言文字应用》第3期。

俞玮奇、杨璟琰　2016　《近十五年来上海青少年方言使用与能力的变化态势及影响因素》，《语言文字应用》第4期。

袁家骅等　2001　《汉语方言概要》，第2版，北京：语文出版社。

曾炜　2010　《岳阳市语言生活现状与展望》，《云梦学刊》第5期。

詹伯慧　1997　《试论方言与共同语的关系》，《语文建设》第4期。

詹伯慧　2011　《粤语是绝对不会沦陷的——对出现"废粤推普"风波的一些思考》，《学术研究》第3期。

詹伯慧　2014　《大力加强汉语方言的应用研究》，《暨南学报》（哲学社会科学版）第4期。

张斌华　2016　《珠三角新生代农民工语言使用、态度及认同研究》，《语言文字应用》第3期。

张斌华、徐伟东　2017　《城市化进程下中国城镇语言景观研究——以东莞市虎门镇商业步行街为例》，《语言政策与语言教育》第1期。

张红军、吕明臣　2019　《我国中小城镇语言景观研究——以语言规划为视角》，《社会科学战线》第6期。

张焕香、李卫红　2013　《北京高校大学生语言文明状况调查研究》，《语言文字应用》第3期。

张晶晶　2012　《胜利油田语言使用状况调查——中国新兴工业区语言使用个案研究》，《中国石油大学学报》（社会科学版）第1期。

张璟玮、徐大明　2008　《人口流动与普通话普及》，《语言文字应用》第3期。

张树铮　1995　《试论普通话对方言语音的影响》，《语言文字应用》第4期。

张妍　2017　《城市语言调查与分析——以唐山市为例》，《开封教育学院学报》第1期。

张媛媛、张斌华　2016　《语言景观中的澳门多语状况》，《语言文字应用》第1期。

赵颖　2014　《关于武威市普通话使用现状的调查报告》，《吉林广播电视大学学报》第2期。

赵元任　2002　《南京音系》，载赵元任：《赵元任语言学论文集》，北京：商务印书馆。

中国社会科学院语言研究所方言研究室资料室　2003　《汉语方言词语调查条目表》，《方言》第1期。

"中国语言生活状况报告"课题组编　2007　《中国语言生活状况报告（2006）（上编）》，北京：商务印书馆。

周明强　2007　《言语社区构成要素的特点与辩证关系》，《浙江教育学院学报》第5期。

周薇　2011　《语言态度和语言使用的相关性分析——以2007年南京城市语言调查为

例》,《语言教学与研究》第1期。

周有光 2002 《关于"大众普通话"问题》, 载周有光:《周有光语文论集》(第四卷), 上海：上海文化出版社。

朱建颂编纂 1995 《武汉方言词典》, 南京：江苏教育出版社。

朱学佳 2007 《乌鲁木齐市维吾尔族汉语使用声调变异状况的声学分析》,《语言文字应用》第3期。

朱雅薇 2011 《论南京白局的现状及发展方向》,《大众文艺》第4期。

祝畹瑾编 1985 《社会语言学译文集》, 北京：北京大学出版社。

祝畹瑾编著 1992 《社会语言学概论》, 长沙：湖南教育出版社。

祝晓宏 2011 《试论"撑粤语事件"的多维成因》,《中国社会语言学》第2期。

邹农俭 2007 《城市化与城市现代化》,《城市问题》第10期。

Chambers, J. K. 1995 *Sociolinguistic theory: linguistic variation and its social significance*. Oxford and Cambridge: Blackwell.

Chambers, J. K. 2013 Patterns of variation including change, in J. K. Chambers and N. Schilling-Estes (eds.) *The Handbook of Language Variation and Change*. second edition, Oxford: Blackwell, 297—323.

Chambers, J. K. and Trudgill, P. 1998/2002 *Dialectology*. Cambridge: Cambridge University Press, 北京：北京大学出版社。

Guo, J. 2006 An Analysis of the (u)-Variation in the "Town Speech" of Lishui. *Journal of Asian Pacific Communication*, 16 (2): 335—349.

Labov, W. 1963 The Social motivation of a Sound Change. *Word*, 19 (3): 273—309.

Labov, W. 1966 *The Social Stratification of English in New York City*. Washington, D.C: Center for Applied Linguistics.

Labov, W. 1972 *Language in the Inner City: Studies in the Black English Vernacular*. Philadelphia: University of Pennsylvania Press.

Labov, W. 1994/2007 *Principles of Linguistic Change: Volume 1: Internal Factors*. Oxford and Cambridge: Blackwell, 北京：北京大学出版社。

Milroy, L. 1980 *Language and Social Networks*. Oxford and Cambridge: Blackwell.

Milroy, L. and Gordon, M. 2003 *Sociolinguistics: Method and Interpretation*. Oxford and Cambridge: Blackwell.

Milroy, J. and Milroy, L. 1993 Mechanisms of change in urban dialects: The role of class, social network and gender. *International Journal of Applied Linguistics*, 3（1）：57—78.

Ronald Wardhaugh 2000 《社会语言学引论》, 北京：外语教学与研究出版社。

Trudgill, P. 1972 Sex, Covert Prestige and Linguistic Change in The Urban British English of

Norwich. *Language in Society*, 1 (2): 179—195.

Trudgill, P.　1988　Norwich Revisited: Recent Linguistic Change in an English Urban Dialect. *English World-Wide*, 9 (1): 33—49.

Weinreich, U., Labov, W. and Herzog, M.　1968　Empirical foundations for a theory of language change, in W. P. Lehmann and Y. Malkiel (eds.) *Directions for Historical Linguistics*, Austin, TX: University of Texas Press, 95—188.

Xu, D.　1992　*A Sociolinguistics Study of Mandarin Nasal Variation*. University of Ottawa Dissertation.

附录一

（一）溧水街上话语音变异情况调查表（1）

请用您日常所说的溧水街上话读下面的词语，谢谢合作！

编号	词语	编号	词语	编号	词语	编号	词语
1	淹水	18	饭太硬	35	船	52	铅笔
2	平安	19	姓芮	36	大蒜	53	车子
3	颜色	20	跪下来	37	发酸/酸菜鱼	54	蛇
4	眼睛	21	搬家	38	发软	55	眉毛
5	棉袄	22	一半	39	换一件/替换	56	搬家/家去/回家/家里①家属，②家中/家婆外婆
6	反咬一口	23	盘子	40	唤狗咬你	57	出嫁/嫁人
7	吃藕	24	馒头	41	豌豆	58	虾子
8	怄气	25	墁地用砖、石等铺地面	42	佘猪肝汤	59	嘴巴子
9	牙齿	26	满意/心满意足	43	一间房子	60	催他快点
10	揶饭	27	鳗鳝/鳗鱼	44	石碱	61	做十岁
11	哑巴	28	腌菜坛/一坛酒/酒坛/醋坛子/西坛新村地名	45	苋菜/马齿苋	62	得罪/犯罪
12	矮子	29	团长	46	菜太咸	63	嘴唇子
13	癌症	30	端午	47	染布/染料/传染/染脏	64	教书
14	头昂昂的	31	暖和	48	哥哥	65	睡觉/睏觉
15	恩人	32	乱踩	49	锉东西	66	敲门
16	额头	33	砖头	50	莴笋	67	角度/牛角
17	杌子	34	穿衣裳	51	初中/正月初一	68	茭瓜/茭白

（续表）

编号	词语	编号	词语	编号	词语	编号	词语
69	掼（跌）跤/摔了一跤	77	朋友	85	讲话	93	俗气/风俗习惯
70	黄鳝	78	上街/街上①城镇, ②街面上/通济街_{地名}	96	城墙	94	驴子
71	扇子	79	戒烟	87	喷香	95	痰盂
72	农村	80	肠子	88	样子	96	秘书
73	一寸	81	上床	89	巷子/白酒巷_{地名}/庙巷_{地名}	97	老鼠子/老鼠
74	孙子	82	涨价	90	发热	98	绿颜色/绿佬
75	竹笋	83	孃孃姑妈	91	过日子	99	六六大顺
76	横过来摆	84	老娘	92	姓薛	100	挖土/用锹挖

（二）溧水街上话语音变异情况调查表（2）

被调查者编号：　　　　　调查时间：2004年　月　日

被调查者有关情况：　1. 性别：　2. 出生年月：　3. 文化程度：　4. 职业：

编号	词语（调查字加粗并标音）
1	**淹**水（ŋæ³²/æ³²/iɪ³²）、平**安**（ŋæ³²/æ³²）、颜**色**（ŋæ²⁴/æ²⁴/iɪ²⁴）、**眼**睛（ŋæ³¹²/æ³¹²/iɪ³¹²），棉**袄**（ŋʊ³¹²/ɔ³¹²）、反**咬**一口（ŋʊ³¹²/ɔ³¹²/iɔ³¹²），吃**藕**（ŋei³¹²/ei³¹²）、**怄**气（ŋei⁵⁵/ei⁵⁵）、**牙**齿（ŋa²⁴/ia²⁴）、**揶**饭（ŋa³²/ia³²）、**哑**巴（ŋa³¹²/ia³¹²/a³¹²）、**矮**子（ŋɛ⁵⁵/ɛ⁵⁵）、**癌**症（ŋɛ²⁴/ɛ²⁴）、头**昂**昂的（ŋaŋ²⁴/aŋ²⁴）、**恩**人（ŋən³²/ən³²）、**额**头（ŋəʔ³¹/əʔ³¹）、**杌**子（ŋəʔ³¹/əʔ³¹），饭太**硬**（ŋən⁵⁵/ən⁵⁵/in⁵⁵）
2	姓**芮**（suei⁵⁵/zuei⁵⁵），**跪**下来（kʰuei³¹²/kuei⁵⁵）
3	**搬**家（pʊ³²/pæ³², ka³²/tɕia³²）、一**半**（pʊ⁵⁵/pæ⁵⁵）、**盘**子（pʰʊ²⁴/pʰæ²⁴）、**馒**头（mʊ²⁴/mæ²⁴）、**墁**地用砖、石等铺地面（mʊ⁵⁵/mæ⁵⁵）、**满**意/心**满**意足（mʊ³¹²/mæ³¹²）、**鳗**鳝/**鳗**鱼（mʊ²⁴/mæ²⁴），腌菜**坛**/一**坛**酒/酒**坛**/醋**坛**子/西**坛**新村_{地名}（tʰʊ²⁴/tʰiʊ²⁴/tʰæ²⁴）、**团**长（tʰʊ²⁴/tʰiʊ²⁴/tʰæ²⁴）、**端**午（tʊ³²/tiʊ³²/tuæ³²）、**暖**和（lʊ³¹²/liʊ³¹²/luæ³¹²）、**乱**踩（lʊ⁵⁵/liʊ⁵⁵/luæ⁵⁵）、**砖**头（tsʊ³²/tɕyɪ³²/tsuæ³²）、**穿**衣裳（tsʰʊ³²/tɕʰyɪ³²/tsʰuæ³²）、**杀**猪肝汤（tsʰʊ³²/tɕʰiʊ³²/tsʰuæ³²）、**船**（tsʰʊ²⁴/tɕʰyɪ²⁴/tsʰuæ²⁴）、大**蒜**（sʊ⁵⁵/ɕiʊ⁵⁵/suæ⁵⁵）、发**酸**/**酸**菜鱼（sʊ³²/ɕiʊ³²/suæ³²）、**换**一件/替**换**（hʊ⁵⁵/huæ⁵⁵）、**唤**狗咬你（hʊ⁵⁵/huæ⁵⁵）、**豌**豆（ʊ³²/uæ³²）、发**软**（yɪ³¹²/zʊ³¹²/zuæ³¹²）

（续表）

编号	词语（调查字加粗并标音）
4	一间**房**子（kæ³²/tɕir³²）、石**碱**（kæ³¹²/tɕir³¹²）、菜太**咸**（hæ²⁴/ɕir²⁴）、**苋**菜 / 马齿**苋**（hæ⁵⁵/ɕir⁵⁵），**染**布 / **染**料 / 传**染** / **染**脏（ir³¹²/zæ³¹²）
5	**锉**东西（tsʰʋ⁵⁵/tsʰəu⁵⁵）、**哥**哥（kʋ³²/kəu³²）、**莴**笋（ʋ³²/əu³²），**初**中 / 正月**初**一（tsʰəu³²/tsʰʮ³²/tsʰu³²）
6	铅**笔**（kʰæ³²/tɕʰir³²），车**子**（tɕʰir³²/tsʰei³²）、**蛇**（ɕir²⁴/sei²⁴），眉**毛**（mi²⁴/mei²⁴）
7	搬**家**/**家**去 / 回**家**/**家**里①家属，②家中/**家**婆外婆（ka³²/tɕia³²）、出**嫁**/**嫁**人（ka⁵⁵/tɕia⁵⁵）、**虾**子（ha³²/ɕia³²）
8	**嘴**巴子（zei³¹²/zuei³¹²）、**催**他快点（tsʰei³²/tsʰuei³²）、做十**岁**（sei⁵⁵/suei⁵⁵）、得**罪** / 犯**罪**（tsei⁵⁵/tsuei⁵⁵），嘴**唇**子（tɕʰyn²⁴/tsʰuən²⁴）
9	**教**书（kɔ³²/tɕiɔ³²）、**茭**瓜 / **茭**白（kɔ³²/tɕiɔ³²）、**掼**（跌）**跤** / 摔了一**跤**（kɔ³²/tɕiɔ³²）、睡**觉** / 眠**觉**（kɔ⁵⁵/tɕiɔ⁵⁵）、**角**度 / 牛**角**（kəʔ³¹/tɕiɔ³¹²）、**敲**门（kʰɔ³²/tɕʰiɔ³²），黄**鳝**（ɕir⁰/sæ⁵⁵）、**扇**子（ɕir⁵⁵/sæ⁵⁵）
10	农**村**（tsʰən³²/tsʰuən³²）、一**寸**（tsʰən⁵⁵/tsʰuən⁵⁵）、**孙**子（sən³²/suən³²）、竹**笋**（sən³¹²/suən³¹²），**横**过来摆（huən²⁴/hən²⁴），朋**友**（pʰoŋ²⁴/pʰən²⁴）
11	上**街**/**街**上 / 通济**街**地名（kɛ³²/tɕiɛ³²）、**戒**烟（kɛ⁵⁵/tɕiɛ⁵⁵/tɕiɛ⁵⁵）
12	**涨**价（tsæ³¹²/tsaŋ³¹²）、**肠**子（tsʰæ²⁴/tsʰaŋ²⁴）、上**床**（sæ⁵⁵/saŋ⁵⁵）
13	**嬢嬢**姑妈（liɛ³²/liaŋ³²）、老**娘**（liɛ²⁴/liaŋ²⁴）、**讲**话（tɕiɛ³¹²/tɕiaŋ³¹²）、城**墙**（tɕʰiɛ²⁴/tɕʰiaŋ²⁴）、喷**香**（ɕiɛ³²/ɕiaŋ³²）、**样**子（iɛ⁵⁵/iaŋ⁵⁵）、**巷**子 / 白酒**巷**地名/ 庙**巷**地名（haŋ⁵⁵/ɕiɛ⁵⁵/ɕiaŋ⁵⁵）
14	发**热**（liɽʔ³¹/zəʔ³¹）、过**日**子（liɽʔ³¹/zəʔ³¹），姓**薛**（ɕirʔ³¹/ɕyəʔ³¹），**俗**气 / 风**俗**习惯（səʔ³¹/suəʔ³¹）
15	**驴**子（lu²⁴/ly²⁴）、痰**盂**（lu²⁴/y²⁴）、**秘**书（pi⁵⁵/miɽʔ³¹/mi⁵⁵）、老**鼠**子 / 老**鼠**（tsʰuei³¹²/tsʰu³¹²/su³¹²）、**绿**颜色 / **绿**佬（ləʔ³¹/ly⁵⁵）、**六**六大顺（ləʔ³¹/liu⁵⁵），**挖**土 / 用锹**挖**（uaʔ³¹/ua³²）

（三）溧水街上话语音变异调查受访者有关情况表

编号	性别	出生年月（年龄：岁）	文化程度	现（原）职业	所属社会阶层
1	女	1992.08（13）	小学	学生	学生的社会阶层难以确定，暂不做分析
2	女	1992.03（13）	小学	学生	
3	女	1992.03（13）	小学	学生	
4	女	1991.12（14）	小学	学生	
5	女	1991.11（14）	小学	学生	
6	男	1991.08（14）	小学	学生	

（续表）

编号	性别	出生年月（年龄：岁）	文化程度	现（原）职业	所属社会阶层
7	女	1991.08（14）	小学	学生	
8	男	1991.07（14）	小学	学生	
9	女	1989.09（16）	初中	学生	
10	男	1988.10（17）	初中	学生	
11	男	1988.09（17）	初中	学生	
12	男	1988.08（17）	初中	学生	
13	女	1988.06（17）	初中	学生	
14	女	1988.03（17）	高中	学生	
15	男	1988.03（17）	高中	学生	
16	女	1987.10（18）	高中	学生	
17	男	1987.10（18）	高中	学生	
18	男	1987.10（18）	高中	学生	
19	男	1986.05（19）	高中	学生	
20	男	1985.07（20）	高中	学生	
21	男	1981.08（24）	大学本科	教师	专业技术人员阶层
22	男	1976.09（29）	高中	个体工商户主	经营管理人员阶层
23	女	1971.12（34）	高中	商场营业员	商业服务业员工阶层
24	女	1971.01（34）	高中	书店营业员	商业服务业员工阶层
25	男	1970.10（35）	大学本科	教师	专业技术人员阶层
26	男	1970.04（35）	大学本科	教师	专业技术人员阶层
27	女	1968.09（37）	高中	书店营业员	商业服务业员工阶层
28	女	1968.01（37）	高中	邮政大厅营业员	商业服务业员工阶层
29	男	1967.10（38）	初中	私企经理	经营管理人员阶层
30	女	1967.09（38）	初中	书店营业员	商业服务业员工阶层
31	男	1964.02（41）	大学本科	教师	专业技术人员阶层
32	女	1962.12（43）	大学本科	教师	专业技术人员阶层
33	男	1962.02（43）	大学专科	教师	专业技术人员阶层
34	女	1959.10（46）	高中	美术工作者	专业技术人员阶层
35	女	1957.09（48）	初中	书店营业员	商业服务业员工阶层
36	男	1957.07（48）	高中	企业管理人员	经营管理人员阶层
37	女	1957.02（48）	初中	食堂职工	产业工人阶层
38	女	1957.01（48）	中专	学校会计	专业技术人员阶层

（续表）

编号	性别	出生年月（年龄：岁）	文化程度	现（原）职业	所属社会阶层
39	男	1956.10（49）	中专	个体工商户主	经营管理人员阶层
40	女	1956.04（49）	中专	图书馆工作人员	商业服务业员工阶层
41	男	1954.09（51）	小学	铁匠	产业工人阶层
42	男	1954.01（51）	大学本科	教师	专业技术人员阶层
43	男	1950.04（55）	小学	厨师	产业工人阶层
44	男	1945.06（60）	高中	原工厂职工	产业工人阶层
45	男	1943（62）	中师	原企业厂长	经营管理人员阶层
46	男	1942（63）	高中	个体工商户主	经营管理人员阶层
47	男	1942（63）	中专	原企业干部	经营管理人员阶层
48	女	1941.08（64）	小学	原个体小业主	产业工人阶层
49	男	1941.01（64）	小学	原工厂职工	产业工人阶层
50	男	1940（65）	初中	原粮站职工	产业工人阶层

注：第45、46、47、50位受访者漏记其出生月份。

附录二

（一）两读情况统计表

编号	调查字	不同读音	青少年组	青年组	中年组	中老年组
1	黄鳝	çiɪ⁰/sæ⁵⁵	10/16	4/6	7/4	10/0
2	一间房子	kæ³²/tçiɪ³²	18/2	8/2	8/3	10/0
3	石碱	kæ³¹²/tçiɪ³¹²	4/5	10/0	10/0	10/0
4	做十岁	sei⁵⁵/suei⁵⁵	18/2	9/1	9/1	10/0
5	端午	tʊ³²/tuæ³²	4/15	3/7	7/3	10/0
6	嘴唇子	tçʰyn²⁴/tsʰuən²⁴	0/20	1/9	4/6	10/0
7	横过来摆	huən²⁴/hən²⁴	0/20	4/6	4/7	10/0
8	绿颜色	ləʔ³¹/lyʔ⁵⁵	17/4	7/4	10/0	10/0
8	绿佬		17/3	8/2	10/0	10/0
9	苋菜	hæ⁵⁵/çiɪ⁵⁵	19/1	10/0	10/0	10/0
9	马齿苋		15/3	10/0	10/0	10/0
10	菜太咸	hæ²⁴/çiɪ²⁴	19/1	10/0	10/0	10/0
11	敲门	kʰɔ³²/tçiɔ³²	16/4	8/2	9/1	10/0
12	暖和	lʊ³¹²/luæ³¹²	7/13	6/5	8/2	10/0
13	竹笋	sən³¹²/suən³¹²	7/13	6/4	6/4	10/0
14	莴笋	ʊ³²/əu³²	20/0	9/1	7/3	10/0
15	鳗鳝	mʊ²⁴/mæ²⁴	1/9	5/2	6/0	10/0
15	鳗鱼		4/11	0/5	1/3	0/0
16	掼（跌）跤	kɔ³²/tçiɔ³²	20/0	8/1	9/1	10/0
16	摔了一跤		17/0	3/4	6/1	4/0

编号	调查字	不同读音	青少年组	青年组	中年组	中老年组
35	腌菜坛	tʰʊ²⁴/tʰæ²⁴	2/18	6/5	6/4	9/2
35	一坛酒		2/18	6/5	5/5	9/2
35	酒坛		2/18	6/5	5/5	9/2
35	醋坛子		2/18	5/6	5/5	9/2
35	西坛新村		2/19	0/10	0/10	1/9
36	扇子	çiɪ⁵⁵/sæ⁵⁵	3/17	5/5	4/7	8/2
37	教书	kɔ³²/tçiɔ³²	17/3	5/5	6/4	8/2
38	跪下来	kʰuei³¹²/kuei⁵⁵	0/20	5/5	5/5	8/2
39	豌豆	ʊ³²/uæ³²	3/17	4/6	7/3	8/2
40	乱踩	lʊ⁵⁵/luæ⁵⁵	2/18	5/5	5/6	8/2
41	农村	tsʰən³²/tsʰuən³²	8/12	2/8	2/8	8/2
42	催他快点	tsʰei³²/tsʰuei³²	9/11	4/6	2/8	8/2
43	余猪肝汤	tsʰʊ³²/tsʰuæ³²	16/0	7/1	7/3	8/2
44	馒头	mʊ²⁴/mæ²⁴	12/9	3/7	6/5	8/2
45	一寸	tsʰən⁵⁵/tsʰuən⁵⁵	10/10	3/7	4/6	8/2
46	驴子	lu²⁴/ly²⁴	4/16	3/7	4/6	7/3
47	痰盂	lu²⁴/y²⁴	1/19	0/10	1/9	7/3
48	俗气	səʔ³¹/suəʔ³¹	0/20	1/9	0/10	7/3
48	风俗习惯		0/20	0/10	0/10	5/3
49	盘子	pʰʊ²⁴/pʰæ²⁴	2/19	2/8	4/7	7/3

（续表）

编号	调查字	不同读音	青少年组	青年组	中年组	中老年组
17	睡觉	kɔ⁵⁵/tɕiɔ⁵⁵	18/1	5/2	5/3	6/1
	瞓觉		19/0	6/0	9/0	6/0
18	搬家	ka³²/tɕia³²	20/0	9/1	9/1	10/0
	家去		20/0	9/0	10/0	10/0
	回家		9/4	2/3	3/1	2/1
	家里		20/0	9/1	10/0	10/0
	家婆		19/0	7/0	10/0	10/0
19	得罪	tsei⁵⁵/tsuei⁵⁵	16/4	6/4	6/4	9/1
	犯罪		11/9	3/7	5/5	9/1
20	一半	pʊ⁵⁵/pæ⁵⁵	10/11	3/7	6/5	9/1
21	矮子	ŋɛ³¹²/ɛ³¹²	7/13	2/8	3/7	9/1
22	孙子	sən³²/suən³²	8/13	4/6	3/7	9/1
23	唤狗咬你	hʊ⁵⁵/huæ⁵⁵	7/13	7/3	8/2	9/1
24	姓芮	suei⁵⁵/zuei⁵⁵	0/20	2/9	6/4	9/1
25	铅笔	kʻæ³²/tɕʻiˑ³²	15/5	7/3	8/2	9/1
26	出嫁	ka⁵⁵/tɕia⁵⁵	13/7	7/3	3/7	9/1
	嫁人		11/9	3/6	2/8	7/3
27	嘴巴子	tsei³¹²/tsuei³¹²	12/8	3/7	2/8	9/1
28	朋友	pʻoŋ²⁴/pʻən²⁴	8/12	3/7	4/5	9/1
29	搬家	pʊ³²/pæ³²	3/18	2/8	4/6	9/1
30	平安	ŋæ³²/æ³²	3/17	1/9	3/7	9/1
31	大蒜	sʊ⁵⁵/suæ⁵⁵	11/8	2/8	5/6	9/1
32	发酸	sʊ³²/suæ³²	7/12	3/6	5/6	9/1
	酸菜鱼		4/15	0/10	0/10	1/9
33	挖土	uaʔ³¹/ua³²	1/19	2/8	4/6	9/2
	用锹挖		1/19	4/7	4/6	9/2
34	换一件	hʊ⁵⁵/huæ⁵⁵	5/15	2/8	5/5	9/2
	替换		3/15	1/8	2/7	5/5

编号	调查字	不同读音	青少年组	青年组	中年组	中老年组
50	癌症	ŋɛ²⁴/ɛ²⁴	5/15	1/9	3/7	7/3
51	染布	iɪ³¹²/zæ³¹²	1/19	4/6	1/9	7/3
	染料		0/20	3/7	2/8	7/3
	传染		0/20	4/6	1/9	7/3
	染脏		0/20	3/6	4/6	6/3
52	杌子	ŋəʔ³¹/əʔ³¹	5/15	2/8	1/9	7/2
53	团长	tʻu²⁴/tʻuæ²⁴	5/13	3/7	4/7	7/2
54	额头	ŋəʔ³¹/əʔ³¹	3/17	0/10	2/8	7/2
55	恩人	ŋən³²/ən³²	4/16	0/10	0/10	5/5
56	涨价	tsæ³¹²/tsaŋ³¹²	0/20	0/10	0/10	3/7
57	肠子	tsʻæ²⁴/tsʻaŋ²⁴	0/20	0/10	0/10	3/7
58	上床	sæ⁵⁵/saŋ⁵⁵	0/20	0/10	0/10	4/6
59	讲话	tɕie³¹²/tɕian³¹²	1/19	0/10	0/10	2/8
60	城墙	tɕʻiɛ²⁴/tɕʻian²⁴	0/20	0/10	0/10	2/8
61	喷香	ɕiɛ³²/ɕian³²	0/20	1/9	0/10	2/8
62	样子	iɛ⁵⁵/ian⁵⁵	0/20	0/10	0/10	2/8
63	棉袄	ŋɔ³¹²/ɔ³¹²	5/15	0/10	1/9	4/6
64	头昂昂的	ŋaŋ²⁴/aŋ²⁴	5/15	0/9	3/6	4/3
65	发热	liɪʔ³¹/zəʔ³¹	7/13	4/6	3/8	6/4
66	车子	tɕʻiʔ³¹/tsʻei³²	5/15	3/7	3/8	3/7
67	虾子	ha³²/ɕia³²	19/1	8/3	8/2	6/4
68	姓薛	ɕiɪʔ³¹/ɕyəʔ³¹	3/17	2/8	5/5	6/4
69	过日子	liɪʔ³¹/zəʔ³¹	2/18	3/7	2/8	3/7
70	满意	mʊ³¹²/mæ³¹²	5/15	1/8	4/7	6/4
	心满意足		4/16	1/8	4/7	6/4

资料来源：郭骏（2008：139—140）附表1。

注：表中数字为不同读音的出现次数。

（二）三读和四读情况统计表

编号	调查字	不同读音	青少年组	青年组	中年组	中老年组
1	巷子	haŋ^{55}/ɕie^{55}/ɕiaŋ^{55}	17/1/2	9/0/1	10/0/0	10/0/0
	白酒巷		15/2/3	8/0/2	9/0/1	10/0/0
	庙巷		18/0/2	9/0/1	9/0/1	10/0/0
2	上街	kɛ^{32}/tɕir^{32}/tɕie^{32}	19/1/0	10/0/2	10/0/1	10/0/0
	街上		19/1/0	10/0/2	10/0/1	10/0/0
	通济街		19/1/0	10/0/2	9/0/2	10/0/0
3	牛角	kəʔ^{31}/tɕyəʔ^{31}/tɕiaʔ^{31}/tɕiɔ^{312}	14/0/1/5	9/0/0/1	10/0/0/0	10/0/0/0
	角度		5/0/3/12	8/1/0/1	8/2/0/0	9/0/0/1
4	反咬一口	ŋɔ^{312}/ɔ^{312}/iɔ^{312}	8/6/6	3/5/2	4/3/3	9/1/0
5	蛇	ɕir^{24}/sei^{24}/sə^{24}	15/4/0	5/4/2	6/4/1	9/1/0
6	眼睛	ŋæ^{312}/æ^{312}/ir^{312}	11/7/3	2/4/4	5/2/3	9/1/0
7	戒烟	kɛ^{55}/tɕir^{55}/tɕie^{55}	13/7/0	6/3/1	7/3/2	9/0/1
8	揦饭	ŋa^{32}/a^{32}/ia^{32}	10/10/0	3/3/4	5/2/3	9/0/1
9	秘书	pi^{55}/mirʔ^{31}/mi^{55}	0/17/3	0/8/2	0/2/8	9/0/1
10	饭太硬	ŋən^{55}/ən^{55}/in^{55}	8/10/2	1/8/1	2/8/0	8/2/0
11	吃藕	ŋei^{312}/ei^{312}/əu^{312}	7/13/0	2/6/2	4/5/1	8/2/0
12	牙齿	ŋa^{24}/a^{24}/ia^{24}	5/4/11	1/3/6	2/2/6	8/1/1
13	淹水	ŋæ^{32}/æ^{32}/ir^{32}	6/10/4	2/6/3	4/6/1	8/1/1
14	怄气	ŋei^{55}/ei^{55}/əu^{55}	4/13/3	2/6/2	3/6/1	7/3/0
15	颜色	ŋæ^{24}/æ^{24}/ir^{24}	8/5/9	2/3/5	4/1/6	7/0/3
16	砖头	tsʊ^{32}/tɕyr^{32}/tsuæ^{32}	1/10/9	1/4/5	3/3/5	3/7/0
17	发软	yr^{312}/zʊ^{312}/zuæ^{312}	3/5/12	1/1/8	0/6/4	2/7/1
18	穿衣裳	tsʻʊ^{32}/tɕʻyr^{32}/tsʻuæ^{32}	0/7/13	1/1/8	5/1/5	6/3/1
19	初中	tsʻəu^{32}/tsʻʅ^{32}/tsʻu^{32}	0/3/17	0/0/10	0/1/9	1/7/2
	正月初一		0/3/17	0/0/10	0/2/8	1/7/2
20	船	tsʻʊ^{24}/tɕʻyr^{24}/tsʻuæ^{24}	0/7/13	1/3/7	2/2/8	1/6/3
21	哑巴	ŋa^{312}/a^{312}/ia^{312}	3/11/6	1/3/7	2/4/4	2/5/3
22	老鼠子	tsʻuei^{312}/tsʻʅ^{312}/tsʻu^{312}/su^{312}	2/0/6/8	2/0/5/1	1/1/5/0	1/6/1/1
	老鼠		0/0/3/7	0/0/1/2	0/0/5/2	0/1/1/1

资料来源：郭骏（2008：141）附表2。

注：表中数字为不同读音的出现次数。

附录三

（一）在城镇居民语言态度与语言使用情况的简要调查问卷

致谢受访者：感谢您牺牲休息时间参与此项调查工作，谢谢合作！

受访者资料：调查时间：2005年 　月 　日；性别：男、女，年龄： 　　　，学历： 　，

职业： 　　，职务/职称： 　　，父亲：在城/ 　　，母亲：在城/ 　。编号：

调查说明：在您所确认的选项上打钩，每项只能选一个选项。

1. 现在的在城话是不是也称之为"街上话"？（①是，②不是，③不知道）

2. 在城镇人是否把各乡镇人所说的话统称为"乡下话"？（①是，②不是，③不知道）

3. 您平时与家人交谈一般用：①在城话，②乡下话，③普通话，④其他话；与各乡镇
   人员交谈一般用：①在城话，②乡下话，③普通话，④其他话；与外地人或讲普通
   话的人交谈一般用：①在城话，②乡下话，③普通话，④其他话。

4. 您除会说在城话，还会较为熟练地说哪一种话？（①普通话，②南京话，③镇江话，
   ④乡下话，⑤其他话）

5. 凭您的经验，外地人能听懂在城话吗？（①完全能听懂，②基本能听懂，③听不懂）

6. 凭您的感觉，现在的在城话与哪种话相对来说较为接近：①普通话，②南京话，
   ③镇江话，④乡下话，⑤其他话。

7. 凭您的感觉，您认为听起来在城话与普通话（①在城话，②普通话）、在城话与乡
   下话（①在城话，②乡下话）、在城话与南京话（①在城话，②南京话）哪一个更
   好听？

8. 凭您的感觉，您认为在城话是否正发生着变化？（请举一例）（①是，②不是，③不
   知道）从总体上来说，变化速度如何？（①较快，②一般，③较慢）

9. 如果您是家长（或是学生），您要求您的孩子（或家长要求您）在家说：①普通话，
   ②在城话，③其他话；在学校说：①普通话，②在城话，③其他话。

（二）在城镇居民语言态度与语言使用情况调查受访者有关情况表

编号	性别	出生年月（年龄）	文化程度	现（原）职业
1	女	1994.04（12）	小学	学生
2	男	1993.10（13）	小学	学生
3	女	1993.02（13）	小学	学生
4	男	1993.07（13）	小学	学生
5	男	1991.11（15）	初中	学生
6	女	1991.03（15）	初中	学生
7	男	1990.01（16）	高中	学生
8	女	1989.01（17）	高中	学生
9	男	1989.01（17）	高中	学生
10	女	1988.03（18）	高中	学生
11	男	1988.01（18）	高中	学生
12	男	1986.10（20）	本科	大学生
13	女	1985.01（21）	大专	教师
14	女	1981.10（25）	本科	教师
15	男	1981.06（25）	中专	操作工
16	男	1980.07（26）	职高	个体工商户
17	女	1979.06（27）	大专	教师
18	女	1979.03（27）	中师	教师
19	女	1976.07（30）	大专	教师
20	男	1977.01（29）	大专	车站管理员
21	女	1975.09（31）	大专	教师
22	男	1974.02（32）	高中	技工
23	男	1972.03（34）	本科	公务员（科员）
24	女	1971.05（35）	高中	企业职工
25	男	1970.03（36）	中专	医生（医士）
26	女	1969.10（37）	初中	营业员（下岗）
27	女	1969.04（37）	大专	教师
28	男	1968.04（38）	高中	个体工商户
29	女	1967.08（39）	本科	教师
30	女	1966.11（40）	初中	企业职工
31	男	1965.09（41）	初中	个体经营（司机）
32	女	1965.06（41）	大专	教师

（续表）

编号	性别	出生年月（年龄）	文化程度	现（原）职业
33	女	1964.01（42）	中专	学校会计
34	男	1963.02（43）	大专	教师
35	女	1961.04（45）	高中	工人（内退）
36	女	1961.02（45）	高中	个体工商户
37	男	1960.07（46）	大专	机关干部
38	女	1959.10（47）	大专	图书管理员
39	男	1959.10（47）	高中	企业干部
40	女	1956.11（50）	高中	企业统计会计
41	男	1952.10（54）	小学	建筑工人（瓦工）
42	男	1952.07（54）	高中	机关干部
43	女	1952.01（54）	小学	企业职工
44	男	1950.04（56）	中师	教师
45	男	1949.03（57）	小学	建筑工人（木工）
46	男	1948.11（58）	高中	学校会计
47	男	1948.10（58）	大专	公务员
48	女	1947.11（59）	初中	企业职工
49	男	1945.08（61）	初中	国营企业职工（厨师）
50	男	1943.08（63）	中师	机关干部
51	女	1940.09（66）	小学	个体工商户
52	女	1939.12（67）	高中	教师
53	男	1939.07（67）	高中	国企职工
54	男	1935.12（71）	中专	医生（职业医师）

（三）在城镇居民语言态度与语言使用情况调查材料统计表

编号	1题	2题	3题	4题	5题	6题	7题	8题	9题
1	是	是	在/在/普	普	基本	南	普/在/南	不知/较慢	普/普
2	是	是	在/普/普	普	基本	普	普/在/在	是/较慢	在/普
3	是	是	在/乡/普	普	基本	南	在/在/南	是/较快	在/普
4	是	是	普/乡/普	南	基本	乡	普/乡/南	不知/较慢	普/普
5	是	是	在/普/普	普	基本	南	普/在/南	是/较快	在/普
6	是	是	在/在/普	普	基本	镇	在/乡/南	是/一般	在/普
7	是	不	乡/普/普	普	基本	南	在/乡/在	不知/一般	普/普

编号	1题	2题	3题	4题	5题	6题	7题	8题	9题
8	是	是	在/普/普	普	基本	南	普/在/南	不知/一般	在/普
9	是	是	在/在/普	普	不懂	南	遗漏	是/一般	在/普
10	是	是	在/在/普	普	基本	普	普/在/在	是/一般	在/普
11	是	是	乡/普/普	普	基本	南	普/在/在	是/一般	普/普
12	是	是	在/在/普	普	基本	镇	普/在/在	是/一般	在/普
13	是	是	普/在/普	普	不懂	普	普/在/在	是/较快	普/普
14	是	是	在/普/普	普	基本	镇	普/在/在	是/较快	在/普
15	是	是	在/普/普	普	不懂	普	普/在/在	是/一般	在/无
16	是	是	在/在/普	普	基本	普	在/在/在	是/一般	普/普
17	是	是	在/在/普	普	基本	乡	普/在/在	是/较慢	普/普
18	是	是	在/在/普	普	基本	普	在/乡/南	是/较快	普/普
19	是	是	普/普/普	普	基本	普	普/乡/在	是/一般	普/普
20	是	是	在/在/普	普	基本	南	在/在/在	是/较慢	在/普
21	是	不	在/在/普	普	基本	普	普/在/在	是/一般	在/普
22	是	是	在/在/普	普	基本	普	普/在/在	是/较快	普/普
23	是	是	普/普/普	普	基本	普	普/在/在	是/较快	普/普
24	是	是	在/在/普	普	基本	镇	普/在/在	是/一般	普/普
25	是	不	在/在/普	普	基本	普	普/在/在	是/较快	普/普
26	是	是	在/在/普	普	基本	普	普/在/在	是/较快	普/普
27	是	是	在/在/普	乡	基本	南	在/在/在	不知/一般	普/普
28	是	是	在/在/普	普	基本	普	在/在/在	是/较快	普/普
29	是	是	在/普/普	普	基本	普	普/在/在	是/较快	在/普
30	是	是	在/在/普	普	基本	普	普/在/南	是/较快	普/普
31	是	是	在/在/普	普	不懂	南	普/在/在	是/一般	普/普
32	是	是	在/在/普	普	基本	普	普/在/在	是/较快	在/普
33	是	是	在/在/普	普	基本	镇	普/在/在	是/一般	普/普
34	是	是	在/普/普	普	基本	普	普/在/在	是/一般	普/普
35	是	是	在/在/普	普	不懂	普	普/在/南	是/较快	普/普
36	是	是	在/在/普	普	基本	普	普/在/南	是/一般	在/普
37	是	是	他/他/普	普	基本	普	普/乡/南	是/较快	普/普
38	是	是	普/在/普	普	完全	普	普/乡/在	是/较快	普/普
39	是	是	在/在/在	普	不懂	南	在/在/在	不是/	在/普

（续表）

编号	1题	2题	3题	4题	5题	6题	7题	8题	9题
40	是	是	在／在／普	普	基本	普	普／在／在	是／一般	普／普
41	是	是	在／在／在	乡	基本	普	普／在／在	是／一般	在／普
42	是	是	在／在／普	普	基本	镇	普／在／在	是／较快	普／普
43	是	是	在／在／在	普	基本	普	普／在／在	是／一般	在／普
44	是	是	在／在／在	普	基本	普	普／在／在	是／一般	在／普
45	是	是	在／在／在	乡	基本	普	普／在／在	是／一般	在／普
46	是	是	在／在／普	乡	基本	普	普／在／在	是／较快	普／普
47	是	是	在／在／普	普	完全	普	普／在／在	是／较快	普／普
48	是	是	乡／乡／色	乡	基本	普	普／在／在	是／一般	在／普
49	是	是	在／他／在	他	基本	普	普／在／在	不是	在／普
50	是	是	在／在／普	乡	基本	普	普／在／在	是／较快	普／普
51	是	是	在／在／在	不会	不懂	镇	普／在／南	是／一般	在／普
52	是	是	在／在／普	普	完全	普	普／在／在	是／较慢	在／普
53	是	是	在／在／在	不会	完全	普	普／在／在	是／一般	在／普
54	是	是	在／在／普	乡	基本	普	普／在／在	是／一般	普／普

注：本表按照调查问卷的题目顺序排列，为简便起见采用简称来表示，"在"表示"在城话"，"乡"表示"乡下话"，"南"表示"南京话"，"普"表示"普通话"，"镇"表示"镇江话"，"他"表示"其他话"。

（四）语言态度与语言使用情况调查中第8题举例情况统计表

受访者编号	举例
2	鸡：$ts\eta^{32} \to t\varsigma i^{32}$
3	在家也不时冒出几句普通话，在城话越来越趋短、简单
5	人们在家都开始说普通话了。簟子→凉席
10	乡下→农村
11	颜（$æ^{24} \to ir^{24}$）色
12	随着年轻人不断增多，以及普通话的普及与推广，溧水话大多数已成为普通话的变音变腔，而那些老土溧水话正趋于消亡。
13	小孩都已不说纯在城话。阿吃了？→吃过啦？
14	开花子→猪肝
15	侄儿、侄女不讲在城话，讲普通话，叫"爷爷、奶奶、爸爸、妈妈"。
16	昨（tsu^{24}）格→昨（tsu^{24}）天

（续表）

受访者编号	举例
17	玩把戏→玩杂技
18	落水→下雨
20	家去→回家。有向普通话、南京话转变的趋势。
21、24	家（k'i⁵⁵）去→回家（tɕia³²）
22	肚胱→肚子
26	洋机→缝纫机
28	洋油→煤油
29	年轻人的语言有"帅哥、酷"等
30	向普通话发展，溧水住了许多外地人；洋山芋→马铃薯
31	剃头→理发
32	一挂车子→一辆车子
33	箩窠→摇窝
34	沙亮→雪亮
35	裁缝店→服装店
36	你到哪里去（k'i⁵⁵）？→去（tɕʻy⁵⁵）哪里？
37	簟子→凉席
38	现在正宗完整的老在城话已听不到。
39	纯在城话听不懂。
40	脚踏车→自行车
41	对不起→谢谢
44	剃头→理发
45	对不起→谢谢
46	带（tɛ⁵⁵）麦→大（ta⁵⁵）麦
47	老虎灶→茶水炉子
48	家婆→婆婆
50	自己说在城话，孙子辈说普通话。
51	孙子辈对自己说的街上话觉得难听。
52	来自乡下的商店服务员对家乡人讲家乡话，对我们讲普通话。
53	午觉（kɔ⁵⁵）→中觉（tɕiɔ⁵⁵）
54	下水→下雨

原版后记

本书是在我的博士学位论文《溧水"街上话"语音变异研究》的基础上扩展、提高而成的。本书以社会语言学变异理论为指导，采用社会语言学与汉语方言学相结合的方法，以普通话与汉语方言关系为切入点，选择方言变异与变化这个社会语言学关于语言变异与变化中尚未进行过深入研究的领域来开展研究，为推动方言与普通话关系问题的研究、为社会语言学研究领域的扩展尽一点微薄之力。

回顾读博三年的历程，无论是语言学理论的学习还是博士学位论文的撰写，个人的每一点进步都凝聚了导师徐大明教授大量心血。是徐老师把我领进社会语言学的大门，并指导我开展语言变异与变化的调查研究；是徐老师帮助选定毕业论文的题目，并精心指导论文的写作。毕业后徐老师仍关心着论文的修改与拓展，关心着论文的成书与出版。又在书稿即将付梓之时，通读书稿并惠赐序文。大恩不言谢，这份不尽的师恩我将永远珍藏。

在跟随徐大明教授学习前，我的导师是郭熙教授。他调入南方某高校任教后，仍一直关心着我的学业，对我论文题目的选择以及论文内容的修改也给予很多的指导。在此向郭熙教授致以崇高的敬意和衷心的感谢。

读博期间曾得到许多先生的指导，他们是南大中文系的鲁国尧教授、李开教授、柳士镇教授、滕志贤教授、汪维辉教授、高小方教授、顾黔教授、盛林博士以及外国语学院的丁言仁教授、社会学系的风笑天教授等，南京师范大学的刘俐李教授等。在此一并致谢。

在论文写作的过程中，不断得到同门的支持和帮助，他们是付义荣博士、孙金华博士、杨玉国博士、刘英博士、王玲博士、蔡冰博士等，在此表示感谢。本书的出版得到了南京晓庄学院领导及同仁的关心和支持，在此表示衷心的感谢。

　　本书得以顺利出版，还要感谢北京大学出版社的白雪和刘正两位编辑。最后要感谢我的家人，全力支持我的学习与研究工作，使博士学位论文得以顺利完成；之后，仍继续支持我的科研工作，使博士学位论文得以修改，最终完成书稿。

郭骏

二〇〇九年八月于南京苏建寓所